《汉文化研究丛书》编辑委员会

主　任　黄荣杰　王利亚
副主任　卢志文　刘明阁
委　员　李文安　邵书峰　谢冰松　曹天杰　阚云超　马良泉
　　　　孟静雅　刘太祥　张保同　苏新留　何　军　徐永斌
　　　　刘剑利
主　编　郑先兴

汉文化研究丛书

XIHAN HOUQI DE WENXUE HE RUXUE

西汉后期的文学和儒学

曾祥旭　著

河南大学出版社
中国·郑州

图书在版编目(CIP)数据

西汉后期的文学和儒学/曾祥旭著.—2版.—郑州:河南大学出版社,2016.12

(汉文化研究丛书)

ISBN 978-7-5649-2645-8

Ⅰ.①西… Ⅱ.①曾… Ⅲ.①古典文学研究－中国－西汉时代 ②儒学－研究－西汉时代 Ⅳ.①I206.2 ②B222.05

中国版本图书馆 CIP 数据核字(2016)第 320540 号

责任编辑　胡玲霞
责任校对　阎现章
封面设计　马　龙

出　版	河南大学出版社
	地址:郑州市郑东新区商务外环中华大厦 2401 号　邮编:450046
	电话:0371－86059701(营销部)　网址:www.hupress.com
排　版	郑州市今日文教印制有限公司
印　刷	开封智圣印务有限公司
版　次	2016 年 12 月第 2 版　印次　2016 年 12 月第 2 次印刷
开　本	690mm×960mm　1/16　印张　14.75
字　数	234 千字　定价　37.00 元

(本书如有印装质量问题,请与河南大学出版社营销部联系调换)

目 录

序 一 ·· 朱绍侯（ 1 ）
序 二 ·· 郑先兴（ 1 ）
第一章　论汉代的乐府制度和哀帝罢乐 ···（ 1 ）
　第一节　乐府的设立和经学依据 ···（ 2 ）
　第二节　王朝采诗与"观风俗" ···（ 5 ）
　第三节　"代赵之讴、秦楚之风"辨 ···（ 10 ）
　　一、代赵之讴（鼓吹曲） ··（ 12 ）
　　二、秦声 ···（ 17 ）
　　三、楚歌 ···（ 21 ）
　第四节　西汉雅乐活动 ···（ 23 ）
　　一、河间献王刘德所集古代雅乐 ···（ 24 ）
　　二、西汉自制的雅乐 ···（ 25 ）
　第五节　雅俗矛盾和西汉的罢乐工作 ···（ 29 ）
第二章　论西汉后期的辞赋创作 ··（ 37 ）
　第一节　《楚辞》系列作品 ···（ 38 ）
　　一、"楚辞"的含义和《楚辞》成书臆测 ··（ 38 ）
　　二、《史》、《汉》言买臣诵读楚辞而非某一个单篇
　　　　···（ 41 ）
　　三、刘向《九叹》的作年 ···（ 41 ）

四、《楚辞》的两种表达方式 …………………………………… （ 43 ）
　　　五、《楚辞·九叹》的屈原情结 ………………………………… （ 46 ）
　　　六、扬雄《反离骚》对屈原责难下的人生价值思考
　　　　　………………………………………………………………… （ 49 ）
　第二节　刘向、刘歆父子的辞赋创作 ……………………………… （ 54 ）
　第三节　扬雄的辞赋创作 …………………………………………… （ 60 ）
　　　一、西汉元成之世围绕甘泉祭祀问题的争论 ………………… （ 60 ）
　　　二、《甘泉赋》和《河东赋》 ………………………………………… （ 63 ）
　　　三、《羽猎赋》和《长杨赋》 ………………………………………… （ 69 ）
　　　四、设论体散文的新发展——《解难》、《解嘲》 ……………… （ 73 ）
　　　五、扬雄的其他杂赋 …………………………………………… （ 76 ）
　第四节　西汉后期的其他赋作 ……………………………………… （ 80 ）
第三章　论汉代的小说观念和西汉后期的小说 …………………… （ 83 ）
　第一节　中国古代的小说观念与形态 ……………………………… （ 83 ）
　第二节　小说的故事性——"说"的展开 …………………………… （ 89 ）
　第三节　西汉中后期以来的志怪 …………………………………… （ 95 ）
　第四节　西汉后期两个俗故事演变 ………………………………… （101）
　　　一、西王母故事 ………………………………………………… （101）
　　　二、东方朔故事 ………………………………………………… （104）
第四章　论西汉后期的奏疏 ………………………………………… （108）
　第一节　奏疏的来源和风格特点 …………………………………… （108）
　第二节　西汉奏疏和时代风气、审美思潮的呼应 ………………… （112）
　第三节　西汉后期灾异奏疏和作用 ………………………………… （113）
　　　一、灾异奏疏的产生 …………………………………………… （114）
　　　二、灾异奏疏的内容特点和意义 ……………………………… （116）
　第四节　元、成时期的奏疏 ………………………………………… （119）
　第五节　哀、平时期的奏疏 ………………………………………… （138）
第五章　论《列女传》、《新序》、《说苑》 ……………………………… （145）
　第一节　《列女传》、《新序》、《说苑》的写作背景 ………………… （145）
　第二节　《列女传》论略 ……………………………………………… （148）
　　　一、汉代官中妇女的出身、家庭地位和《列女传》

成书原因 …………………………………………………（148）
　　二、《列女传》的"颂"、"图"和思想内容 ………………（150）
　　三、《列女传》的影响 ……………………………………（155）
　第三节　《新序》的编辑特色和主要内容 ………………（156）
　　一、《新序》的编辑特色和原则 …………………………（157）
　　二、《新序·杂事》思想论略 ……………………………（158）
　第四节　《说苑》思想论略 …………………………………（163）
　　一、《说苑》成书和内在逻辑体系 ………………………（163）
　　二、《君道》的特点和思想意义 …………………………（165）
　　三、《说苑》以儒家统理各家的思想特色 ………………（169）
　　四、尊贤问题 ………………………………………………（172）
　第五节　《说苑》的史料价值和文学价值 ………………（174）
　　一、史料价值 ………………………………………………（174）
　　二、文学价值 ………………………………………………（176）
第六章　论西汉后期的文学批评 ……………………………（182）
　第一节　赋之名谓 …………………………………………（183）
　第二节　所谓辞赋家 ………………………………………（190）
　第三节　刘向《序录》的文学批评方法 …………………（196）
　第四节　目录学家文学批评意识的间接表达 ……………（204）
　第五节　扬雄的文学批评 …………………………………（208）
　附录：《汉书·艺文志·诗赋略》之"赋"说 …………（211）
参考文献 ………………………………………………………（220）
后　记 …………………………………………………………（222）

序 一

朱绍侯

南阳师范学院汉文化研究中心要推出一套"汉文化研究丛书",郑先兴同志请我作序,我非常高兴。因为,作为专门从事秦汉史研究的学者,最高兴的就是看到新人新著的涌现;而且,这一套丛书的作者,大多是我的学生,或者是多年来一直跟随我学习研究秦汉史的教师;更何况,这套丛书的三审都是由我来进行的。我想谈以下三个问题。

第一,关于汉文化研究的学科性质。

如果把汉文化研究作为学科来看,大概有两个层面的含义。从一个层面来说,汉文化研究属于断代史,即属于汉史的研究范畴。汉代是中国统一集权制国家形成后,出现的第一个文化高峰。汉代人所创造的政治、经济、军事、教育、科学等方面的成就,可谓博大精深,永远是中国历史、中国文化史研究中的重点问题。但汉文化研究也有地域广狭的区分,有南阳汉文化、河南汉文化、中国汉文化,当然也由江苏汉文化、四川汉文化等等。本书的重点是研究南阳汉文化、河南汉文化。从另一个层面说,汉文化又属于专门史的性质,如汉人、汉族、汉语、汉字、汉经济、汉政治等都有极其重要的研究价值。无论是作为断代史、专门史或地域史来研究,汉文化都具有永久定性的特点和永远传承的特点,都是永远不变的定性文化,也是被中国与世界华人、华裔和国际学术界永远关注的问题。

第二，南阳汉文化研究的优势。

南阳学者所进行的汉文化研究，可谓是占尽了天时、地利、人和。所谓天时，有两个重要的含义。一是在"文化大革命"之后，在学术界普遍兴起了历史文化的研究热潮。如中华文化、长江文化、黄河文化、姓氏文化以及各地区的区域文化和各种专题文化等等，不论是什么文化，汉文化都必然是它研究的主要内容之一。二是在进入新世纪之后，党和政府日益重视传统文化在现代化中的作用，提倡人文社科的研究，希望从传统中吸取优秀的文化精神。河南省教育厅为推进这一方针的实施，在全省高校先后建立"河南省人文社会科学重点研究基地"。南阳师范学院汉文化研究中心就是在这样的环境中建立起来的。中心的建立，凝聚了研究方向，整合了全校的研究力量，为全面扎实地研究提供了组织和财力的保证。所谓"地利"，就是南阳是汉代经济、文化最发达的区域，特别是在东汉，南阳是开国皇帝刘秀的故乡，向有"帝乡""南都"之美称，皇亲国戚不可胜数，名人辈出，文物古迹遍布城乡，汉冶铁遗址就有6处，汉画像石、画像砖无论从数量、质量来看，都居全国之最。由此，南阳的汉文化研究资源异常丰富。所谓"人和"，是说这里的文化研究人气很浓。经过长期的积累和传承，南阳师范学院已经拥有着一批在学术界颇具影响的汉文化研究者，而且学校的历届领导班子都把汉文化研究作为学科建设的重点来扶持；通过《南都学坛》"汉代文化研究"专栏，与全国的汉文化研究者经常保持着十分密切的学缘关系，使得全国著名的秦汉史学者都非常关注汉文化研究中心的发展；通过秦汉史和汉画研讨会，增进了学术交流，提升了南阳师范学院的学术地位和影响。

第三，汉文化研究的意义。

汉文化研究所拥有的巨大的学术和文化建设的意义，自是非常繁富。这里我只谈三点。

从历史发展来说。如前所述，汉代是中国统一中央集权制国家形成后所出现的第一个文化高峰。依照德国著名的历史哲学家雅斯贝尔斯的轴心期理论，汉代应属于后轴心时代，即相对于春秋战国的文化经典诞生的轴心时代，汉代则是将之前的文化经典加以实践并予以整理传承，使之得以定型流传。因此，要充分了解中国文化，汉文化可以说是最基本的切入点。最近，年轻的秦汉史研究学者彭卫先生又提出，中国历史研究的"根节"在于"文明的起源、王制向帝制的转变和近代化","而王制向帝制的转变正是挑起历史两头的那根扁担"。可以说,这一说法非常形象地说明了汉文化研究的重要性。在我看来,王制向帝制转变的关键就是秦汉之际所推行的军功爵制,它用功绩的大小重组社会关系,改变了原来的只以血缘纽带建构社会关系的现象,从而推进了社会由王制向帝制的转变。这用唯物史观来表述,就是阶级的变化推进了社会制度的变革。因此,无论是从学术史或者政治制度史的角度,汉文化研究都是了解中国历史的必不可少的环节。

从地域文化观念来说。回顾5000年的中国文明辉煌史,其中近4000年都有河南的主体参与,只是在南宋之后的近1000年以来,河南才逐渐被边缘化。检讨边缘化的原因,查漏补缺,固然是很有必要的。但检讨文明辉煌的因子,将其发扬光大,更是再造辉煌的乐观途径。中原文化作为中国传统文化的主体,其辉煌的因子非常之多。但就其整体性和完整性而言,汉文化则更具有吸收和汲取的价值。因为第一,汉文化是中原文化中比较重要的一个阶段。汉代是继承夏、商、周、秦之后的又一个统一时期,是汉民族形成的最为关键的时期。她所形成的政治体制、思想精神和文化传统,相沿成习,至今不变。第二,汉文化是中原文化中比较重要的一个环节。中原文化对中国文化的贡献主要体现在河南省许多地方,都有自己的特色文化,如周口的伏羲文化、新郑的炎黄故里、洛阳的河洛文化、安阳的殷墟文化、开封的宋都文化等等,而南阳则因汉光武发祥于此,即以"帝乡""帝都"等名义而著称于世;同时又因东汉建都于洛阳,与中原文化的关系更为密切。第三,汉文化在中原文化中占有重要的地位。汉文化的开辟疆土、驰骋沙场的开拓情怀、包容一切的恢弘气势、研习经传的探索精神以及献身国家匹夫有责的爱国思想等等,都构成了中原文化的丰富内涵。由此,全面深入细致地研究汉文化,是实现思想解放、发展跨越和当今中原文化崛起的基本途径。

从大学办学特色来说。大学教育的目的就是传承文明、修性养德和培育科学探索的精神和理念,然而具体到如何办好一所大学,中外教育家的共识就是特色办学。所谓特色办学就是在学科建设上能够有自己独到之处。而我们知道,构成特色学科的因素主要是研究的对象、研究的理念和研究的方法。一般来说,研究理念和方法固然非常重要,但它毕竟要受到研究对象的制约。可以说，只有研究对象是经常主导学科特色从而决定学校的地位的。就此而言，南阳师范学院以其地域文化优势，选择汉文化研究作为自己的特色学科来加以建设，而且屡经几代领导坚持不改，终于形成了涵盖全校诸如历史、中文、美术、音乐、体育、政治、经济等文科教师在内的强大的研究队伍，并在全国秦汉史学界和汉画学界占有重要的席位，成为一支不可忽视的力量。这种以学科优势所造就的办学特色，其他一些高校是难以企及的。

综上所述，可以想见，"汉文化研究丛书"的问世，其学术价值和实际功用以及所展示的南阳师范学院的科研实力和办学特色，将是多么有意义的事情。让我们表示衷心的祝贺吧。

是为序。

2008 年 8 月 26 日

序 二

郑先兴

河南省普通高校人文社会科学重点研究基地南阳师范学院汉文化研究中心于2005年8月得到河南省教育厅的正式下文成立,到今天已经整整十个年头了。十年来,中心同仁坚持学术至上的信念,潜心研究,以"汉文化研究丛书"为标志性的成果,先后推出了十三部专著。为纪念中心的十年庆典,河南大学出版社准备将其修订后整体推出。作为中心的负责人,丛书的策划者,其内心的喜悦和兴奋,可以说是无以言表的。考虑到该套丛书的专业研究性质,其学术价值自有业内学者评判,而其文化建设功用则可通过社会实践予以验证,在这里,我只想从学术管理方面谈几点意见,谨向丛书的出版表示诚挚的祝贺!

丛书的出版问世,可以说是党中央弘扬优秀传统文化、提高国家文化软实力发展战略的贯彻和落实。全面挖掘民族传统文化的精华,总结中华民族的文明发展经验,可以说是中国共产党人一直的追求和努力。毛泽东曾经指出:"从孔夫子到孙中山,我们应当给以总结。承继这一份珍贵的遗产。"新近以来,中共中央总书记习近平同志两次谈到总结历史文化遗产的重要性。

在第十八届中央政治局的第12次集体学习会议上,习近平总书记指出:

"提高国家文化软实力,要努力展示中华文化独特魅力。在5000多年文明发展进程中,中华民族创造了博大精深的灿烂文化,要使中华民族最基本的文化基因与当代文化相适应、与现代社会相协调,以人们喜闻乐见、具有广泛参与性的方式推广开来,把跨越时空、超越国度、富有永恒魅力、具有当代价值的文化精神弘扬起来,把继承传统优秀文化又弘扬时代精神、立足本国又面向世界的当代中国文化创新成果传播出去。要系统梳理传统文化资源,让收藏在禁宫里的文物、陈列在广阔大地上的遗产、书写在古籍里的文字都活起来。要以理服人,以文服人,以德服人,提高对外文化交流水平,完善人文交流机制,创新人文交流方式,综合运用大众传播、群体传播、人际传播等多种方式展示中华文化魅力。"

在第十八届中央政治局的第13次集体学习会议上,习近平总书记再次指出:

"要讲清楚中华优秀传统文化的历史渊源、发展脉络、基本走向,讲清楚中华文化的独特创造、价值理念、鲜明特色,增强文化自信和价值观自信。要认真汲取中华优秀传统文化的思想精华和道德精髓,大力弘扬以爱国主义为核心的民族精神和以改革创新为核心的时代精神,深入挖掘和阐发中华优秀传统文化讲仁爱、重民本、守诚信、崇正义、尚和合、求大同的时代价值,使中华优秀传统文化成为涵养社会主义核心价值观的重要源泉。要处理好继承和创造性发展的关系,重点做好创造性转化和创新性发展。"

在这里,"要努力展示中华文化独特魅力"、"要讲清楚中华优秀传统文化的历史渊源、发展脉络、基本走向,讲清楚中华文化的独特创造、价值理念、鲜明特色",必须深入探究中国历史,尤其是中国历史上的秦汉时期。因为秦汉时期是中华文明的后轴心时期,它不仅承继、凝聚了远古以来中华文明的精华,而且也开启了之后中华文明的发展道路。据此,汉文化研究中心依托南阳区域文化和汉画像的历史资源,广纳贤才,凝神聚力,全面展开汉文化的研究,不断推出研究性的成果,为中华文化魅力的展现和优秀文化传统渊源的揭示,仅露尖尖一角,略展学术之风采。

丛书的出版问世,可以说是打造特色学术平台的必然结果。高校的存在和发展,除了狠抓学科建设、人才培养以及日常的教学、科研管理与机制之外,别无他途。为此,校党委和行政制定了"质量提升,内涵带动"的发展战略,并根据所在地域的文化特点与经济社会建设的需要,设置相应的科研与教学平台。一方面促进科学研究与课堂教学紧密结合,另一方面也促进高校的教学科研与本地社会经济文化建设紧密结合。南阳的地域文化优势在于汉代历史文化,东汉光武帝刘秀生长、起事于南阳,其军功大臣二十八宿也大多出生在南阳;即使此前西汉刘邦政权的建立,也得益于南阳地方豪绅的鼎力支持,才有了可靠的根据地而取得政权;汉代南阳的冶铁、水利、中医药与天文地理等科学技术跻身于世界文化最先进的水平;还有现在依然大量存在的汉画像,作为中国美术史上瑰丽的宝藏,珍藏着汉代民众真实而又平凡的社会生活和精神风貌。为充分挖掘南阳文化的精髓,实验、训练并提升教师的科研能力,打造学术品牌,我们凝聚全校文科的学术研究方向,以汉画像为主题,成立了汉文化研究中心。中心的成立,既为教师的学术研究指明了方向,也得到了省教育厅的大力支持,成为河南省人文社会科学重点研究基地。几年来,中心在项目申报、论文论著的撰写与发表、重点学科建设等等方面,都取得了卓越的成绩;尤其是在学术交流和为社会经济文化建设服务方面,中心成功承办了大型的国际学术会议,如"中国汉画学会第十届年会暨学术研讨会(2006)"、"东汉史研究国际论坛(2009)"、"中国秦汉史研究会第十三届年会暨国际学术研讨会(2011)"等。这些会议的成功举办,不仅加强了我校与学术界的交流,提升了我校的知名度,更重要的是展示了我校教师的研究实力和学术风貌。中心研究人员积极参加了南阳卧龙岗文化产业聚集区建设、南阳相关的企事业文化建设、南阳农运会端午节龙舟竞赛高峰论坛、南阳刘秀研究会以及诸葛亮躬耕地问题讨论,等等,这些活动,既促进了教学与科研的紧密结合,又为教学和研究提供了更广阔的视野。总之,我校的汉文化研究中心已经成为秦汉史学界、汉画学界国内外知名的学术研究重镇,成为南阳社会经济文化建设领域内有关汉代历史文化方面不可忽视的咨询机构。本次出版的十三种汉文化研究专著,就是这个学术研究平台十年研究计划的重要的学术成果之一。当然,我们期望着更高层次的研究成果的继续涌现。

丛书的出版问世和项目的完成,也是汉文化研究中心的研究人员的长期辛勤、扎实治学的结晶。孔子说:"人能弘道,非道弘人。"再好的理念和政策,再好的平台和基地,如果没有人们踏踏实实地践行,予以付诸实践,是很难切实收到实效,取得成绩的。令人骄傲的是,我们南阳师范学院的广大教职员工,确实有一批求真务实的人。在这样一个比较浮躁的年代,他们能够沉下气来,专心地教书育人,精心地做学术研究,实属难能可贵,非常令人敬佩。以汉文化研究为例,从上个世纪改革开放以来,就已经形成了一支专业的研究队伍。他们身处教学和科研一线,在完成自己的教学任务的同时,选择南阳的区域文化尤其是秦汉史和汉画像作为自己的研究对象,互相切磋,互相鼓励,在研究课题、撰写论文和申报项目方面,互相支持,在秦汉史学界和汉画像学界已经形成了自己的学科特色和学术优势。汉文化研究中心成立之后,又以中心为平台,制定了编著"汉文化研究丛书"的十年计划,试图打造自己的学术优势,占据汉画像研究和秦汉史尤其是东汉史学研究的制高点。从已经出版的论著的影响看,其原始的意愿已经基本实现了。可以说,前期的成果为后来的研究提供了基础和方向,但自然地也增加了难度。如何超越自己,如何将汉文化研究提升到更高的层次?我想,这是汉文化研究中心的同志们可能要花费很长时间予以思考和践行的问题。至于能否实现超越,就需要学术界的专家同仁予以引领和雅正了。

  本丛书的十三种专著中,可以分为两个系列。

  一是汉文化研究系列,共八本,主要探究秦汉时期社会历史的发展及其本质特征。郑先兴教授完成了《汉代思想史专题论稿》与《汉代史学思想史》,前者是其阅读汉代元典的心得,以礼治思想、经济思想、王充思想以及其他思想(包括谶纬、汉文化精神、荀悦政治思想)等四个专题,揭示并阐述了汉代的政治思想、经济思想与社会思想;后者则是其长期的历史教学与研究成果的积淀和积累,是对汉代优秀的学术思想文化遗产的发掘和梳理。刘太祥编审完成的《张仲景中医药文化研究》与《汉代政治文明》,前者是其对医圣张仲景在中医药药理、诊治、用方、医德等方面贡献的挖掘和阐释;后者则是其对汉代政治文明的成就比如治国理念、方略、机制的梳理和阐述,寻绎汉代政治文化中的进步和积极因素。冯建志教授等人完成的《汉代音乐文化研究》,主要描述了汉代音乐的内容、类型、发展及其美学思想。曾祥旭教授完成了《西汉后期的文学和儒学》,是其博士论文《论西汉前期的文学和儒学》的延续,阐述了西汉后期文学的发展及其与儒学的关系。杨运秀教授完成了《南阳汉画像与汉代经济研究》，以南阳区域为研究对象，分为两个部分，第一部分是以南阳汉画像为主题，从经济学的角度阐释了汉画像中的经济因素；第二部分是以汉代南阳区域经济为主题，叙述了南阳的农业、水利、手工业、货币、商业等经济状况。高二旺博士完成的《两汉魏晋南北朝人质现象研究》，是以其学位论文修订增补的，以古代人质现象为话题揭示汉代到南北朝时期所普遍存在的人伦和法制真相。

二是汉画像系列，共五种，主要是挖掘和阐释汉画像的内容及其社会意象。其中郑先兴教授完成了《汉画像的社会学研究》和《民间信仰与汉代生肖图像研究》，前者是以远古婚姻进程为线索，透视汉画像中神树、螺女、弓弩、伏羲女娲、西王母、傩等画面的社会历史内涵，后者则是以生肖为线索，阐释汉画像中生肖图像的社会历史意蕴。牛天伟、金爱秀二位完成的《汉代神灵图像考述》，则是从考古学、民俗学的角度，对汉画像中的伏羲女娲、西王母、气象天文、镇宅守墓、祥禽瑞兽以及传说的蚩尤、桑蚕农神等图像予以了阐释。季伟教授完成的《汉代乐舞百戏考述》，是以乐舞百戏为话题揭示汉画像中大量存在的乐舞图像的社会历史内涵，挖掘古代历史中优秀的乐舞文化遗产。徐永斌教授等人完成的《南阳汉画装饰艺术》，描述了南阳汉画像装饰艺术的题材内容、构成风格、技法类型、审美特征，及其在中国传统装饰艺术上的价值等。

毋庸讳言，"汉文化研究丛书"虽然推出了十三种，但与原本的初衷和社会的要求还是有距离的。希望汉文化研究中心的同志们更加努力，拿出更多的成果，拿出更丰富更深刻更具有影响力的汉文化研究论著。

让我们期待着吧！

2015 年 5 月

第一章　论汉代的乐府制度和哀帝罢乐

"乐府"一词最初含义是主管音乐的官府机关,汉人称配乐歌唱的诗为"歌诗",魏晋以后称之为"乐府"。魏晋六朝文人借古题写时事的诗,一概称为"乐府"。唐代出现不用乐府古题,只是仿照乐府诗的某些特点写作的诗,被称为"新乐府"。宋元以后,乐府又用作词、曲的别称。乐府机构始于秦代,汉承秦制亦设之。到汉武帝时扩大了乐府机构的规模和职能,其具体任务包括制定乐谱、训练乐工、搜集民歌、制作歌辞等。朝廷典礼所用乐章如西汉前期的《安世房中歌》和西汉中期的《郊祀歌》等主要是文人制作的;普通场合演唱的歌辞则主要是从民间搜集来的民歌。习惯上把采自民间的歌辞称为"乐府民歌"。一般认为现存汉乐府民歌大都是东汉乐府机构采集的。这些歌诗大都保存于宋代郭茂倩编的《乐府诗集》里。郭茂倩将自汉至唐的乐府诗分作12类,包含汉乐府的有四类:郊庙歌辞、鼓吹曲辞、相和歌辞、杂曲歌辞。"郊庙"一类是由文人制作的朝廷典礼乐章,鼓吹曲辞主要来源于赵代之讴,相和歌辞肇始于楚歌,杂曲歌辞是未入《艺文志》名录而散见于《史》、《汉》中的歌谣。

第一节　乐府的设立和经学依据

中国古代重视乐教,《尚书·尧典》云:"夔,命汝典乐……诗言志,歌永言,声依永,律和声。"《周礼·春官·大司乐》言"以乐语教国子"。周王朝设立了专门的乐舞机构——大司乐。总监称大乐正,下设乐师为乐正,乐正以下,包含了乐师、旄人、鼓人、瞽人等。《周礼·春官》记载周代乐官建制共有1643人,其中有专职歌唱的、舞蹈的、演奏乐器的以及配乐朗诵的等。但周代之乐难以称为乐府,后世所谓的乐府是秦朝建立的。杜佑《通典·职官七》云:"奉常属官,有大乐令丞。""少府属官有乐府令丞。"1977年秦始皇陵出土的一只秦代错金甬钟,钟柄镌有秦篆"乐府"二字,说明乐府署的设立就在秦朝,但那时的乐府有哪些活动,具体职能如何,存在时间多久,影响多大,今人无从知晓。汉承秦制,《汉书·礼乐志》云:"孝惠二年,使乐府令夏侯宽备其箫管,更名曰《安世乐》。"可知汉初还有乐府,但当时的乐府职能掌管的只是郊庙朝会的雅乐,规模不大,几乎形同虚设,特别是和民间歌词及胡乐新声没有发生关系。

《汉书·礼乐志》云:"至武帝定郊祀之礼……乃立乐府,采诗夜诵。有赵代秦楚之讴。以李延年为协律都尉。多举司马相如等数十人造为诗赋,略论律吕,以合八音之调,作十九章之歌。"这段话被看作乐府始立的根据,不过这里的"立"应当是改组的意思。立乐府的具体时间是元鼎四年(前113年),改组后的乐府,由原来的太常管辖转移至宫廷少府管辖。由原来的乐府令、丞各一人,发展为"乐府三丞",总领导人是乐府令丞,下设音监、游徼、仆射三丞,主持日常的音乐创作和乐曲改编。当时的协律都尉,由乐工出身的著名音乐家李延年担任,协律都尉是否就是乐府令丞难以考辨。此外,还有张仲春等专业音乐家与司马相如等几十个著名的文学家参与其中。乐府设在长安西郊渭水之畔景色宜人的皇家苑囿——上林苑。乐府内人员众多,汉成帝时人员达"千余人"①。汉哀帝罢乐前尚有人员841人。乐府的设置,一方面是为了制作宗庙乐章,以神道设教,歌功颂德,点缀升平;一方面是为了收集民间歌谣,了解民间疾苦,以便采取措施改善政治。不管当时统治阶级采诗的目的如何(是供娱乐也好,供政治借鉴也好),在客观上却起到了收集和保存民歌的作用,使当时四散于民间仅靠口头流传的许多作品得以集中并被记录下来,这在文学史上有重要意义。

从思想理论上说,汉武帝扩张和扩大了乐府的职能,这是作为制礼作乐、更化改良政治的一个具体步骤,他采纳了董仲舒"罢黜百家,独尊儒术"的主张,接受了河间献王刘德所献儒家的"雅乐"(古乐),但他对于这些古乐并不"常御";他真正重视的是"郊祀"、"房祀"一类的新型祭祀乐,还有所谓"赵代秦楚之讴"种种民间风俗音乐和乐舞百戏等。

西汉始立乐府和重视乐府机关,有其深刻的政治文化背景,也和周代以来的传统教化思想有关。武帝即位时,西汉立国已有六十多年,经过文、景两代与民休息的政策,社会政治经济得到恢复和发展,汉武帝改正朔、易服色、封禅泰山、祥瑞频现,这是亘古罕见的太平盛世,王朝上下为能继"千岁之统"的伟业所吸引。班固《两都赋序》云:"大汉初定,日不暇给。至于武宣之世,乃崇礼官,考文章,内设金马石渠之署,外兴乐府协律之事,以兴废继绝,润色鸿业。"那么汉朝立乐府的根据是什么呢?我们认为有四个方面。

第一,汉初的六七十年间,朝廷奉行黄老哲学,与民休养生息,崇尚无为而治,而黄老哲学从根本上说是排斥文艺的,皇帝、太后乃至诸刘氏子孙都奉老子书为圭臬。老子八十一章尽管文采绚烂,但从道理上言老子"重质反文",认为为文有害于道。因此所谓的文饰、宗庙乃至日常礼仪性的"文"的活动都不能很好展开。当时尽管有河间献王刘德好礼仪,他采集古乐编写《乐记》几十篇进献朝廷,但没有产生应有的影响。主要的原因是古代雅乐沦丧,时人无从知晓,因此谁人都不能轻易明断"是非"。比如汉武帝欲封禅泰山,拿出当时不少礼器问诸儒生,儒生或曰非,或曰是,莫或置辞,而古代的礼和乐是密切结合的,诸儒生不能明白礼器,想让他们明了古乐也的确是难为他们了。当时最有名的音乐家是制氏,但制氏仅能"纪其铿锵鼓舞,而不能言其义"②。由此可见

---

① 桓谭:《新论·离事》。
② 《汉书·礼乐志》。

当时礼乐的衰败程度。

第二，按儒家传统的理解，"礼失而求诸野"①。周初政治清明，"周监于两代，郁郁乎文哉，吾从周"②。《周官》所描绘文化盛业为后世景仰。春秋时期，礼崩乐坏，"天子不能颁正朔"，"陪臣执国命"的情景不断出现，雅道寝亡，乐师四散。《论语·微子》有云："大师挚适齐，亚饭干适楚，三饭缭适蔡，四饭缺适秦，鼓方叔入于河，播鼗武入于汉，少师阳、击磬襄入于海。"进入战国，礼仪希阔不讲，群雄争霸，有赖秦王扫除六合，一统天下，然而秦焚书坑儒，文化事业濒临灭绝。汉高祖刘邦立孔庙祭祀，惠帝废除挟书令，可见汉王朝急于礼乐文化建设，因此，从民间寻找所谓的"雅乐"是可能的，而且符合儒家经典要求。当时汉武帝甚至愤愤不平地追问："民间祀有鼓舞乐，今郊祀而无乐，岂称乎？"③武帝的追问既反映了他求"乐"的急切心理，也向臣民指出了他"求乐"的路线、求乐的目的（服务于祭祀）。

第三，是汉武帝主张"更化"、追慕周政的结果。孔子曰："移风易俗，莫善于乐。"《白虎通·礼乐》云："王者始起，何用正民？以为且用先王之礼乐，天下太平，乃更制作焉。"《汉书·礼乐志》云："王者必因前王之礼，顺时施宜，有所损益，即民之心，稍稍制作，至太平而大备。周监于二代，礼文尤具，事为之制，曲为之防，故称礼经三百，威仪三千。于是教化浃洽，民用和睦，灾害不生，祸乱不作，囹圄空虚，四十余年。孔子美之曰：'郁郁乎文哉。吾从周。'及其衰也，诸侯逾越法度，恶礼制之害己，去其篇籍。遭秦灭学，遂以乱亡。"汉王朝以崭新的姿态雄起于世，在汉人理想中，周代政治以教化为主、刑罚为辅，乐教是周代教化的重心。由于礼乐具备，文质彬彬，所以周政为人敬仰，"今大汉继周"，成千岁之统，自然期望呈现一个和周政比肩而立的王朝新气象。

第四，是汉初以来儒家人士不断呼吁的结果。最初的呼吁者是陆贾，《史记·郦生陆贾列传》载刘邦本不好儒，"陆生时时前说称《诗》、《书》，高祖骂之曰：'乃公居马上得之，安事《诗》、《书》！'陆生曰：'居马上得之，宁可以马上治之乎？……乡（向）使秦已并天下，行仁义，法先

---

① 《论语·宪问》。
② 《论语·八佾》。
③ 《汉书·郊祀志上》。

圣,陛下安得而有之。'……凡著十二篇,每奏一篇,高帝未尝不称善"。陆贾是否改变了高祖对儒家的偏见不得而知。接着是贾谊,其上文帝疏曰:"夫立君臣,等上下,使纲纪有序,六亲和睦,此非天之所为,人之所设也。人之所设,不为不立,不修则坏。汉兴至今二十余年,宜定制度,兴礼乐。"①到汉武帝时,"兴太平"、"制礼作乐"条件具备,董仲舒在应对武帝诏书时说:"故圣王已没,而子孙长久安宁数百岁,此皆礼乐教化之功也。王者未作乐之时,乃用先王之乐宜于世者,而以深入教化于民。教化之情不得,《雅》、《颂》之乐不成,故王者功成作乐,乐其德也。乐者,所以变民风,化民俗也;其变民也易,其化人也著。故声发于和而本于情,接于肌肤,臧于骨髓。故王道虽微缺,而管弦之声未衰也。夫虞氏之不为政久矣,然而乐颂遗风犹有存者,是以孔子在齐而闻《韶》也。"②

如果说贾谊提出"定制度、兴礼乐"还稍显笼统的话,那么董仲舒提出"礼乐教化之功"、"深入教化于民"、"功成作乐,乐其德也"的观点就显得具体细微,有可操作性。这样建汉以来从叔孙通"制礼仪"始,经陆贾、贾谊发展到董仲舒总结终,"兴礼作乐教化于民"的仁治思想逐渐清晰明朗化,儒家礼乐政治取代道家黄老政治已成了势不可挡的潮流,汉武帝顺应时代思潮果断地提出"罢黜百家、独尊儒术"的口号,要求以儒家仁政思想作为立国政教之本。因此设立乐府既有来自儒学的现实依据,又是加强礼乐文化建设的实际步骤。汉武帝立乐府实属于必然,其思想条件已经成熟。

第二节　王朝采诗与"观风俗"

《汉书·艺文志》云:"自孝武立乐府而采歌谣,于是有代赵之讴,秦楚之风,皆感于哀乐,缘事而发,亦可以观风俗,知薄厚云。""观风俗,知薄厚"是王朝书面语言的正规表达。儒家重视"观"字,《周易》中有《观》

---

① 《汉书·礼乐志》。
② 《汉书·董仲舒传》。

卦,☷,徐子宏说:"本卦下卦为坤。坤为地;上卦为巽,巽为风,风吹大地,吹拂万物,喻君王巡视万国,观察民情,施行德教,风化社会,所以卦名曰观。"①《论语·阳货》云:"小子何莫学夫《诗》?《诗》可以兴,可以观,可以群,可以怨;迩之事父,远之事君,多识于鸟兽草木之名。"郑玄释"观"是"观风俗之盛衰"的意思。鲁迅在《古小说钩沉》序中谈道:"稗官职志,将同古之采诗之官,王者所以观风俗得失。"前人对"观"的解释总离不开政教。

"观"的基本含义是观看、观赏,如"(鲁隐公)五年春,公观鱼于棠"②。"观鱼"就是观看捕鱼的意思。自《左传》之后,观的含义已道德化。如鲁庄公二十三年,"夏,公如齐观社"③。对于"观社",《解诂》云:"观社者,观祭社,讳淫。"祭社有什么淫意呢?《墨子·明鬼》云:"燕之祖,当齐之社稷、宋之桑林、楚之云梦也,此男女所属而一观也。"曹刿力谏,庄公不听,仍入齐观看。三传斥庄公之举为"非礼",晋范宁解释:"尸,主也,主为女往尔,以观社为辞。"可知鲁庄公到齐国观社非为公务,乃是为观性表演而已。故曹刿进谏说:"夫礼,所以整民也。故会以训上下之则,制财用之节;朝以正班爵之义,帅长幼之序;征伐以讨其不然。诸侯有王,王有巡守,以大习之。非是,君不举矣。"④

以曹刿之语可知,在齐国,社祭已非单纯对社神的祈祷,而是民众聚会的节日。庄公入齐观社,并非以虔诚之心求子或祈雨,而是带着满足感官欲望的目的去看尸女的春会仪式。而这种带有原欲放纵的风俗,已受到文明的挑战与质疑,曹刿开宗明义正是以"礼"作为劝阻之理由。在此君臣对话中早已出现"欲"与"礼"之间的对立,以及以"礼"节"欲"、"止欲"的儒家政治道德教化内涵的具体引申。

由此,春秋时代的"观"已经和儒家教化、"以礼节欲"等思想连接起来,再进一步就是郑玄所谓"观风俗知盛衰"之意。《礼记·经解》记孔子的话:"入其国,其教可知也。其为人也,温柔敦厚,《诗》教也;疏通知远,《书》教也;广博易良,《乐》教也;洁静精微,《易》教也;恭俭庄敬,

---

① 《周易全译》,贵阳:贵州人民出版社1991年版,第112页。
②③ 王维堤、唐书文撰《春秋公羊传译注》,上海:上海古籍出版社1997年版,第26、146页。
④ 张文学注,管曙光译《春秋左传》(上),郑州:中州古籍出版社1993年版,第130、131页。

《礼》教也；属辞比事，《春秋》教也。"在日常生活中，孔子也通过观《诗》了解他人志行。如其弟子南荣趎多次诵读《诗经·大雅·仰》中"白圭之玷，尚可磨也；斯言之玷，不可为也"。孔子认为他行为谨慎，把侄女嫁给他。《论语·微子》记载："齐人归女乐，季桓子受之，三日不朝，孔子行。"这里反映的是孔子通过从"齐人归女乐"这件事，表达出他对鲁国当时及其后政治的忧虑。另外春秋时代有大量的陈诗观乐活动，意为通过音乐作品和音乐活动，了解、观察、体会社会情感甚至政治的得失。

进入汉代，随着独尊儒术活动的深入，观诗行为在儒门内部还保留着。如《汉书·儒林传》曰：王式除博士，"既至，止舍中，会诸大夫博士，共持酒肉劳式，皆注意高仰之。博士江公……心嫉式，谓歌吹诸生曰：'歌《骊驹》。'式曰：'闻之于师：客歌《骊驹》，主人歌《客毋庸归》。今日诸君为主人，日尚早，未可也。"师古注曰："《骊驹》者，客欲去歌之，故式以为言也。"王式是宣帝时代诗学博士，进退必以礼。王式要求诸生按照古代酒宴送别时客主问答的仪式进行，这是春秋时代儒门观诗行为的延续。当时赋诗者赋了这样四句诗，说："骊驹在门，仆夫具存。骊驹在路，仆夫整驾"。① 如果单看这 16 个字而不了解其背景，后世很难理解其中的思想意义，这种情况和孔子与子夏讨论《诗经》文句含义的情况十分相似。② 汉人理解的《诗经》不是其原本含义，而是转折后的社会政治学含义。另外由汉初或汉中期形成的《毛诗序》奠定的诗学大纲成为汉代文艺的指导思想，于是，观风俗以知盛衰是连接下情和下情上达的重要措施，既有政治意味，也有审美意味。如刘向《说苑·政理》借助季札说明"观"的政治意义，其中云："延陵季子游于晋，入其境曰：'嘻，暴哉国乎！'入其都曰：'嘻，力屈哉国乎！'立其朝曰：'嘻，乱哉国乎！'从者曰：'夫子之入境未久也，何其名之不疑也？'延陵季子曰：'然，吾入其境田亩荒秽而不休，杂增崇高，吾是以知其国之暴也。吾入其都，新室

---

① 《汉书·儒林传》。
② 《论语·学而》云："子贡曰：'贫而无谄，富而无骄，何如？'子曰：'可也。未若贫而乐，富而好礼者也。'子贡曰：'《诗》云，"如切如磋！如琢如磨"，其斯之谓与？'子曰：'赐也！始可与言《诗》已矣，告诸往而知来者。'"《论语·八佾》子夏问曰："'巧笑倩兮，美目盼兮，素以为绚兮。'何谓也？"子曰："绘事后素。"曰："礼后乎？"子曰："起予者商也，始可与言《诗》已矣。"

恶而故室美,新墙卑而故墙高,吾是以知其民力之屈也。吾立其朝,君能视而不下问,其臣善伐而不上谏,吾是以知其国之乱也。'"

不仅是季札,圣人亦观民风,《周易·系辞下》云:"古者庖羲氏之王天下也,仰则观象于天,俯则观法于地,观鸟兽之文与地之宜,近取诸身,远取诸物,于是始作八卦,以通神明之德,以类万物之情。"这里的"观"是就天文人文思想而言,含有丰富的政治和审美含义。汉代人也有借孔子说事,故事虽不够文雅,但的确是圣人观民风的一个实例。《韩诗外传》卷一云:

> 孔子南游,适楚,至于阿谷之隧,有处子佩瑱而浣者。孔子曰:"彼妇人其可与言矣乎!"抽觞以授子贡,曰:"善为之辞,以观其语。"子贡曰:"吾北鄙之人也,将南之楚,逢天之暑,思心潭潭,愿乞一饮,以表我心。"妇人对曰:"阿谷之隧,隐曲之泛,其水载清载浊,流而趋海,欲饮则饮,何问妇人乎?"受子贡觞,迎流而挹之,奂然而弃之,促流而挹之,奂然而溢之,坐置之沙上,曰:"礼固不亲受。"子贡以告。孔子曰:"丘知之矣。"抽琴去其轸,以授子贡,曰:"善为之辞,以观其语。"子贡曰:"向子之言,穆如清风,不悖我语,和畅我心。于此有琴而无轸,愿借子以调其音。"妇人对曰:"吾野鄙之人也,僻陋而无心,五音不知,安能调琴。"子贡以告。孔子曰:"丘知之矣。"抽絺纮五两,以授子贡,曰:"善为之辞,以观其语。"子贡曰:"吾北鄙之人也,将南之楚。于此有絺纮五两,吾不敢以当子身,敢置之水浦。"妇人对曰:"客之行,差迟乖人,分其资财,弃之野鄙。吾年甚少,何敢受子,子不早去,今窃有狂夫守之者矣。"

刘向所编《列女传》中有"阿谷处女"一节,内容几乎同于《韩诗外传》,兹不录。这个戏剧性的故事是孔子派子贡往返三次,"抽觞"、"抽琴"、"抽絺纮"三观其语,大有调戏民间妇女的味道。实际我们可以换个角度理解,因为如果阿谷处女不能经受子贡的引诱而直奔孔子而去,则说明这里民风很坏,这就需要在上者认真教化治理,使得民风向善。

类似的故事还有《陌上桑》:

> 日出东南隅,照我秦氏楼。秦氏有好女,自名为罗敷。罗敷善

蚕桑，采桑城南隅。青丝为笼系，桂枝为笼钩。头上倭堕髻，耳中明月珠。缃绮为下裙，紫绮为上襦。行者见罗敷，下担捋髭须。少年见罗敷，脱帽著帩头。耕者忘其犁，锄者忘其锄。来归相怨怒，但坐观罗敷。

使君从南来，五马立踟蹰。使君遣吏往，问是谁家姝？"秦氏有好女，自名为罗敷。""罗敷年几何？""二十尚不足，十五颇有余。"使君谢罗敷："宁可共载不？"

罗敷前致辞："使君一何愚！使君自有妇，罗敷自有夫。东方千余骑，夫婿居上头。何用识夫婿？白马从骊驹；青丝系马尾，黄金络马头；腰中鹿卢剑，可值千万余。十五府小吏，二十朝大夫，三十侍中郎，四十专城居。为人洁白皙，鬑鬑颇有须。盈盈公府步，冉冉府中趋。坐中数千人，皆言夫婿殊。"①

这个故事今人一般从罗敷的聪明、美丽和机智上理解，认为讽刺和批判了统治阶级的荒淫无耻行为，但本诗的叙述内容依照常理推测总有许多讲不通的地方。如果我们把它放在礼教背景下和汉代"观风俗，见得失，自考正也"的思想意义下研究则别有一番趣味。罗敷巧妙拒绝使君的无理纠缠，最后双方相安无事，符合儒家"发乎情，止乎礼"的道德规范。

再如《鲁秋洁妇》：

洁妇者，鲁秋胡子妻也。既纳之五日，去而宦于陈，五年乃归。未至家，见路傍妇人采桑，秋胡子悦之，下车谓曰："若曝采桑，吾行道远，愿托桑荫下餐，下赍休焉。"妇人采桑不辍，秋胡子谓曰："力田不如逢丰年，力桑不如见国卿。吾有金，愿以与夫人。"妇人曰："嘻！夫采桑力作，纺绩织纴，以供衣食，奉二亲，养夫子。吾不愿金，所愿卿无有外意，妾亦无淫泆之志，收子之赍与笥金。"秋胡子遂去，至家，奉金遗母，使人唤妇至，乃向采桑者也，秋胡子惭。妇曰："子束发修身，辞亲往仕，五年乃还，当所悦驰骤，扬尘疾至。今

---

① 《乐府诗集》卷二十八《相和歌辞》三，北京：中华书局1979年版，第410、411页。

也乃悦路傍妇人,下子之装,以金予之,是忘母也。忘母不孝,好色淫泆,是污行也,污行不义。夫事亲不孝,则事君不忠。处家不义,则治官不理。孝义并亡,必不遂矣。妾不忍见,子改娶矣,妾亦不嫁。"遂去而东走,投河而死。①

这简直是一场人间悲剧,特别是鲁秋洁妇怒斥秋胡子的话义正辞严,其中心是儒家之"礼",以礼节欲。无礼之人,类同禽兽。《诗经·鄘风·相鼠》云:"相鼠有皮,人而无仪。人而无仪,不死何为?"在这个故事中,秋胡子不是前面所举几例中的"观者",他的心灵为赤裸裸的情欲所掩盖,这个文本中"观者"是隐身的,其实就是"采风者"以及各级"王公大人",他们见到这样的性贞女子,见到这样的地理风俗,一定会感叹这里民风向善,政治清明。刘向在这个故事后的评论中贯彻着儒家伦理下的美刺精神,如一则曰:"洁妇精于善。夫不孝莫大于不爱其亲而爱其人,秋胡子有之矣。"再则曰:"见善如不及,见不善如探汤。秋胡子妇之谓也。"最后引用《诗经·魏风·葛屦》云:"惟是褊心,是以为刺。"

所以,汉代的"观民风,知得失,自考正也"是现实行为的艺术再现,也是对官吏、百姓的道德要求、行政要求,乐府也许在这层意义上和社会风俗、人伦情怀、政治教化、行政善恶等联系起来。

第三节 "代赵之讴,秦楚之风"辨

《汉书·艺文志·诗赋略》载:"歌诗二十八家,三百一十四篇。"这个数字接近《诗经》篇数,《诗经》有诗305首,另外6首笙诗,有目无辞。《汉书·艺文志·诗赋略》采集到的民歌有138首,这个数字也已接近《诗经·国风》160首的篇数;篇数接近是偶然的巧合或是另有企图?

汉人认为《诗经》来源有三说,即"献诗说"、"采诗说"和"删诗说"。《诗赋略》中的歌诗实际包括两部分,一是"辞自己作"的部分,暗合《诗

---

① 刘向撰,刘晓东校点《列女传》,沈阳:辽宁教育出版社1998年版,第52、53页。

经》"献诗说";二是采自民间的部分,暗合《诗经》"采诗说"。古代是否有"删诗"之事,司马迁言之凿凿,《史记·孔子世家》云:"古者《诗》三千余篇,及至孔子,去其重,取可施于礼义,上采契后稷,中述殷周之盛,至幽厉之阙……三百五篇孔子皆弦歌之,以求合《韶》《武》《雅》《颂》之音。"但自北宋以来就不断有怀疑者。"删诗"本不应在我们考虑之列,因为就是有,那也是"圣人"之事,刘、班安敢妄为?所以刘、班实际上已经否定司马迁"删诗说"的结论。

删诗说既然不成立,那么上述歌诗篇数相近的事实说明汉家"歌诗"和"采诗"活动是有意以周政为榜样。周初政治清平,礼乐兴盛,文质彬彬,诗教深广。汉武帝"崇礼官"、"考文章"、"改正朔"、"易服色"、制礼作乐。《汉书·礼乐志》云:"今海内更始,民人归本,户口岁息,平其刑辟,牧以贤良,至于家给,既庶且富,则须庠序礼乐之教化矣。"《两都赋序》云:"大汉之文章,炳焉与三代同风。"班固撰《汉书》,是不满意司马迁把汉朝置于"秦项之列,百王之末"。所以要结撰一代之史记和周政比肩,那么周代之诗,汉朝之歌诗,其自然衔接是顺理成章的,篇数一致也是可以理解的。

《汉书·艺文志》云:"自孝武立乐府而采歌谣,于是有代赵之讴,秦楚之风,皆感于哀乐,缘事而发,亦可以观风俗,知薄厚云。"

笔者认为,班固在这段话中透出的重要信息,除了采诗地理范围外,还有歌诗的风格的问题,因为在汉代风俗和地理是不可分的,如《汉书·地理志》云:"凡民函五常之性,而其刚柔缓急,音声不同,系水土之风气,故谓之风。好恶取舍,动静亡常,随君上之情欲,故谓之俗。"风俗之说和疆域地理划分密切联系。班固所谓的"代赵之讴,秦楚之风"应有深意,它是对当时歌诗风格地理学的简要划分,简而言之,我们可以把代赵之讴看作一系,秦为一系,楚为一系。即属于代赵之乐的是《燕代讴雁门云中陇西歌诗》九篇、《邯郸河间歌诗》四篇。属于秦系列的是《左冯翊秦歌诗》三篇、《京兆尹秦歌诗》五篇、《河东蒲反歌诗》一篇。属于楚系列的是《吴楚汝南歌诗》十五篇、《淮南歌诗》四篇、《南郡歌诗》五篇。其他《杂各有主名歌诗》十篇、《杂歌诗》九篇不能明辨。就是说,《汉书·艺文志·诗赋略》所载歌诗可以分为三类:第一是代赵之乐,代赵之乐蔓延广泛,后世的鼓吹乐和横吹曲应是它的进一步发展。如汉武帝尝得神马渥洼水中,复次以为《太一之歌》。歌曲曰:"太一贡兮天马下,沾赤汗兮沫流赭。骋容与兮跇万里,今安匹兮龙为友。"伐大宛获汗血马,于是作《天马歌》,歌诗曰:"天马来兮从西极,经万里兮归有德。承灵威兮降外国,涉流沙兮四夷服。"① 第二是秦声,由于汉人的反秦意识强烈,秦声流传不永,但秦声中的百戏杂耍等为汉人所喜,秦乐气势磅礴、雄浑豪放的风格和西汉人的审美要求一致。第三是楚歌,楚歌柔靡清婉、一怨三叹的表达方式在西汉初风行天下,到了东汉后期,楚歌广泛吸收其他乐种的表达样式,变为深受众人欢迎的新乐种,在六朝时期影响深远。

西汉在录的歌诗中还有一类乐歌属于中原旧声,它们是:《洛阳歌诗》四篇,《河南周歌诗》七篇,《河南周歌声曲折》七篇,《周谣歌诗》七十五篇,《周谣歌诗声曲折》七十五篇,《周歌诗》二篇,《齐郑歌诗》四篇。值得注意的是中原系列中有的带有"声曲折"字样,一般认为"声曲折"是汉代声乐谱,沈约《宋书·乐志卷一》说:"凡乐府古辞,大字是辞,细字是声,声辞合书。"这说明《汉书·艺文志·诗赋略》的歌诗部分包括两种:一是属于中原旧声的;一是属于代赵秦楚之声。属于中原旧章的声调形式比较固定,大概属于"辞是辞,声是声"的部分;而不带有乐谱的声调形式如代赵秦楚之乐乃至边陲胡夷地区的音乐,大概是"声辞合书"的那种(今存的短箫铙歌十八首就是著名例子)。中原旧声的乐谱形式比较固定,可能人人都会传唱,而代赵秦楚之乐乃至边陲胡夷地区的音乐乐谱形式未必固定,需要进行一定的整理。整理的过程就是不断被发现被强化的过程,而且汉人在听腻了中原旧声之后,掩饰不住对夷族声歌的向往,这就为它今后的进一步发展提供了无限的可能。因此我们可以认为:所谓的"代赵之讴,秦楚之风"构成汉代歌诗的主体,它们超过了中原旧声,它们的被采集、被交流和相互碰撞为汉代歌诗的进一步发展提供了条件。以下我们结合史书记载对上述三种歌诗的对应关系分别进行论述。

一、代赵之讴(鼓吹曲)

鼓吹曲有广义和狭义两种,狭义的鼓吹就是鼓吹,广义的鼓吹含横

---

① 《史记·乐书》。

吹在内。横吹与鼓吹原属于两种风格的音乐。其中鼓吹乐是在北狄音乐的基础上融合了先秦振旅凯乐而形成的;而横吹曲则是汉武帝时张骞通西域带回来的。横吹曲经过李延年的改编,在当时曾经有二十八首歌曲,可是后来都佚失了。现存的鼓吹歌诗作品共有十八首,被后人统称为"汉鼓吹铙歌十八曲"。《乐府诗集》卷二十一云:"横吹曲,其始亦谓之鼓吹,马上奏之,盖军中之乐也。北狄诸国,皆马上作乐,故自汉以来,北狄乐总归鼓吹署。……横吹有双角,即胡乐也。汉博望侯张骞入西域,传其法于西京,唯得《摩诃兜勒》一曲。李延年因胡曲更造新声二十八节,乘舆以为武乐。"由此知异族音乐输入之后,朝廷甚至有专门负责掌管的"鼓吹署"。《乐府解题》曰:"汉横吹曲,二十八解,李延年造。魏、晋已来,唯传十曲:一曰《黄鹄》,二曰《陇头》,三曰《出关》,四曰《入关》,五曰《出塞》,六曰《入塞》,七曰《折杨柳》,八曰《黄覃子》,九曰《赤之扬》,十曰《望行人》。后又有《关山月》、《洛阳道》、《长安道》、《梅花落》、《紫骝马》、《骢马》、《雨雪》、《刘生》八曲,合十八曲。"

鼓吹乐的缘起在北方的赵代,赵代地区在中国北部边陲,地理范围包括古国燕、赵、代、中山等。赵代文化源远流长,据《史记》记载:黄帝后代中有一个叫伯倏的,商朝时被封于燕,周武王灭商以后,封宗室召公于燕。春秋时代,中原音乐和赵代文化就有所交往。进入战国,燕昭王筑黄金台而千里求士,士人云集瓦合,终于攻下齐国报仇雪恨,它遗留下的是燕赵人士的报复心理,而荆轲的易水送别场面是燕赵文化的集中体现。《燕策三》载荆轲欲刺秦王,"太子及宾客知其事者,皆白衣冠以送之。至易水上,既祖,取道。高渐离击筑,荆轲和而歌,为变徵之声,士皆垂泪涕泣。又前而为歌曰:'风萧萧兮易水寒,壮士一去兮不复还。'复为慷慨羽声,士皆瞋目,发尽上指冠。于是荆轲遂就车而去,终已不顾"①。

进入汉代,燕赵文化仍然诡异于与之相临近的中原文化,张耳和陈余,两人被封于赵,然卒背信弃义,成为千古笑柄,《汉书·张耳陈余传赞》曰:"势利之交,古人羞之。"韩王信背汉而逃亡胡中,刘邦击陈郗而受困于"柏",最后侥幸得以逃脱。元帝建昭中,冯昭仪以身挡野猪,誓死保卫汉元帝,可见他们的文化精神。燕赵人一诺千金,置死地而不

---

① 缪文远:《战国策新校注》,成都:巴蜀书社 1987 年版,第 977 页。

顾,其歌诗特点是慷慨悲歌。燕赵中山之地是西汉典型的歌舞胜地,司马迁在《史记·货殖列传》中说:"中山地薄人众,犹有沙丘纣淫地余民,民俗懁急,仰机利而食。丈夫相聚游戏,悲歌慷慨,起则相随椎剽,休则掘冢作巧奸冶,多美物,为倡优。女子则鼓鸣瑟,跕屣,游媚贵富,入后宫,遍诸侯。""今夫赵女郑姬,设形容,揳鸣琴,揄长袂,蹑利屣,目挑心招,出不远千里,不择老少者,奔富厚也。"燕赵歌舞发达,歌儿舞女谋生的地点主要是富贵之家和富厚之处,使得大批燕赵中山歌舞艺人走向都市和宫廷,如汉文帝宠妃慎夫人是邯郸人,能歌善舞,杨恽自言"家本秦人,能为秦声,妇,赵女也,雅善鼓瑟"。《盐铁论·通有》云:"赵、中山……民淫好末,侈靡而不务本;田畴不修,男女矜饰,家无斗筲,鸣琴在室。"乐府诗《相逢行》云:"堂上置樽酒,做使邯郸倡。"《古诗十九首》云:"燕赵多佳人,美者颜如玉。"又据《史记·佞幸列传》和《汉书·外戚传》所记,汉武帝时著名音乐家李延年是中山人,其父母和兄弟都是"故倡",就是说李延年出身于娼妓世家,他全家都以歌舞为业。李延年能新声变曲,他的妹妹妙丽善舞,因而得到汉武帝的宠幸。《汉书·外戚传》汉宣帝的母亲王翁须出身于艺妓,也是燕赵人。

　　汉朝的宫廷和富吏之家有大批来自燕赵的倡人、歌手,他们之中必有杰出者,李延年就是其中的总代表。在燕赵之乐发展融合北方夷狄之乐的过程中,李延年是个关键人物。此外还有一个关键人物就是博望侯张骞。张骞于前138年和前119年两次奉汉武帝之命出使西域,促进了中外文化的交流,从西域带回音乐是必然之事。张骞后来被封为博望侯,博望在今天南阳新野县的博望镇。另外在河南南阳伏牛山山崖间发现几个巨幅浮屠石刻,它的形象特点是西域化了的浮屠石刻而非后来直接来自印度的佛教石刻,因此当代有学者认为西域文化在汉代已经渗入到南阳,成为丝绸之路最东方的起点。结合博望侯张骞的受封地,伏牛山山崖浮屠石刻也许就是张骞带过来的,说明西域文化已经远播中原,正是在这样的文化背景下,李延年根据张骞从西域带回的乐曲《摩诃兜勒》作为素材创作《新声二十八解》才成为可能。

　　既然横吹曲能够经过李延年之手远播中原,那么更靠近中原的鼓吹曲呢?关于鼓吹乐,《乐府诗集》曰:"鼓吹,未知其始也,汉班壹雄朔野而有之矣。鸣笳以和箫声,非八音也。"班壹是班固的祖先。《汉书·叙传》称:"(秦)始皇之末,班壹避地于楼烦,致马牛羊数千群。值汉初定,与民无禁,当孝惠、高后时,以财雄边,出入弋猎,旌旗鼓吹,年百余岁,以寿终"。据《汉书·地理志》:楼烦,属雁门郡,在今山西北部,应劭注曰:"楼烦,胡地也。"又据"鼓吹,非八音也",则可知鼓吹非中原旧声而属胡乐系统。鼓吹传入内地可能在武帝之世,但传入后大概保存在掖庭署,关于"掖庭署",据《汉书·百官公卿表上》曰:"少府,秦官,掌山海池泽之税,以给共养,有六丞……又中书谒者、黄门、钩盾、尚方、御府、永巷、内者、宦者八官令丞。诸仆射、署长、中黄门皆属焉。……永巷为掖庭。佽飞掌弋射,有九丞两尉,太官七丞,昆台五丞,乐府三丞,掖庭八丞……"

鼓吹又称之为黄门鼓吹,是因为长于鼓吹者以黄门人物为多,而宫掖处多黄门侍从,《东汉会要》(职官一)所列黄门职官甚细,与我们论题有关系的有"黄门侍郎"、"小黄门"、"中黄门冗从仆射"三职。其中,前两者都"掌侍左右","关通中外",差别在于一个主外,一个主内。而"中黄门冗从仆射"一职,《东汉会要》(职官一)曰:"主中黄门冗从,居则宿卫,直守门户,出则骑从,夹乘舆车。安帝永初元年,诏减黄门鼓吹以补羽林士。"由此可见黄门人员主要负责皇帝和后宫宿卫、生活起居、文艺娱乐、仪仗出行等。而黄门中也不乏弄文者,如西汉著名人物刘歆、扬雄、王莽等都做过黄门郎,扬雄"通琴律",又《汉书·艺文志》载有黄门倡车忠等歌诗十五篇。如果我们联系下文中内廷用乐都由黄门供应、哀帝罢乐府前和罢乐府后鼓吹依然很兴旺的情况可知,掖庭署可能就是保存鼓吹曲的地方,而具体的演职人员除了掖庭从员外可能是黄门侍从,因而鼓吹又称黄门鼓吹。黄门鼓吹之名西汉就已有之,它和乐府的关系非常密切,至东汉,黄门鼓吹署为天子享宴群臣提供歌诗。

鼓吹曲由于地理位置更靠近中原地区,所以交流起来更为方便,这里面可能不必经过大音乐家李延年之手就可轻易完成,且从当时会演奏的人员之多以及保存的地点来看,它的流行似乎要比横吹曲容易得多,下面的事实仍然可以证明这一点。

从用途上看,鼓吹用途很广泛,自武帝之后,大凡食举、宫中私游、册立皇后、丧葬等都能用上。宫外用于道路、臣下、边将、边郡新置长官等。如《隋书》、《乐府诗集》及《礼乐志》等书都认为是"天子宴群臣之用焉"则可知它是用于食举的。用于宫中私游的,如《三辅黄图》:"汉昆明池,武帝元狩四年穿,池中龙首船,常令宫女泛舟池中,张凤盖,建华旗,作櫂歌,杂以鼓吹"。用于皇帝朝会的,如《后汉书·礼仪志中》刘昭注曰:"正月旦,天子幸德阳殿,临轩。公卿将大夫百官各陪位朝贺……钟磬并作,倡乐毕,作鱼龙曼延。小黄门吹三通,谒者引公卿群臣以次拜。"用于册立皇后礼仪的,如同书刘昭注曰:"(宋)皇后初即位章德殿……女史授婕妤,婕妤长跪受,以授昭仪,昭仪受,长跪以带皇后,皇后伏,起拜,称臣妾。讫,黄门鼓吹三通。鸣鼓毕,群臣以次出。"用于太后出殡的,如同书刘昭注曰:"永平七年,阴太后崩,晏驾诏曰:'柩将发于殿,群臣百官陪位,黄门鼓吹三遍,鸣钟鼓,天子举哀。'"

宫外用之道路以显示官员行进仪仗的,如《后汉书·百官志》案云:"大驾卤薄,五校在前,各有鼓吹一部。"补注曰:"皇后出,置虎贲、羽林骑、戎头、黄门鼓吹。"用于赏赐臣下的,如《后汉书·楚王英传》:"乃废英,徙丹阳泾县……使伎人、奴婢、工技、鼓吹悉从。"用于边郡新置长官的,如《北堂书钞》卷一三〇引:"汉武帝时,南平百越,始置交趾、九真、日南、合浦、南海、郁林、苍梧,凡七郡……七郡皆假以鼓吹。"《后汉书·东夷传》:"武帝灭朝鲜,以高句丽为县,使属玄菟,赐鼓吹伎人。"用于赏臣葬的,如《后汉书·杨秉传》:"赐以朱棺玉衣,将作大匠穿冢,假鼓吹,五营骑士三百余人送葬。"由此可见鼓吹适用之广,但适用的场合不一,这种情况说明鼓吹不可能如《短箫铙歌》那样是单一的军乐场景适用,而很可能是个庞大的夷夏音乐系统。鼓吹在汉代虽如雷贯耳,但我们至今无法见到其辞其声,唯一可见的只有沈约搜集整理的《铙歌十八曲》了。又据崔豹《古今注·卷中》曰:"短箫铙歌,鼓吹之一章耳。"因此,我们不妨这样宽泛地规定鼓吹:广义来说鼓吹是包括《短箫铙歌》在内的庞大的夷夏音乐混合系统,狭义来说专指《短箫铙歌》。

从上述鼓吹的适用情况我们还可以对"鼓吹"得出下列认识:一是非皇家贵族不得专用;二是非皇帝赏赐,臣下不得擅用。擅用则要被杀头。据《汉书·赵尹韩张两王传》记载:"延寿在东郡时,试骑士,治饰兵车,画龙虎朱爵。延寿衣黄纨方领,驾四马,傅总,建幢棨,植羽葆,鼓车歌车。功曹引车,皆驾四马,载棨戟……于是望之劾奏延寿上僭不道……竟坐弃市。"所谓"鼓车歌车"者,孟康注曰:"如今郊驾时车上鼓吹也。"颜师古曰:"郊驾,郊祀时所备法驾也。"延寿弃市的事实说明鼓吹曲并非如民间俗乐人人可随心而用。

鼓吹被上层看好,虽哀帝罢乐府,鼓吹乐却不在罢黜之列。这一点我们从当时奏罢乐府人员来源地域分析：其中包括邯郸鼓员、江南鼓员、淮南鼓员、巴俞鼓员、楚严鼓员、梁皇鼓员、临淮鼓员、兹邡鼓员、郑四会员、沛吹鼓员、陈吹鼓员、东海鼓员、秦倡员、秦倡象人员、巴四会员、铫四会员、齐四会员、蔡讴员、齐讴员。关于"邯郸鼓员"，乐府诗和《汉书》中有不少邯郸倡员的活动，所以被列为乐府要罢人员的首选。《汉书·地理志》曰："邯郸，赵地，北通燕、涿，南有郑、卫、漳、河之间一都会也。"而鼓吹的产地在楼烦，属雁门，与定襄、云中、五原接壤，而和邯郸相距甚远，且中间隔有太行山脉。关于"兹邡"，王先谦《汉书补注》曰："兹邡盖即汁邡，兹、汁双声。""汁邡"，在今四川成都市北。"铫四会员"，《汉书》李奇曰："疑是䤉。"韦昭曰："铫，国名，音繇。"师古曰："韦说是也，铫，音姚。"其他鼓员更不属雁门。因此从这些鼓员的产生地分析，哀帝罢乐府没有涉及来自雁门的鼓员。而汉代采诗范围很广，《汉书·艺文志》云："自孝武立乐府而采歌谣，于是有代赵之讴，秦楚之风。"则代、赵是乐府采诗的重要地区，鼓吹也是作为代、赵之诗被采入乐府。从哀帝罢乐府俗乐所涉及的鼓员中不见有燕、代、雁门、云中鼓员这一事实，我们可以进一步肯定鼓吹的地位的重要。

二、秦声

秦声即秦地乐歌。秦是中国境内一个古老的民族，其祖先是女修。据传，女修是吞玄鸟蛋而孕，和商人始祖有一定的渊源关系。秦族此后不断发展壮大，至秦襄公霸西戎，秦的疆域扩大。秦缪公用商鞅变法，文化精神为之一变。秦昭王南攻巴蜀，夺取汉中及四川广袤肥沃之地，而巴蜀大地本身具有丰富悠久的文化传统。汉兴以来，王朝立都长安，借此山川险峻形胜雄视全国，后世徙吏二千石、富人及豪杰并兼之家于诸陵，所以民风杂厝，风俗不纯。《汉书·地理志》云："五方杂厝，风俗不纯，其世家则好礼文，富人则商贾为利，豪杰则游侠通奸。濒南山，近夏阳，多阻险轻薄，易为盗贼，常为天下剧。又郡国辐凑，浮食者多，民去本就末，列侯贵人车服僭上，众庶放效，羞不相及，嫁娶尤崇侈靡，送死过度。"这里，班固多贬斥之语，也许是他骨子里强烈的反秦意识使然。

汉兴以来，秦川大地发生巨变，辞赋和儒学成为志士才人的信仰，由此引导社会风尚。《汉书·地理志》云:"景、武间,文翁为蜀守,教民读书法令,未能笃信道德,反以好文刺讥,贵慕权势。及司马相如游宦京师诸侯,以文辞显于世,乡党慕循其迹。后有王褒、严遵、扬雄之徒,文章冠天下。由文翁倡其教,相如为之师。"一方面汉文化改造着秦文化;另一方面,秦声作为一个声韵独特的乐歌系统仍然顽强地发展着,西汉采诗采到的秦地诗歌有九篇,可惜这些诗歌未能流传下来。

秦声原初名西音,《吕氏春秋·音初》云:"殷整甲徙宅西河,忧思故处,实始作为西音。长公继是音以处西山,秦缪公取风焉,实始作为秦音。"按:整甲即河亶甲,《竹书纪年》谓"河亶甲名整,元年自嚣迁于相"。相即西河。西山在西翟之山,位于周之西,故曰"西音"。秦地诗歌在《诗经》有所保存,《国风》中有《秦风》,如《车辚》、《四载》、《小戎》之篇。《汉书·地理志》云:"故秦地于禹贡时跨雍、梁二州……昔后稷封斄,公刘处豳,大王徙岐,文王作酆,武王治镐,其民有先王遗风,好稼穑,务本业,故《豳诗》言农桑衣食之本甚备。"但总体来看,秦人尚武,风格豪迈,崇尚大美。具体说来,秦声有下列特点。

1. 秦声乐器雄浑悲壮。《汉书·郊祀志》云:"秦乐,音上大吕。"秦庙中钟四枚,重十二万斤。① 始皇收天下之兵,销以为钟虡,虡高三丈,钟小者千石。②《说苑·至公篇》云:"始皇建千石之钟,立万石之虡。"司马相如《上林赋》云:"撞千石之钟,立万石之钜;建翠华之旗,树灵鼍之鼓。奏陶唐氏之舞,听葛天氏之歌,千人唱,万人和,山陵为之震动,川谷为之荡波。"这些材料说明秦乐器体积大、笨重,这种乐器产生的声音一般是低沉雄放。"薛谭学讴于秦青,未穷青之技,自谓尽之,遂辞归。秦青弗止,饯于郊衢,扶节悲歌,声振林木,响遏行云。薛谭乃谢求反,终身不敢言归"③。张湛注云:"秦青、薛谭二人,并秦国善歌者。"这则材料说明秦声的声音高亢嘹亮。另外,从小型乐器看,秦声的主要乐器是筝,《风俗通义》云:"筝,秦声也,蒙恬所造。"曹植诗云:"秦筝何慷慨。"还有琴,"魏勃父以善鼓琴,见秦皇帝"④。"琴引"是它们的著名乐

---

① 《太平御览》五百七十五引《古今乐录》。
② 《太平御览》五百七十五引《三辅黄图》。
③ 《列子·汤问》。
④ 《史记·齐悼惠王世家》。

曲,"琴引者",秦时倡屠门高之所作也。"秦为无道,奢淫不制,征天下美女,以充后宫。乃纵酒离宫,作戏倡优,宫中侍者千余人。屠门高见宫女幼妙宠丽,于是援琴而歌之,作为离琴之操。曲未及终,琴折柱摧,弦音不鸣,舍琴而更援他琴以续之。其词曰:'酒坐俱无,往听吾琴之所言。'"①《西京杂记》还记载:"秦咸阳宫中,有铸铜人十二枚,坐皆高三尺,列在一筵上。琴筑笙竽,各有所执,皆组绶华采,俨若生人。筵下有二铜管,上口高数尺出筵后,其一管空,一管内有绳大如指。使一人吹空管,一人纽绳,则琴瑟竽筑皆作,与真器比异。有琴长六尺,安十三弦,二十六徽,皆有七宝饰之。"此外还有筑,《史记·刺客列传》载,秦始皇曾命高渐离击筑。《风俗通义》又云:"缶者,瓦器,所以盛酒浆,秦人鼓之以节歌。"《史记·廉颇蔺相如列传》载秦王与赵王会于渑池。"秦王饮酒酣,曰:'寡人窃闻赵王好音,请奏瑟。'赵王鼓瑟。秦御史前书曰'某年月日,秦王与赵王会饮,令赵王鼓瑟'。蔺相如前曰:'赵王窃闻秦王善为秦声,请奉盆缻秦王,以相娱乐。'秦王怒,不许。于是相如前进缻,因跪请秦王",说明缶、缻也是秦的乐器。

2. 秦虽缺采诗之官,但秦对各国音乐持拿来主义的立场。秦设有乐府机构,乐府机构中保存一些古乐,但这些古乐并不常用。《宋书·乐志》云:"古者天子听政,使公卿大夫献诗,耆艾修之,而后王斟酌焉。秦、汉阙采诗之官,歌咏多因前代。"古乐依靠秦代乐府得以保存,《宋书·乐志》卷一、《梁书》、《通典》乐一云:"始皇平天下,六代庙乐,唯韶、武存焉。"而韶乐的得来,源于"秦始皇灭齐,得齐韶乐"②。《史记·李斯列传》云:"夫击瓮叩缶弹筝搏髀,而歌呼呜呜快耳目者,真秦之声也。《郑》、《卫》、《桑间》、《昭》、《虞》、《武》、《象》者,异国之乐也。今弃击瓮叩缶而就《郑》、《卫》,退弹筝而取《昭》、《虞》,若是者何也?快意当前,适观而已矣。"秦二世极意声色,李斯劝谏不听,赵高曰:"五帝、三王乐各殊名,示不相袭。上自朝廷,下至人民,得以接欢喜,合殷勤,非此和说不通,解泽不流,亦各一世之化,度时之乐,何必华山之骐耳而后行远乎?"③二世认为有理,这说明秦音不拘古今,不拘关内关外,只要喜欢都

---

① 《绎史》百四十九引《琴苑要录》。
② 《隋书·何妥传》。
③ 《史记·乐书》。

可拿来,这种兼收并蓄的做法有利于各种文化交流,可以促进音乐文化的发展,可惜秦立国时间较短,这种交流没有来得及充分展开。秦声在西汉有所流传,《汉书·杨恽传》记载杨恽被削职还家和妇人赵氏女的和乐情景,其中说:"家本秦地,能为秦声,妇赵女也,雅善鼓瑟。"杨恽是汉宣帝时人,说明在西汉中期,社会上还存在这样一种声乐,但这种声乐到底如何演唱就无从知晓了。

3. 秦声中还包括杂耍百戏等。《史记·秦始皇本纪》云:"是时,二世在甘泉,方作角抵优俳之观。"《集解》应劭曰:"战国之时,稍增讲武之礼,以为戏乐,用相夸示,而秦更名曰角抵。角者,角材也。抵者,相抵触也。"有关散乐百戏,《初学记》十五引梁元帝《纂要》云:"散乐,非部伍之正声,其来尚矣。其杂戏盖起于秦,有鱼龙蔓延、高絙凤凰、安息五案、都庐寻橦、丸剑、戏车山车、兴云动雷、跟挂腹旋、吞刀履索吐火、激水转石、咳雾抗鼎、象人、怪兽舍利之戏。"这些散乐百戏尽管不断受到汉朝儒生的批评,但从张衡《二京赋》、李尤《平乐观赋》以及大量的汉画像石砖的有关材料,可看出汉人对它如醉如痴。

4. 流传下来的秦声文字主要是四言形式。《太平御览》五百七十一引用《古今乐录》云:"始皇祠水神,有黑头公从河中出,呼始皇曰:'来,受天宝。'乃与群臣作歌曰:'洛阳之水,其色苍苍,祠祭大泽,倏忽南临,洛滨缀祷,色连三光。'"再如《燕丹子》:"荆轲左手把秦王袖,右手揕其胸……秦王曰:'今日之事,从子计耳,乞听琴声而死。'召姬人鼓琴,琴声曰:'罗縠单衣,可列而绝。八尺屏风,可超而越,鹿庐之剑,可负而拔。'"①再如《郑白渠歌》云:"田于何所?池杨谷口。郑国在前,白渠起后。举臿如云,决渠为雨。水流灶下,鱼跃入釜。泾水一石,其泥数斗。且溉且粪,长我禾黍。衣食京师,亿万之口。"②这些多出自民间,民间歌诗的样式是最原始和可信的,故我们认为秦声文字主要是四言形式。

---

① 《汉魏六朝笔记小说大观》,上海:上海古籍出版社1999年版,第44页。
② 《汉书·沟洫志》曰:"太始二年,赵中大夫白公复奏穿渠。引泾水,首起谷口,尾入栎阳,注渭中,袤二百里,溉田四千五百余顷,名曰白渠。人得其饶,是歌之。"

三、楚歌

楚也是一个古老的民族,楚地歌舞十分发达,这在屈原和宋玉作品中已有充分的体现,在后人的记载以及许多年来出土的楚地文物上也可得到充分印证。在汉武帝即位之前的六十多年间,楚地歌诗是朝廷和民间很盛行的乐种。汉武帝即位之后,大一统的汉文化居于主流,这时以皇家乐舞《郊祀歌》和鼓吹乐为主,楚歌的元素实际已经融合在大汉文化之中,而在某些诸侯王那里,楚歌还是他们喜欢的诗歌样式。

现存的楚歌大多数都产生于西汉,如项羽的《垓下歌》,刘邦的《大风歌》、《鸿鹄歌》,赵王刘友的《幽歌》,高祖唐山夫人的《安世房中歌》都产生于汉初。汉武帝时有他本人的《秋风辞》、《瓠子歌》,刘细君的《悲愁歌》,李陵的《悲歌》,燕王刘旦的《归空城歌》,华容夫人的《发纷纷歌》,广陵厉王刘胥的《欲久生歌》以及广川惠王刘去的《背尊章歌》与《愁莫愁歌》(广川惠王刘去是汉武帝之兄刘越的孙子,刘越死后,刘去也是汉武帝下诏让他继承王位的,其时代去汉武帝亦未远)。此后,只有东汉末年汉灵帝刘宏的《招商歌》和汉少帝刘辩与其妃子的两首楚歌。上述楚歌,除了项羽的《垓下歌》与李陵的《悲歌》之外,其余都是汉朝帝王与皇室成员所作。可见,楚歌的兴盛主要在汉初到汉武帝这段时间,而且主要流行于汉朝宫廷当中。

就歌词本身而言,汉初诗歌继承楚国诗歌而下,主要指受《九歌》的影响。关于《九歌》,楚辞中直接冠以"歌"名,汉初的歌诗首先继承的就是《九歌》的"歌"的传统。其次,我们看汉初那些楚歌的语言形式,就会发现其句式特点很多与《九歌》相同,诗句中间多用"兮"字。项羽、刘邦都是楚人,都曾有楚歌传世,《垓下歌》、《大风歌》都是这样的句式。传为高祖唐山夫人的《安世房中歌》十七章,有些篇章中没有"兮"字在中间的句式,当代学者认为是班固在记录时把它省掉了,原本也应该是如《九歌》中间有"兮"字的典型句式。楚歌的这种句式,在西汉中期以后一直保存下来,成为汉代歌诗中的一种重要形式,如乌孙公主刘细君的《悲愁歌》,汉武帝刘彻的《瓠子歌》、《秋风辞》等都是如此。

楚歌、楚声的旋律特征是凄清、柔婉、哀艳,听起来不像庙堂雅乐那样典雅、庄重。但楚歌的魅力很大,宋玉《对楚王问》云:"客有歌于郢中者。其始曰下里、巴人,国中属而和者数千人。其为阳阿、薤露,国中属而和者数百人。其为阳春、白雪,国中属而和者,不过数十人。引商刻羽,杂以流征,国中属而和者,不过数人而已。是其曲弥高,其和弥寡。"楚歌产生较早,楚歌和"相和歌"存在剪不断,理还乱的关系。相和二字最早见于《庄子》,《庄子·大宗师》云:"子桑户死,未葬。孔子闻之,使子贡往侍事焉。或编曲,或鼓琴,相和而歌曰:'嗟来桑户乎!嗟来桑户乎!而已反其真,而我犹为人猗!'"《淮南子·精神训》:"今天穷鄙之社也,叩盆拊瓴,相和而歌,自以为乐矣。"庄子和《淮南子》的主编者刘安是南方楚人,故认为相和是南方乐种之一。另外郭茂倩《乐府诗集》里列为"相和曲"的可以分为两类,一类是前代的旧曲,如《阳阿》、《采菱》、《渌水》、《激楚》、《今有人》等,这些作品原是战国时代就流行的楚地民歌或歌舞曲。至汉代,它们都成为相和歌或相和大曲的重要曲目。其中《今有人》即"九歌"中的《山鬼》;《激楚》一曲则有"慷慨《激楚》声"(晋·陆机《太山行》)的美名,可见它们基本上还保留着民间创作的本色。另一类是《江南》、《东光》、《薤露》、《蒿里》、《鸡鸣》、《乌生》、《平陵东》等七首古辞。这七首古辞都发源于汉,属于相和歌。在唐代以前,关于相和歌诗源于楚或源于汉有些争论,《宋书·乐志》曰:"相和,汉旧曲也。丝竹更相和,执节者歌。"又在详列一些古辞后说:"凡乐章古辞,今之存者,并汉世街陌谣讴。"看来《宋书》的作者沈约认定相和歌是源于汉的。在沈约看来,相和歌的主要来源是街陌谣讴,其证据或许就是《汉书·礼乐志》所记:"初,高祖(过沛),作《风起》之诗,令沛中僮儿百二十人习而歌之。至孝惠时,以沛宫为原庙,皆令歌儿习吹以相和。"郭茂倩的《乐府诗集》似乎同意上述看法,但又承认和楚歌联系密切,他在沿用《宋书·乐志》的看法后引用《唐书·乐志》说:"平调、清调、瑟调,皆周房中曲之遗声,汉世谓之三调。又有楚调、侧调。楚调者,汉房中乐也。高帝乐楚声,故房中乐皆楚声也。侧调者,生于楚调,与前三调总谓之相和调。"这里又说明楚调来源于楚,汉代有所改编,因此,我们综合上述诸家的看法,认为相和发源于楚,在汉代融合其他声乐得以壮大。下面我们用《江南》说明这一点。

(唱)江南可采莲,莲叶何田田,鱼戏莲叶间。

(和)鱼戏莲叶东,鱼戏莲叶西,鱼戏莲叶南,鱼戏莲叶北。

《乐府诗集》卷二十六引用《晋书·乐志》曰:"'凡乐章古辞之存者,

并汉世街陌讴谣,《江南可采莲》、《乌生十五子》、《白头吟》之属。'其后渐被于管弦,即相和诸曲是也。"《江南可采莲》被列于"古辞"之首,它是西汉歌诗无疑。从这两章的形式来看,它应该是唱和的,首三句是主唱,后四句诗应和,这样形成一个完整的歌曲表达形式,否则句子意脉不能连续,《乐府诗集》卷二十六引《乐府解题》说:"《江南》古辞,盖美芳辰丽景,嬉游得时。"

从诗体形式上看,楚地歌诗有一类型是前后各两个字,中间加一"兮"字,如《九歌·礼魂》:"成礼兮会鼓,传葩兮代舞。姱女倡兮容与。春兰兮秋菊,长无绝兮终古。"《九歌·湘君》:"鸟次兮屋上,水周兮堂下。"后世如果把中间的"兮"字置换成一个实词,则五言诗已经兴起。因此有学者认为五言诗主要来自南方楚辞之变,上述《江南》之诗也可给以佐证。但是,我们也应看到,中国五言诗有广泛的基础,甲骨卜辞中也有五言占卜的记录,如:"今日雨,其自东来雨?其自西来雨?其自南来雨?其自北来雨?"这个形式和《江南》的"和声"十分相似,但甲骨卜辞出自北方的殷墟安阳,和"江南"连接不上。《诗经》也有成型的五言诗句。就民间歌词来看,有秦代的《长城歌》①,成帝时有五言歌谣《邪径败良田》②,这些来自各地的民间歌谣都是五言形式,说明相和歌诗是在吸收各地歌诗形式之后产生的,它的前身或者来源于楚,总之它是民族文化交流的结果。

第四节　西汉雅乐活动

歌舞音乐在原始社会中并无雅俗之分,那时只要由感而发,人人可以载歌载舞,人人都是艺术家。雅俗之分最先起于儒家,但雅乐的真相如何,我们不得而知。《说苑·修文》里记载:"孔子至齐郭门之外,遇一婴儿挈一壶,相与俱行,其视精,其心正,其行端,孔子谓御曰:'趋驱之,

---

① 生男慎莫举,生女哺用脯。不见长城下,尸骸相支柱。见杨泉《物理论》。
② 邪径败良田,谗口乱善人。桂树华不实,黄爵巢其颠。故为人所羡,今为人所怜。见《汉书·五行志》。

趋驱之。'韶乐方作。"

孔子赞韶乐"尽美矣,又尽善矣"。推测上述场景,我们大概了解到韶乐应该是淳朴无欲之乐,它导源于人的自然本性、不为外欲所动的音乐,如婴儿般真纯,有童心而无瑕,这种音乐处于仁义礼乐尚未产生的时代,音乐形式方面也是古朴简单的,用老子的话说就是"大音希声","大象无形"①。《淮南子·人间训》云:"民淳朴,则目不营于色,耳不淫于声,坐俳而歌谣,被发而浮游,虽有毛嫱西施之色,不知说焉;樟羽《武》、《象》,不知乐也;淫佚无别,不得生焉。由是观之,礼乐不用也。"

自从商周以来,统治者把"乐"看成是重要的治国工具,要由圣人来治乐,教化人心,汉朝的政治首先也要继承这个文化传统。周代重视乐教是不争的事实,春秋以降礼崩乐坏,使孔子痛心疾首的是雅乐的沦丧和郑声的崛起;汉初儒生孜孜以求,从贾谊到董仲舒,都把拯救乐教和复兴雅乐看做当仁不让的事业。如董仲舒云:"王者未作乐之时,乃用先王之乐宜于世者,而以深入教化于民。教化之情不得,雅颂之乐不成,故王者功成作乐,乐其德也。乐者,所以变民风,化民俗也。其变民也易,其化人也著。故声发于和而本于情,接于肌肤,臧于骨髓。故王道虽微缺,而管弦之声未衰也。"②综合史料记载,我们认为西汉雅乐的整理和传播虽然不能和俗乐相提并论,但其活动不容小觑。这主要体现在以下几个方面。

一、河间献王刘德所集古代雅乐

刘德,汉景帝子,母栗姬。《汉书·景十三王传》:"河间献王德以孝景前二年立,修学好古,实事求是。从民得善书,必为好写与之,留其真,加金帛赐以招之。由是四方道术之人不远千里,或有先祖旧书,多奉以奏献王者,故得书多,与汉朝等。是时,淮南王安亦好书,所招致率多浮辩。献王所得书皆古文先秦旧书,《周官》、《尚书》、《礼》、《礼记》、《孟子》、《老子》之属,皆经传说记,七十子之徒所论。其学举六艺,立《毛氏诗》、《左氏春秋》博士。修礼乐,被服儒术,造次必于儒者。山东

---

① 《老子·四十一章》。
② 《汉书·董仲舒传》。

诸儒多从而游。"《汉书·礼乐志》曰:"河间献王采礼乐古事,稍稍增辑,至五百余篇。"《汉书·艺文志》礼类十三家中有《军礼司马法》一百五十五篇、《古封禅群祀》二十二篇,也是以"礼乐古事"为主要内容,这些著作可能就是刘德收集整理的。《汉书·艺文志》曰:"武帝时,河间献王好儒,与毛生等共采《周官》及诸子言乐事者,以作《乐记》,献八佾之舞,与制氏不相远。"元光五年,"武帝时,献王来朝,献雅乐,对三雍宫及诏策所问三十余事"①。《艺文志·儒家类》录有河间献王《对三雍宫》三篇。应劭曰:"辟雍、明堂、灵台也。雍,和也,言天地君臣人民皆和也。"《汉书·礼乐志》曰:"河间献王有雅材,亦以为治道非礼乐不成,因献所集雅乐。天子下大乐官,常存肄之……至成帝时,谒者常山王禹世受河间乐,能说其义,其弟子宋晔等上书言之"。班固赞曰:"河间区区,小国藩臣,以好学修古,能有所存,民到于今称之"。则可知河间献王刘德那里应有雅乐活动。由此可见刘德对保存古乐大有功劳,但因汉武帝对这些古乐并无兴趣,刘德只能纵情声色,郁郁而终。

另外一个音乐家是制氏,《汉书·礼乐志》云:"汉兴,乐家有制氏,以雅乐声律世世在大乐官,但能纪其铿锵鼓舞,而不能言其义。"但有关制氏的资料记载甚少。

二、西汉自制的雅乐

这种雅乐包括五个方面。

第一是叔孙通所制作的庙乐。《汉书·礼乐志》云:"高祖时,叔孙通因秦乐人制宗庙乐。大祝迎神于庙门,奏《嘉至》,犹古降神之乐也。皇帝入庙门,奏《永至》,以为行步之节,犹古《采荠》、《肆夏》也。乾豆上,奏《登歌》,独上歌,不以管弦乱人声,欲在位者遍闻之,犹古《清庙》之歌也。《登歌》再终,下奏《休成》之乐,美神明既飨也。皇帝就酒东厢,坐定,奏《永安》之乐,美礼已成也。"意思是说庙乐演奏程序是:先由大祝迎神于庙门,奏《嘉至》乐,根据乐的节奏调整步行节奏,像《逸诗》中《采荠》、《肆夏》等古歌乐一样。然后上干豆等祭品奏《登歌》,这时仅清唱而不伴奏,目的是显示肃穆,"不以管弦乱人声",像古代《诗经·清

---

① 《汉书·刘德传》。

庙》之歌。《登歌》完毕,再奏《休成》之乐,以示明神已经受飨。然后皇帝东厢坐定饮酒,奏《永安》之乐,表示宗庙乐圆满结束。

在汉初特定的历史背景下,叔孙通定宗庙乐有非凡的意义,这种礼仪不仅固定和强化等级秩序,加强皇帝的权威,还可以规范个人感情和行为,加强政治团结,维护社会秩序,其积极意义值得肯定,所以司马迁称赞叔孙通因时而变,为大义而不拘小节,称叔孙通为"汉家儒宗"。[1]

第二是汉刘邦所作的《大风歌》和其他宗庙音乐。《史记·高祖本纪》云:"高祖还归,过沛,留。置酒沛宫,悉召故人父老子弟纵酒。发沛中儿得百二十人,教之歌。酒酣,高祖击筑,自为歌诗曰:'大风起兮云飞扬,威加海内兮归故乡,安得猛士兮守四方!'"这首歌只有三句,但气势磅礴,刘邦死后,这首歌用于郊庙祭祀,这样也开了汉朝天子死后宗庙祭祀用乐的先例。后来宗庙乐完备起来,具体乐章和演奏程序是:"高庙奏《武德》、《文始》、《五行》之舞。孝文庙奏《昭德》、《文始》、《四时》、《五行》之舞。孝武庙奏《盛德》、《文始》、《四时》、《五行》之舞。"关于这几首乐歌产生背景和象征意义是:"《武德舞》者,高祖四年作,以象天下乐己行武以除乱也。《文始舞》者,曰本舜《招舞》也,高祖六年更名曰《文始》,以示不相袭也。《五行舞》者,本周舞也,秦始皇二十六年更名曰《五行》也。《四时舞》者,孝文所作,以示天下之安和也。盖乐己所自作,明有制也;乐先王之乐,明有法也。孝景采《武德舞》以为《昭德》,以尊大宗庙。至孝宣,采《昭德舞》为《盛德》,以尊世宗庙。诸帝庙皆常奏《文始》、《四时》、《五行舞》云。高祖六年又作《昭容乐》、《礼容乐》。《昭容》者,犹古之《昭夏》也,主出《武德舞》。《礼容》者,主出《文始》、《五行舞》。舞人无乐者,将至至尊之前不敢以乐也;出用乐者,言舞不失节,能以乐终也。大氐皆因秦旧事焉。"[2]

宗庙音乐本身所追求的风格就是简单、迟缓、凝重、肃穆。简单,就不需长诗来配乐;迟缓,对语言本身的节奏要求就不会过快;凝重,要求诗的语言不能华丽;肃穆,则要求在缓慢迟重的演唱中再加入深沉的感叹式的合唱。所以宗庙乐的演奏过程必然是"在声不在义"的,音乐触发宗教情感和情绪体验是最重要的。《诗经》大雅的部分诗歌作为周朝

---

[1] 《史记·刘敬叔孙通列传》。
[2] 《汉书·礼乐志》。

天子正乐，或述民族之历史，或写列祖列宗之功勋，或记国家之大事，或咏政教之得失，《大雅》乐章篇幅的宏大、语言的典雅、章法的整齐，对后世具有示范作用，以此推测，西汉的《盛德》、《文始》、《四时》、《五行》等曲也应该和《诗经·大雅》风格要求近似。

第三是高祖唐山夫人所作的《房中乐》。《汉书·礼乐志》云："周有《房中乐》，至秦名曰《寿人》。凡乐，乐其所生，礼不忘本。高祖乐楚声，故《房中乐》楚声也。孝惠二年，使乐府令夏侯宽备其箫管，更名曰《安世乐》。"《安世房中歌》亦是《乐府诗集》"郊庙歌"的篇名，为宗庙所用乐章，篇中多为对汉王朝的赞美和祝颂。"房"为古代宗庙中陈列神主之所。旧时或指为闺房的乐章，系对"房"字的误解。歌辞本十七章，但各书所载章数及分章段落皆极分歧，各章标题亦大都失传。

第四是宣帝时期乐人所献雅乐。《汉书·艺文志·六艺略》载有《雅歌诗》四篇，《雅琴赵氏》七篇（班固注曰："名定，渤海人，宣帝时丞相魏相所奏。"），《雅琴师氏》八篇（班固注曰："名中，东海人，传言师旷后。"），《雅琴龙氏》九十九篇（班固注曰："名德，梁人。"）。对于《雅歌诗》四篇的出处，《汉书·王褒传》讲得很明白："宣帝时修武帝故事，讲论六艺群书，博尽奇异之好，征能为《楚辞》九江被公，召见诵读……上颇作歌诗，欲兴协律之事……善鼓雅琴者渤海赵定、梁国龚德，皆召见待诏。于是益州刺史王襄欲宣风化于众庶，闻王褒有俊材，请与相见。使褒作《中和》、《乐职》、《宣布》诗，选好事者令依《鹿鸣》之声习而歌之。"因此《雅歌诗》四篇当指《中和》、《乐职》、《宣布》三篇，另外一篇可能是《鹿鸣》。

第五是《郊祀歌》十九章。郊祀是汉朝重要的国教活动，它集中反映了当时的政治信仰，同时又具有显著的政治象征意义，"国之大事，在祀于戎"①。"郊"，简言之即南郊祀天，北郊祭地，"五郊"祀五帝，五帝是刘邦入关后完善起来的，即在白、青、赤、黄四帝基础上增加一黑帝而已。另外还有日月、山川、风雨雷电诸祭仪。"庙"即古代皇帝祭祀列祖列宗的宗庙。"帝"在郊天祭仪中指太一，在宗庙祭仪中则指部落始祖。从现实政治意义上说，祭祀的主要对象是"上事天，下事地，尊先祖而隆君师"②。郊祀不仅可以培养"忠信爱德之至"，

---

① 《左传·成公十三年》。
② 《荀子·礼论》。

表达"志意思慕之情",而且本身是一种体现"礼节文貌之盛"的文化。正如《荀子·礼论》云:"故先王案为之立文,尊尊亲亲之义至矣。故曰:祭者,志意思慕之情也,忠信爱敬之至矣,礼节文貌之盛矣,苟非圣人,莫之能知也。圣人明知之。士君子安行之,官人以为守,百姓以成俗。其在君子,以为人道也;其在百姓,以为鬼事也。"

汉朝《郊祀歌》场面宏大,气势非凡,是西汉雅乐的代表。《郊祀歌》共十九首,汉武帝时司马相如、邹阳等参与制作,李延年为之配乐。《郊祀歌》是专用于郊祀仪式中的歌曲,内容除赞美天地神祇外,还歌咏其他神灵和祥瑞。汉以后历代王朝大都沿袭汉代之旧,只在内容上、文字上有所更改。郊祀祭天是中国古代宗教的中心,帝王通过"绝地天通",获得沟通神圣世界与世俗国家的独占权,以之作为王朝合法性的基础和终极来源。汉武帝定郊祀之礼,具有方术和游仙色彩,汉末王莽确定了儒家祭祀体系。郊祀仪式中的巫祭乐舞、游仙乐舞、民间俗乐、胡乐新声丰富了郊祀乐歌的表现力和艺术性,郊祀乐章与诗篇是祈祷、祝颂等宗教情感的表现,同时也具有一定的娱乐性。

《郊祀歌》十九章的创作时间,据萧涤非先生所论,以《朝陇首》为最早,作于元狩元年(前122年),以《象载瑜》为最晚,作于太始三年(前94年),两者前后相距28年之久。今《汉书》所录次第,似不以时代为先后。① 时间跨度虽然很长,但其内部结构是完整统一的,第一《练时日》、第十九《赤蛟》为迎送神曲,相当于大型祭祀乐舞的序曲与终曲;《帝临》、《青阳》、《朱明》、《西颢》、《玄冥》五首分祀中、东、南、西、北五帝,是否对应着白、青、赤、黄、黑五帝有待研究。《帝临》为中央之帝即黄帝,"帝临中坛,四方承宇",其余四首代表着春、夏、秋、冬四季之神;《惟泰元》、《五神》祀太一之神;《天地》、《日出入》祀天地之神及日神;《后皇》、《华烨烨》祀后土;《天门》记封禅望祠蓬莱;《天马》、《景星》、《齐房》、《朝陇首》、《象载瑜》等为颂瑞之作。这些诗篇反映了武帝时代的文治武功,如《帝临》"海内安宁,兴文偃武",《惟泰元》"灭除凶灾……九夷宾将";同时体现了武帝本人追求游仙长生的个人色彩,如《日出入》以太阳运行、四季无穷而人生有限的强烈对比,表达了此岸登仙的强烈愿望。《天马》两首,一为"元狩三年马生渥洼水中作";一为"太初

---

① 《汉魏六朝乐府文学史》,北京:人民文学出版社1984年版,第43页。

四年诛宛王获宛马作"。太初四年所作"天马徕"重复六次,希望借助这一"龙之媒"来"逝昆仑"、"游阊阖,观玉台",昆仑、蓬莱、泰山皆为传说中的仙界。可以说,《郊祀歌》十九章在整个郊祀乐创作史上也是无可超越的典范之作。

第五节 雅俗矛盾和西汉的罢乐工作

按照儒家音乐观念,音乐有雅俗之分。"雅"的含义是指合乎儒家道德规范,使人性情趋至于正的音乐。"雅乐"有广义狭义之分,广义的雅乐可以追溯到中国古代的商周以前,如黄帝乐《咸池》、颛顼乐《六茎》、帝喾乐《五英》、尧乐《大章》、舜乐《韶》、禹乐《大夏》、汤乐《大濩》、武王乐《大武》[1]等。狭义的雅乐专指《诗经》乐章。雅乐也称古乐,俗乐也称"今之乐",俗乐原指春秋战国时郑、卫及桑间濮上所流行的民间小调。孔子崇"雅"黜"俗"影响深远。如《论语·卫灵公》:"放郑声,远佞人。郑声淫,佞人殆。"《论语·阳货》云:"恶紫之夺朱也,恶郑声之乱雅乐也。"

春秋以降,礼崩乐坏已是不可避免的事实。战国中期,孟子以"今之乐"比附"古之乐"。"庄暴见孟子曰:'暴见于王,王语暴以好乐。'孟子曰:'王之好乐甚,则齐其庶几乎,今之乐犹古之乐也'"[2]。这种混淆古乐和今乐,也就是混淆雅乐和世俗之乐的做法正见得世俗之乐的强劲发展和对雅乐的冲击是不得不承认的事实,(魏文侯)"听古乐则唯恐卧,听郑卫之音则不知倦"[3]。孟子这种取消今古乐差别的音乐观开启了两汉经学家所津津乐道的"三王不相袭,五帝不同乐"的变更理念,也等于在客观上承认了世俗之乐的地位。但是,到了战国后期,荀子排斥世俗之乐,《荀子·乐论》中主持儒家礼乐正义,拒绝俗乐的说法比比皆是,这些说法和论述大多都被《史记》和《汉书》采入书中。孟子和荀子

---

[1] 杜佑:《通典》卷一百四十一,长沙:岳麓书社1995年版,第1885页。
[2] 《孟子·梁惠王下》。
[3] 《史记·乐书》。

对待音乐的两种态度正是后来汉武帝立乐府和汉哀帝罢乐府的理论根源。

就在汉武帝扩充乐府、采集民歌和四夷之乐时,朝廷上下就传来不和谐的声音,如大臣汲黯说:"凡王者作乐,上以承祖宗,下以化兆民。今陛下得马,诗以为歌,协于宗庙,先帝百姓,岂能知其音邪!"①从汲黯讥刺《天马歌》始,经学人士对朝廷用乐制度的批评就没有停止过。同时,乐府强劲发展造成庞大的财政支出,繁而就简也是事物发展的自然趋势。汉宣帝本始四年(前70年)宣布"乐府减乐人,使归就农业"②,这成为乐府改革的第一声。《汉书·元帝纪》载:"(初元元年)六月……令大官损膳,减乐府员"。元帝又根据谏大夫贡禹的建议"罢角抵诸戏及齐三服官"③。又《汉书·循吏传》:"竟宁中,(召信臣)征为少府,列于九卿,奏请上林诸离远宫馆稀幸御者,勿复缮治共张,又奏省乐府黄门倡优诸戏,及宫馆兵弩什器减过泰半。"则说明罢黜乐府得到朝廷上下一致确认。

汉元帝虽然改革乐府,裁减乐人,但元帝本人酷爱音乐,才艺出众,《汉书·元帝纪赞》曰:"元帝多材艺,善史书。鼓琴瑟,吹洞箫,自度曲,被歌声,分刌节度,穷极幼眇。"从建昭四年开始,元帝不亲政事,留好音乐。《汉书·史丹传》曰:"建昭之后,元帝被疾,不亲政事,留好音乐。或置鼙鼓殿下,天子自临轩槛上,隤铜丸以擿鼓,声中严鼓之节。后宫及左右习知音者莫能为,而定陶王亦能之,上数称其材。丹进曰:'凡所谓材者,敏而好学,温故知新,皇太子是也。若乃器人于丝竹鼓鼙之间,则是陈惠、李微高于匡衡,可相国也。'于是上嘿然而笑。"由此,元帝罢乐的实际效果值得怀疑。

成帝即位伊始,根据丞相匡衡、御史大夫张谭的建议,对郊祀用乐的歌词进行一些修改,如改《郊祀歌十九章》的第七章《惟泰元》"鸾路龙鳞"为"涓选休成",第八章《天地》"黻绣周张"为"肃若旧典"。成帝真正对乐府的改革是从郊祀地点开始的。汉自武帝以来,一般都是甘泉祭祀天帝,河东汾阴祭祀后土,两地距离长安路途遥远,且需要翻越大山、

---

① 《史记·乐书》。
② 《汉书·宣帝纪》。
③ 《汉书·贡禹传》。

涉过黄河,皇室成员的安全护驾工作也有很多问题,于是汉成帝根据丞相匡衡的建议,改革郊祀地点,在长安南北郊举行郊祀,又罢黜了全国不应礼法的几百所民间祭祠和皇家宗庙祭祠,相应的伺候祭祀的用乐和乐府人员必在罢黜之列。成帝的这项改革主要是出于抑制世俗奢侈享乐之风和恢复古礼制度需要,成帝永始四年下的诏书就很能说明这一点,诏书云:"圣王明礼制以序尊卑,异车服以章有德,虽有其财,而无其尊,不得逾制,故民兴行,上义而下利。方今世俗奢僭罔极,靡有厌足。公卿列侯亲属近臣,四方所则,未闻修身遵礼,同心忧国者也。或乃奢侈逸豫,务广第宅,治园池,多畜奴婢,被服绮縠,设钟鼓,备女乐,车服、嫁娶、葬埋过制。吏民慕效,寖以成俗,而欲望百姓俭节,家给人足,岂不难哉。"①

另外,成帝后期,古乐即河间乐在朝廷一度引起争论,这在客观上为哀帝"罢乐"起到先导作用。成帝河平二年(前27年)平当作《乐议》称颂河间献王保存古乐之功,平当云:

> 汉承秦灭道之后,赖先帝圣德,博受兼听,修废官,立大学,河间献王聘求幽隐,修兴雅乐以助化。时大儒公孙弘、董仲舒等皆以为音中正雅,立之大乐。春秋乡射,作于学官,希阔不讲。故自公卿大夫观听者,但闻铿锵,不晓其意,而欲以风谕众庶,其道无由。是以行之百有余年,德化至今未成。(今)晔等守习孤学,大指归于兴助教化。衰微之学,兴废在人。宜领属雅乐,以继绝表微。孔子曰:"人能弘道,非道弘人。"河间区区,小国藩臣,以好学修古,能有所存,民到于今称之,况于圣主广被之资,修起旧文,放郑近雅,述而不作,信而好古,于以风示海内,扬名后世,诚非小功小美也。

但朝廷以久远难以分别而寝。汉成帝绥和元年(前8年),刘向上书要求定礼乐。起因是犍为郡于水滨得古磬十六枚,议者以为善祥。刘向因是说上:"宜兴辟雍,设庠序,陈礼乐,隆雅颂之声,盛揖攘之容,以风化天下。如此而不治者,未之有也。"②

---

① 《汉书·成帝纪》。
② 《汉书·礼乐志》。

汉成帝本人喜好声色,鸿嘉年间长久在民间冶游。又由于久无继嗣的缘故,所以后期一度把原来罢黜的庙乐、甘泉汾阴祭祀全部恢复,使得以前的工作前功尽弃。桓谭《新论·离事》云:"昔余在成帝时为乐府令,凡所典领倡优伎乐,盖千有余人。"所以成帝时代乐府规模依然庞大。

哀帝即位的第三个月,下诏改革乐府,《汉书·礼乐志》叙其背景曰:"是时,郑声尤甚。黄门名倡丙强、景武之属富显于世,贵戚五侯定陵、富平外戚之家淫侈过度,至与人主争女乐。"诏书云:"惟世俗奢泰文巧,而郑卫之声兴。夫奢泰则下不孙(逊)而国贫,文巧则趋末背本者众,郑卫之声兴则淫辟(僻)之化流,而欲黎庶敦朴家给,犹浊其源而求其清流,岂不难哉!孔子不云乎?'放郑声,郑声淫。'其罢乐府官。郊祭乐及古兵法武乐,在经非郑卫之乐者,条奏,别属他官。"

哀帝的诏书说明了罢乐的原因、根据以及罢乐的标准。《汉书·礼乐志》云:

> 郊祭乐人员六十二人,给祠南北郊。大乐鼓员六人,《嘉至》鼓员十人,邯郸鼓员二人,骑吹鼓员三人,江南鼓员二人,淮南鼓员四人,巴俞鼓员三十六人,歌鼓员二十四人,楚严鼓员一人,梁皇鼓员四人,临淮鼓员三十五人,兹邡鼓员三人,凡鼓十二,员百二十八人,朝贺置酒陈殿下,应古兵法。外郊祭员十三人,诸族乐人兼《云招》给祠南郊用六十七人,兼给事雅乐用四人,夜诵员五人,刚、别柎员二人,给《盛德》主调篪员二人,听工以律知日冬夏至一人,钟工、磬工、箫工员各一人,仆射二人主领诸乐人,皆不可罢。竽工员三人,一人可罢。琴工员五人,三人可罢。柱工员二人,一人可罢。绳弦工员六人,四人可罢。郑四会员六十二人,一人给事雅乐,六十一人可罢。张瑟员八人,七人可罢。《安世乐》鼓员二十人,十九人可罢。沛吹鼓员十二人,族歌鼓员二十七人,陈吹鼓员十三人,商乐鼓员十四人,东海鼓员十六人,长乐鼓员十三人,缦乐鼓员十三人,凡鼓八,员百二十八人,朝驾置酒,陈前殿房中,不应经法。治竽员五人,楚鼓员六人,常从倡三十人,常从象人四人,诏随常从倡十六人,秦倡员二十九人,秦倡象人员三人,诏随秦倡一人,雅大人员九人,朝贺置酒为乐。楚四会员十七人,巴四会员十二人,铫四会员十

二人,齐四会员十九人,蔡讴员三人,齐讴员六人,竽瑟钟磬员五人,皆郑声,可罢。师学百四十二人,其七十二人给大官桐马酒,其七十人可罢。大凡八百二十九人,其三百八十八人不可罢,可领属大乐,其四百四十一人不应经法,或郑卫之声,皆可罢。

当时丞相孔光、大司空何武的上奏得到批准,然而罢乐府的效果并不明显,《汉书·礼乐志》云:"然百姓渐渍日久,又不制雅乐有以相变,豪富吏民湛沔自若"。这说明哀帝罢乐并不成功。我们认为哀帝罢乐违背艺术生产规律,逆历史潮流而动。这是因为以下几个原因。

1. 中国自古以来雅乐俗乐的界限是混淆的。就以《诗经》来说,《诗经》中的《国风》是各诸侯国的本国歌诗,《国风》绝大部分是春秋时期的作品,《周颂》和《大雅》、《小雅》用于宗庙、祭祀、宴飨等,全都是岐周乐歌,产生较早。到后来,地方音乐甚至可以取代雅乐,用于礼仪了。郑国音乐(郑声)首开其端。春秋中期以后,地方音乐的影响更加扩大,社会上称之为"今之乐",著名的有郑、卫、宋、齐等地区的音乐。如果从历史上说,其实不少"今之乐"比号称"古乐"的西周雅乐更加古老。例如郑、卫、宋等国,郑是早商活动地区,卫是商王室所在地,宋是商亡后商后裔的封国,它们的音乐都承袭自商,从渊源讲,比岐周音乐古老,而且发展水平也较高。更重要的是,一切"今之乐"都没有像"古乐"那样,被礼乐制度堵死,而是按音乐自身规律发展。所以"今之乐"清新活泼,风格多样,优美感人,战国时期的"今之乐",引人注目的有赵国,更应注意的是楚国。但因为最早写这一段历史的是汉代人,而"今之乐"又是以与"古乐"对立的"坏音乐"的面目被载入史册的,汉高祖刘邦却喜爱楚声,所以史家就不敢把异军突起的楚声纳入"今之乐"范畴了。楚僻处南方,它接受了周文化,但思想上受礼乐的束缚要比中原各国小,楚音乐的风格与中原各国也很不同,汉初至武帝年间都是以楚乐充斥乐坛的。

春秋到西汉君王用乐也是雅俗混淆的。如《仪礼·燕礼》讲到君王用乐时说:"乐正先升,北面立于其西。小臣纳工,工四人,二瑟,小臣左何瑟,面鼓,执越,内弦,右手相。入,升自西阶,北面东上坐,小臣坐授瑟,乃降。工歌《鹿鸣》、《四牡》、《皇皇者华》……卒,笙入,立于县中,奏《南陔》、《白华》、《华黍》……乃间歌《鱼丽》,笙《由庚》;歌《南有嘉鱼》,

笙《崇丘》；歌《南山有台》，笙《由仪》。遂歌乡乐，周南：《关雎》、《葛覃》、《卷耳》。召南：《鹊巢》、《采蘩》、《采苹》。大师告于乐正曰：正歌备。"不难看出，《鹿鸣》、《四牡》、《皇皇者华》、《南陔》、《白华》、《华黍》等都属于西周大小雅乐，周南、召南属于风诗部分，这则材料说明春秋时代宴会必有歌诗，歌诗的过程包括四个阶段：一是以瑟伴奏；二是以笙伴奏；三是以瑟和小笙相间伴奏；四是乡乐。其中前三部分主要取材于大小雅的音乐，第四部分来自风诗。大小雅自然是雅乐，而风诗到底不能摆脱民间歌咏小调的风气。

汉初的贾谊在总结古代王者用乐时也说：

> 王者官人有六等：一曰师，二曰友，三曰大臣，四曰左右，五曰侍御，六曰厮役……师至，则清朝而侍，小事不进。友至，则清殿而侍，声乐技艺之人不并见。大臣奏事，则俳优侏儒逃逸，声乐技艺之人不并奏。左右在侧，声乐不见。侍御者在侧，子女不杂处。故君乐雅乐，则友、大臣可以侍；君乐燕乐，则左右、侍御者可以侍；君开北房，从熏服之乐，则厮役从。清晨听治，罢朝而议论，从容泽燕。夕时开北房，从熏服之乐。是以听治、议论、从容泽燕，矜庄皆殊序，然后帝王之业可得而行也。①

贾谊把君王日常所用音乐分为"雅乐"、"燕乐"、"熏服之乐"。雅乐就是朝廷正乐，即郊庙朝会所用，这是和大臣共享之乐。燕乐是内庭之乐，只有帝王和左右近臣可以享受，而熏服之乐则是男女俳优杂处的享乐和伎乐。按照贾谊的说法，古代帝王本来就不回避世俗之乐，只不过要注意场合罢了。司马相如在《上林赋》中说天子听乐几乎不分雅俗，甚至是雅俗共赏，其中云："巴渝宋蔡，淮南干遮，文成颠歌，族居递奏，金鼓迭起，铿锵闛鞈，洞心骇耳。荆吴郑卫之声，韶濩武象之乐，阴淫案衍之音，鄢郢缤纷，激楚结风。俳优侏儒，狄鞮之倡，所以娱耳目乐心意者，丽靡烂漫于前，靡曼美色于后。"

以上事实至少说明天子不废俗乐是一种正确的姿态。汉哀帝以行政手段罢黜俗乐是本本主义的体现，他既无视古代雅乐和俗乐混淆的

---

① 《贾谊集校注》，北京：人民文学出版社1996年版，第289～294页。

事实,又不理解汉代以俗充雅的事实,他只是根据主观喜好和儒家重雅贬俗的立场做事,他的做法也违背了艺术生产规律,其结果必然是失败的。

2. 雅乐和俗乐互补的观点是任何时代都应坚持的。也许,西汉末高举雅乐旗帜反对俗乐以图教化而"望至治"并无错误,然而帝王们没有深入考察俗乐本身所包含的与雅乐共通的思想内涵,这也是经学作为道统文化必然有的优越感及缺乏反省精神所致。俗乐揭示生命本真的自然属性的一面正是以雅乐为代表的经学文化所缺失的,而当它被无意揭示出来时恰恰能获得普遍的认同感。如《乌生八九子》:"乌生八九子,端坐秦氏桂树间。唶!我秦氏家有游遨荡子,工用睢阳强,苏合弹。左手持强弹,两丸出入乌东西。唶!我一丸即发中乌身,乌死魂魄飞扬上天。阿母生乌子时,乃在南山岩石间。唶!我人民安知乌子处,蹊径窈窕安从通?白鹿乃在上林西苑中,射工尚复得白鹿脯。唶!我黄鹄摩天极高飞,后宫尚复得烹煮之;鲤鱼乃在洛水深渊中,钓钩尚得鲤鱼口。唶!我人民生各各有寿命,死生何须复道前后。"①

此诗言,人命有定数,作者以南山之乌、上林之白鹿、黄鹄和鲤鱼反复设喻,说明你无论怎样机智也难逃死劫,思想意义较为消极。然而它说明的是一种真实的生命现象,抒发的是千人同我的人生感喟,"各各有寿命,死生何须复道前后"正是道家"安之若命无可奈何"思想的绝好注脚。当儒学信仰者在倡扬德治、行礼作乐以服务于王朝政治的人生价值追求中蓦然回首时,道家这种"安之若命无可奈何"的思想恰恰是一杯透骨的凉心剂,也正是在这个被儒家经学遗忘的角落,一种生命的本真状态被揭示出来。不仅民间百姓对待生命采取如此从容态度,甚至在一些经师士大夫身上也能看到这种情形,以致他们在看惯了经学的理性、道德说教之后,竟然发现他们心灵深处还有另外一股潜流激荡着。当史丹指责元帝"不亲政事,留好音乐",终日沉溺于丝竹鼓舞之间时,元帝"嘿然而笑"。这种"笑"其实是对生活的自我嘲解,我们甚至可以说元帝在经学文化中听到的是另外一种声音。元帝是这样,那么其他人呢?如张禹,"禹成就弟子尤著者,淮阳彭宣至大司空,沛郡戴崇至少府九卿。宣为人恭俭有法度,而崇恺弟多智,二人异行。禹心亲爱

---

① 《乐府诗集》卷二十八《相和歌辞》三,北京:中华书局1979年版,第408页。

崇,敬宣而疏之。崇每候禹,常责师宜置酒设乐与弟子相娱。禹将崇入后堂饮食,妇女相对,优人管弦铿锵极乐,昏夜乃罢。而宣之来也,禹见之于便坐,讲论经义,日晏赐食,不过一肉卮酒相对。宣未尝得至后堂。及两人皆闻知,各自得也"[①]。从张禹身上,我们看到了世俗享乐和儒学治经对立的统一。而西汉后期的不少经学人士普遍具备这种双重人格,雅乐也许正是在这一方面对俗乐有所期待,可是哀帝他们不能认识到,倒是班固看透了这一点。《汉书·礼乐志》云:"人函天地阴阳之气,有喜怒哀乐之情。天禀其性而不能节也,圣人能为之节而不能绝也,故象天地而制礼乐,所以通神明,立人伦,正情性,节万事者也。"人不能没有喜怒哀乐之情,因而需要"乐",但此情要有节制,情有节制,万事才有节制,这就需要礼。乐是需要的,但要有节,因而乐要合乎礼,合乎礼的乐就是雅乐。其具体的做法班固也讲到了,他批评哀帝"不制雅乐以相变",可谓一语道破实质,同时也暗示出班固对武帝"以俗乐变更雅乐"持肯定态度。

[①] 《汉书·张禹传》。

第二章 论西汉后期的辞赋创作

西汉流行的文体是辞赋。《汉志·诗赋略》序屈原以来至孝成之世辞赋千余首,依次析为四种,即屈原赋二十五篇以下共二十家,为一种;陆贾赋三篇以下共二十一家,为一种;孙卿赋十篇以下共二十五家,为一种;"客主赋"十八篇以下十二家,别为杂赋一种。但西汉辞赋多数已经散佚,今人无法目睹其全貌,仅就现存辞赋来说,西汉辞赋的发展大致经历了三个阶段。第一阶段从汉高祖初年至武帝初年。辞赋主要继承《楚辞》的传统,称为"骚体赋",内容大多抒发作者的政治见解和身世感慨,代表作家有贾谊与枚乘等。贾谊的《吊屈原赋》,悼念屈原借以自喻,抒发愤慨之情;《鵩鸟赋》则是用主客问答体以寓志遣怀,散文的气味浓厚。枚乘的《七发》通过太子与客的问答形式,批判了统治阶级的腐化享乐生活,结构宏放,辞藻富丽。第二阶段是从武帝初年至宣帝年间。这时期是汉帝国经济大发展、国力最强的时期,武帝本人又好大喜功,雅好文艺,提倡辞赋,招纳文学侍从,司马相如是这一时期成就最高的代表作家。《子虚赋》、《上林赋》二赋(近人考定二赋或本为一起,即《天子游猎赋》)是代表作,用夸张的笔法描写天子游猎盛况和宫苑的豪华壮丽,借以歌颂汉帝国的强盛与汉天子的尊严。华丽的辞藻、夸饰的手法、韵散结合的语言和设为问答的形式,成为铺张扬厉的汉大赋标志性作品。这期间的汉赋作家还有东方朔、枚皋、王褒等人。第三阶段为元、成、哀、平时期。这个时期思想文化在儒家学术基础之上呈现多元化态势,古文经学兴起,谶纬方术盛行,直接影响到辞赋创作。大赋创作态势自然无法和武、宣时期相比，但扬雄的四大赋即《甘泉》、《河东》、《羽猎》、《长杨》能够上接武、宣，下开东汉班、张之世，基于此，扬雄也被列入汉赋四大家之列（四大家即司马相如、扬雄、班固、张衡）。与此对应，当时也出现了“小赋”的概念以及小赋作品如桓谭的《仙赋》。此外，“楚辞”类作品仍有作者。辞赋还出现杂文化态势，如扬雄的《酒赋》（也称《酒德颂》），此外，纪行赋也发展起来。总之，西汉后期辞赋呈现多元化态势。

第一节 《楚辞》系列作品

一、“楚辞”的含义和《楚辞》成书臆测

“楚辞”这个词最早见于《史记·酷吏列传》，曰：“始长史朱买臣，会稽人也。读《春秋》。庄助使人言买臣，买臣以《楚辞》与助俱幸。”庄助即严助。《汉书·朱买臣传》载：“朱买臣字翁子，吴人也。家贫，好读书，不治产业，常艾薪樵，卖以给食，担束薪，行且诵书。其妻亦负戴相随，数止买臣毋歌呕道中。……会邑子严助贵幸，荐买臣。召见，说《春秋》，言《楚词（辞）》，帝甚说之，拜买臣为中大夫，与严助俱侍中。”从这些记载来看，朱买臣原本是会稽一樵夫，因善“言《楚词（辞）》”而被武帝看重。“说”和“言”并举，含有诵读的意思，又因《楚辞》方言中含有“兮”、“些”等语气词，则诵读时必有唏嘘哀叹之节；朱买臣为吴人，吴乃故楚地，行楚歌楚调，所以可推断，朱买臣“行且诵书”和“歌呕”之辞必楚辞楚歌。而下文的“言《楚词（辞）》”则专指屈原、宋玉等人的系列作品。因为楚歌是那时的一个专有名词，不能和“楚辞”混淆。楚汉战争时，项羽兵败垓下，韩信使人“四面楚歌”，项羽闻之曰：“汉皆已得楚乎？是何楚人之多也。”①《说苑·善说》云：“襄成君始封之日，……榜枻越人拥楫而歌，歌辞曰：‘滥兮抃草滥予昌枑泽予昌州州𩜱州焉乎秦胥胥

① 《史记·项羽本纪》。

缦予乎昭澶秦踰渗惿随河湖。'鄂君子皙曰：'吾不知越歌，子试为我楚说之。'于是乃召越译，乃楚说之曰：'今夕何夕搴中洲流，今日何日兮，得与王子同舟。蒙羞被好兮，不訾诟耻，心几顽而不绝兮，知得王子。山有木兮木有枝，心说君兮君不知。'"《说苑》这段话的前半部分是"越歌"，后半部分是用楚语翻译的，朱买臣是吴人，吴楚地理范围相接，故《汉书》言朱买臣"歌呕道中"之歌当是类似这种情况。

楚辞也是当时的一种文体名词，《汉书·地理志》云："汉兴，高祖王兄子濞于吴，招致天下之娱游子弟，枚乘、邹阳、严夫子之徒兴于文、景之际。而淮南王安亦都寿春，招宾客著书。而吴有严助、朱买臣，贵显汉朝，文辞并发，故世传《楚辞》。"[1]不难看出，朱买臣等"言《楚辞》"对《楚词（辞）》的传播有着积极的意义，我们也可以这样理解，朱买臣实际会两套话语系统，一套是楚歌，一套是楚辞。这两者之间存在一定的联系，如宋代黄伯思《校订楚词序》中说得清楚："盖屈宋诸骚，皆书楚语、作楚声、纪楚地、名楚物，故可谓之《楚词》。若些、只、羌、謇、纷、侘傺者，楚语也。顿挫悲壮、或韵或否者，楚声也。沅、湘、江、酆、修门、夏首者，楚地也。兰、蕙、荃、药、蕙、若、苹、蘅者，楚物也。他皆率若此，故以楚名之。"可见楚辞是诵读文字，和楚歌的歌唱迥然有别。

当然，上文提到的花草树木都可以在屈原作品中找到。没有疑问的是屈原作品深植于楚民族文化之中，是南方民族文化的精髓抚育了诗人屈原。《史记·屈原列传》云："屈原既死之后，楚有宋玉、唐勒、景差之徒，皆好辞而以赋见称，然皆祖屈原之从容辞令，终莫敢直谏。"所谓"从容辞令"，是指宗祖屈原的作品而竞相仿作，说明屈原作品具有一定的号召力。《汉书·艺文志》云屈原作品二十五篇；司马迁没有说出屈原作品的总数，但提到屈原作品的个别篇名；汉代的王逸、宋代的朱熹等都曾议论过二十五篇之中哪些是屈原的作品，哪些是仿效者的作品。今天学者的意见众说纷纭，不管怎么议论，说明屈原的作品影响很大，在南方楚地得到一些屈原的作品并加以讽诵不是件难事。如《汉书·扬雄传》云："（扬雄）旁《惜诵》下以至《怀沙》一卷，名曰《畔牢愁》。"则陆侃如《中古文学系年》把此事系于阳朔二年。而这时扬雄没有离开四川，说明阳朔二年之前四川已经有《楚辞》部分篇目合集的传本出现。

---

[1] 《汉书·地理志》。

虽然扬雄和朱买臣时代相差很远，但我们这里举出这样一个事实意在说明屈原作品和事迹在西汉后期影响巨大，遑论骚体赋还在盛行的景、武之世了，因此，这里朱买臣对汉武帝诵读的是《楚辞》而非楚歌，这是没有疑问的。那么刘向之前的《楚辞》是谁搜集整理的？我们认为应该是朱买臣，证据如下。

《汉书·严助传》："严助，会稽吴人，严夫子子也，或言族家子也。郡举贤良，对策百余人，武帝善助对，由是独擢助为中大夫。后得朱买臣、吾丘寿王、司马相如、主父偃、徐乐、严安、东方朔、枚皋、胶仓、终军、严葱奇等，并在左右。"是年为建元元年（前140年），则建元元年严助封职。建元三年，严助持节发会稽兵浮海救东瓯，因为闽越举兵围东瓯，东瓯告急于汉。丞相田蚡以为不当击，严助斥之，武帝乃遣严助发兵吴越，说明这个时候严助不在朝廷，那么，"说《春秋》，言《楚词（辞）》，帝甚悦之，拜买臣为中大夫，与严助俱侍中"，最有可能的是建元二年，即公元前139年。但后不久"（朱）买臣坐事免，久之，召待诏"。建元六年（前135年）严助谕意风指南越，返回后拜会稽太守。但"数年不闻问"。于是皇帝赐书，严助回报说"臣事君，犹子事父母也"，期望皇帝批准得以回京，"诏许，因留侍中。有奇异，辄使为文，及作赋颂数十篇"。① 由于严助回京，会稽太守空缺，《汉书·朱买臣传》云："是时，东越数反复"，于是皇帝拜朱买臣为会稽太守。

上述这段事实说明，在建元元年至建元六年间，汉武帝对楚辞有特别的兴趣。另外还有一个例子可以佐证，《汉书·淮南济北衡山王传》云："时武帝方好艺文，以安（刘安）属为诸父，辩博善为文辞，甚尊重之。……使为《离骚传》，旦受诏，日食时上。"史书未载具体年月，而宋王益之《西汉年纪》卷十引《汉书·淮南王传》系于建元二年冬十月。因此建元二年，汉武帝至少得到两个楚辞专家，一个是淮南王刘安，另一个是中大夫朱买臣。有的学者认为，刘安有可能是最早把屈原、宋玉、贾谊等人的作品汇集成册的，我认为与其归功于刘安，莫如归功于朱买臣更为合理，因为：（一）朱买臣是班固叙述的很少见的有心人；（二）根据《汉书·王褒传》："宣帝修武帝故事……征能为《楚辞》九江被公，召见诵读"，被公诵读的《楚辞》和朱买臣所见的《楚辞》不大可能是一个版

---

① 《汉书·严助传》。

本,不过这种情况说明屈、宋作品的流传很广泛,朱买臣身处吴地,估计搜集屈、宋或者挂名屈、宋等人的作品比较容易。

二、《史》、《汉》言买臣诵读楚辞而非某一个单篇

《楚辞》的最终成书,是个漫长的积累过程。史籍中没有丝毫证据证明严忌、东方朔、王褒辑录过楚辞。在刘向之前的辑录者可能就是朱买臣。今传《楚辞》一书,最早是西汉成帝年间刘向整理编纂的,他辑录《楚辞》,收入了先秦屈原、宋玉,汉代贾谊、淮南小山、严忌、东方朔、王褒等人的作品,并把自己的《九叹》附录其中,这样,《楚辞》就是楚辞之总集的名称。"楚辞"又称"楚词",是战国时代的伟大诗人屈原创造的一种诗体。作品运用南方楚地的文学样式、方言声韵,叙写楚地的山川人物、历史风情、神话传说等,具有浓厚的地方特色。由于屈原的《离骚》是楚辞的代表,故楚辞又称为骚或骚体。刘向辑录的《楚辞》,是继《诗经》以后,对中国文学具有深远影响的一部诗歌总集。另外,刘向自己作赋三十三篇,《九叹》(存于《楚辞章句》)是典型的拟骚之作。他还和扬雄一样为屈原作品《天问》作了注解(亡佚)。如果没有刘向的积极努力,那么我们今天所谈《楚辞》必是"空想"。

三、刘向《九叹》的作年

王逸在《楚辞章句》中说:"《九叹》者,护左都水使者光禄大夫刘向所作也。向以博古敏达,典校经书,辩章旧文,追念屈原忠孝之节,故作《九叹》。"这段话点出了《九叹》的写作背景,需要进一步说明的是:刘向于汉成帝建始元年(前32年)复进为中郎,领护三辅都水,迁光禄大夫。汉成帝河平三年(前26年)刘向五十四岁,受诏校中秘书。刘向校订图书达十九年,究竟是哪一年他作成《九叹》呢?我们可以加以推测。

众所周知,刘向是在校书期间作成并献上《新序》、《说苑》和《列女传》的。这三部书献上的年月历史上多有争论,钱穆的《刘向歆父子年谱》根据《刘向传》记载,认为《新序》、《说苑》和《列女传》编写在《谏营昌

陵》之后，定其为永始元年（前 16 年），三书同时献上。① 刘跃进根据《中兴书目》记载认定十卷本《新序》成于汉阳朔元年（前 24 年），二十卷本《说苑》成于汉鸿嘉四年（前 17 年）。② 我们认为，刘跃进的说法较为合理，根据二书所录史料，尽管刘向在上《说苑》时强调"删除与《新序》重复者"，但中间重复的内容不在少数，出现这种情况合理的解释应该是此二书不是同一个时间完成的，如果在同一个时间完成，则重复的内容不应太多，因此《新序》成于汉阳朔元年是合理的。

我们这里之所以指出《新序》的作年，是因为《新序·节士》中有一段关于屈原的话和《九叹》相关。其中云：

> 屈原者，名平，楚之同姓大夫。有博通之知，清洁之行，怀王用之。秦欲吞灭诸侯，并兼天下。屈原为楚东使于齐，以结强党。秦国患之，使张仪之楚，货楚贵臣上官大夫靳尚之属，上及令尹子阑、司马子椒；内赂夫人郑袖，共谮屈原。屈原遂放于外，乃作《离骚》。张仪因使楚绝齐，许谢地六百里，怀王信左右之奸谋，听张仪之邪说，遂绝强齐之大辅。楚既绝齐，而秦欺以六里。怀王大怒，举兵伐秦，大战者数，秦兵大败楚师，斩首数万级。秦使人愿以汉中地谢，怀王不听，愿得张仪而甘心焉。张仪曰："以一仪而易汉中地，何爱仪！"请行，遂至楚，楚囚之。上官大夫之属共言之王，王归之。是时怀王悔不用屈原之策，以至于此，于是复用屈原。屈原使齐还，闻张仪已去，大为王言张仪之罪，怀王使人追之，不及。后秦嫁女于楚，与怀王欢，为蓝田之会，屈原以为秦不可信，愿勿会，群臣皆以为可会，怀王遂会，果见囚拘，客死于秦，为天下笑。怀王子顷襄王，亦知群臣诒误怀王，不察其罪，反听群谗之口，复放屈原。屈原疾暗王乱俗，汶汶嘿嘿，以是为非，以清为浊，不忍见于世，将自投于渊，渔父止之。屈原曰："世皆醉，我独醒；世皆浊，我独清。吾独闻之，新浴者必振衣，新沐者必弹冠。又恶能以其泠泠，更世事之嘿嘿者哉？吾宁投渊而死。"

---

① 《两汉经学今古文平议》，北京：商务印书馆 2001 年版，第 50 页。
② 《秦汉文学编年史》，北京：商务印书馆 2006 年版，第 269～274 页。

这段简明的屈原小传和《史记》相比各有侧重,某些方面二书可以相合而观。在刘向《说苑》、《新序》记载的数百个历史人物中,详细记载屈原事迹的只有这一次,因此,我们怀疑是刘向在编写《新序》过程中,为屈原事迹所感而写下《九叹》,进而他把屈原、宋玉、贾谊、淮南小山、东方朔、王褒那些受屈原精神感召所写的作品汇集成册命名为《楚辞》的,这样看来,刘向写作《九叹》乃至编定《楚辞》是在《新序》完成之后,或者在《新序》编定之中,即成于汉阳朔元年前后。

　　另外还值得注意的是西汉阳朔元年前后,国家兴学形成一个小高潮。如《汉书·成帝纪》阳朔二年下诏书曰:"古之立太学,将以传先王之业,流化于天下也。儒林之官,四海渊源,宜皆明于古今,温故知新,通达国体"。而这时刘向校中秘书已有五六年之久,估计这期间成就斐然,《新序》、《楚辞》等今之传世的作品相继问世。河平三年,刘向作《洪范五行传论》。《汉书·刘向传》云:"是时帝元舅阳平侯王凤为大将军,秉政,倚太后,专国权,兄弟七人皆封为列侯。时数有大异,向以为外戚贵盛,凤兄弟用事之咎。而上方精于《诗》、《书》,观古文,诏向领校中《五经》秘书。向见《尚书·洪范》,箕子为武王陈五行阴阳休咎之应。向乃集合上古以来历春秋六国至秦汉符瑞灾异之记,推迹行事,连传祸福,著其占验,比类相从,各有条目,凡十一篇,号曰《洪范五行传论》"。河平四年,成帝遣光禄大夫博士嘉等十一人巡视濒河之郡,"举敦厚有行、能直言之士"①。阳朔二年,诏"丞相、御史其与中二千石、二千石杂举可充博士位者,使卓然可观"②。另外,远在四川的学者扬雄在阳朔二年成《反离骚》、《广骚》、《畔牢愁》、《天问解》等作品。这些材料足以证明汉阳朔元年前后,国家兴学出现一个高潮。所以内外条件使然,刘向《九叹》大致作于这个时期。

四、《楚辞》的两种表达方式

　　刘向《楚辞》所收录的西汉作家计有六位,他们分别是贾谊、淮南小山、东方朔、严忌、王褒,其中还收录一些刘向本人的作品。我们认为前四位作家的作品主题表达有随意性,表达形式并非全是代屈原立言,所

---

①② 《汉书·成帝纪》。

以他们构成一类；王褒、刘向两位主题表达一致，是对自己作品某个思想意义的再创造，它们两位构成一类。我们首先看王褒的作品。

王褒，蜀地资中（今四川资阳）人，汉宣帝时代著名辞赋家，少时作《中和》、《乐职》、《宣布》之诗而闻名，后因益州刺史王襄的推荐得以受诏入朝。宣帝游猎、宴会、巡行，王褒常常随从，并应诏写了一些歌颂辞赋，《汉书·艺文志》载王褒辞赋十六篇，其中一篇是《圣主得贤臣颂》，本文专论君主和贤人的关系。如其中云："褒既为刺史作颂，又作其传，益州刺史因奏褒有轶材。上乃征褒。既至，诏褒为圣主得贤臣颂其意。"此文保存在《汉书》中，行文较长，故从略。

对照《楚辞》我们发现，就汉人作品中，颂圣主得贤而君臣相得益彰者只有王褒写得最为充分，王褒所作辞赋名《九怀》，王逸《楚辞章句》说："怀者，思也。言屈原见放逐，犹思其君，忧国倾危，而不能忘也。褒读屈原之文，嘉其温雅，藻采敷衍，执握金玉，委之污渎，遭世溷浊，莫之能识，追而愍之，故作《九怀》。"王逸这个解释是对的，我们可以把《九怀》之作看作受屈原作品的感召而写成的，下文试具体分析各篇。

《匡机》第一，这首辞写一个辞人在现实中处处碰壁，他幻想乘玉龙抵达天庭，然后写天庭里面的奇花异草、灵兽瑞鹤——这分明是辞人理想中的朝廷，可这样的理想不属于辞人。但这样的辞情，与"匡机"有什么联系呢？原来"匡机"就是辞人企图改变自己的命运，由君臣分离到君臣遇合。《通路》第二，从篇名看到，本篇主要写贤人与君王的沟通，君王的赏识犹如天门开启，但这条通路往往被谗佞小人挤满，使人悲哀。《危俊》第三，本篇不是写处境之危险，而是指俊杰之士的特立独行，他独自驾车远游，身边没有知音同伴。如其中说："林不容兮鸣蜩，余何留兮中洲，陶嘉月兮总驾，搴玉英兮自修。"这样的抒情说明贤者明珠暗投，还没被赏识。《昭世》第四，写现实政治黑暗，辞人自己轻举飞升，与神人相接。"世溷兮冥昏，违君兮归真"。"闻素女兮微歌，听王后兮吹竽"。然而辞人所遇非所愿，"历九州兮索合，谁可与兮终生"。寓意辞人历历求志，而理想难以实现。《尊嘉》第五和《蓄英》第六，含义比较明确，"嘉"和"英"都是"好"之意，"尊嘉"意思是重视贤人，"蓄英"就是储蓄人才，贤者多多益善。当然这两篇明显受到《离骚》的影响，它多用香花香草以及美好景物暗寓贤人才士。《思忠》第七，是写贤人寻思报国尽忠之意，但本篇显得十分伤感，说明贤人空有雄心，实际壮志难酬,如其中说:"贞枝抑兮枯槁,枉车登兮庆云。感余志兮惨栗,心怆怆兮自怜。"《陶雍》第八,是抒发因为君王被雍蔽导致自己不能被重用的抑郁心情。《株昭》第九,洪兴祖《楚辞补注》云:"昭,一作明,一作招。一云珠昭,一云林招。"确切意思难指,而本篇主要表现社会黑暗、谗佞当道肆意摧残贤人的悲哀。最后是《乱曰》:"皇门开兮照下上,株秽除兮兰芷显。四佞放兮后得禹,圣舜摄兮昭尧绪,孰能若兮愿为辅。"《乱曰》是全文的总结,意思十分明确:皇门大开,贤者在朝,佞邪流放,像过去舜禹辅助尧一样君臣和乐,这样我本人也和古代贤人一样成为辅弼。

我们这里对王褒《九叹》诸篇解读,意在说明《九叹》的主题思想和《圣主得贤臣颂》的含义是一致的,或者说,王褒的《九叹》是以抒情的形式对《圣主得贤臣颂》含义的再解释,而刘向《九叹》的主题是以辞赋的形式对《节士》中屈原形象的再创造。从这个意义上说,刘向写作《九叹》,除了受屈原精神的感召外,还有一个因素要考虑到,那就是受到辞人王褒写辞的影响,因此在分析《楚辞》时,可以把他们归做一类。

王褒和刘向这种做法在此前的几位汉代辞人中是没有的,如贾谊的《惜誓》表达的是社会黑暗,贤人出世与入世的矛盾,既写贤人轻举远游,又思念家乡,投身社会,而贤人难以容身,不得已再选择远游,但仍然心有不甘,最后只有一声叹息。淮南小山《招隐士》的主题,王逸《楚辞章句》说:"招怀天下俊伟之士。"东方朔《七谏》从题目上看,并不是按照屈原传记的顺序来写的,而是有很大的随意性。如果说《初放》、《沉江》把屈原的传记写得清楚了,而《怨世》、《怨思》、《自悲》、《哀命》更像是写东方朔自己,最后的《谬谏》表达了"谏"的目的。严忌的《哀时命》是哀叹自己命运的。这些作品都不像王褒、刘向那样已经有了一个文辞篇目,然后对这个文辞篇目的主题换以另外的形式进行再创造。而贾谊、淮南小山、东方朔、严忌的作品是直接抒情的,带有很大的随意性。这其实构成《楚辞》的第二种表达类型。

之所以形成两种不同的表达方法,我们认为和汉人解经思维相关。儒家作品原来都不称为"经","六经"之名始于《庄子·天下篇》,但在先秦,各家都把自己先师的作品称为"经",如《墨子》中有弟子所著的《经解上》、《经解下》等篇,《礼记》中也有儒家自己的《经解》,《公羊传》、《谷梁传》和《左氏传》是对《春秋经》的解释,司马迁把老子和韩非合传,也许是因为他对韩非写《解老》、《喻老》体会之深。西汉武帝始立五经,设五经博士,以后经昭、宣、元、成、哀、平诸帝,五经扩大为十三经,博士和博士弟子人员日渐增多,解经风气和解经思维必然深刻地影响学者的著述。王褒和刘向时代,经学思维日渐深入人心,经学思维的方法是对经书上某个字句进行大铺叙,班固《汉书·艺文志》云:"古之学者耕且养,三年而通一艺,存其大体,玩经文而已,是故用日少而畜德多,三十而五经立也。后世经传既已乖离,博学者又不思多闻阙疑之义,而务碎义逃难,便辞巧说,破坏形体。说五字之文,至于二三万言。"当然这样说并不意味着王褒的《圣主得贤臣颂》和刘向的《节士·屈原》就是"经",作为一般性的文学作品,对某一主题或题旨以另外一种形式表达出来总是可以的,他们选择屈原作为倾泻自己内在情愫的窗口,主要还是受楚风的影响和屈原精神的感召。

五、《楚辞·九叹》的屈原情结

就《楚辞》各篇的艺术表现来看,《楚辞》无疑受到了《离骚》那种郁怨之情、悲愤之气的影响,而"《离骚》在汉代文学中所以能发生巨大的影响,一方面固然是因为出身于丰沛的政治集团,特别喜欢'楚声'……而屈原'信而见疑,忠而被谤,能无怨乎'的怨,象征着他们自身的怨;以屈原的'怀石遂自投汨罗以死'的悲剧命运,象征着他们自身的命运"①。司马迁在《报任安书》中对他的不幸遭遇作了满腔悲愤的诉说:"绝宾客之知,忘室家之业,日夜思竭其不肖之材力,务壹心营职,以求亲媚于主上。……拳拳之忠,终不能自列,因为诬上,卒从吏议。家贫,财赂不足以自赎,交游莫救,左右亲近不为壹言。身非木石,独与法吏为伍,深幽囹圄之中,谁可告诉者!"这种满腔悲愤之情引起时代共鸣,贾谊、刘安、严夫子、王褒等都有同感。王逸还认为屈原及其作品从思想到艺术都是完全符合儒家思想和圣人经典的。他说:"《离骚》之文,依《诗》取兴,引类譬喻。故善鸟香草,以配忠贞;恶禽臭物,以比谗佞;灵修美人,以媲于君;宓妃佚女,以譬贤臣;虬龙鸾凤,以托君子;飘风云霓,以为小人。"②在具体评价刘向《九叹》时,王逸认为:"叹者,伤也,息也。言屈

---

① 《两汉思想史》卷一,上海:华东师范大学出版社2001年版,第168页。
② 《楚辞章句补注》,长春:吉林人民出版社1999年版,第3页。

原放在山泽,忧伤念君,叹息不已,所谓暂贤以辅志,聘辞以曜德者也。"我们认为这个解释最为准确。《九叹》之编排,王逸《楚辞章句》与洪兴祖《楚辞补注》编排次序不同。王本按照1.《逢纷》,2.《灵怀》,3.《离世》,4.《怨思》,5.《远逝》,6.《惜贤》,7.《忧苦》,8.《愍命》,9.《思古》为序。洪本按照1.《逢纷》,2.《离世》,3.《怨思》,4.《远逝》,5.《惜贤》,6.《忧苦》,7.《愍命》,8.《思古》,9.《远游》为序。而洪本的《离世》即王本的《灵怀》,洪本的《远逝》即王本的《怨思》,洪本的《远游》即王本的《远逝》。王本和洪本除了篇名略有变动外,内容几乎完全一样,两种排列次序究竟孰是孰非?一般认为王逸去古未远,应从之。

　　《九叹》由九个短篇组成,每一篇的结尾都有一个"叹曰"总结全文,格式显得十分整齐,全篇抒情气氛很浓,而且刘向似乎在尽可能地还原屈原的整个人生际遇和政治诉求,完全以屈原的口吻说话,中间不会像东方朔、王褒那样总能显示作者个人的影子,这是纯粹的"代言体",试就主要篇章论述于下。

　　《逢纷》、《灵怀》再现了屈原的取名、品行和所处时代。《逢纷》首先点出抒情主人公,介绍屈原高贵的出身和可与"日月齐光"的人格精神,忠言直行却遭到群小的迫害,"伊伯庸之末胄兮,谅皇直之屈原。云余肇祖于高阳兮,惟楚怀之婵连"。"原生受命于贞节兮,鸿永路有嘉名。齐名字于天地兮,并光明于列星"。然后辞人笔锋一转,写这么优秀的人物不在庙堂却孤独行吟在湖泽河畔,对比鲜明。最后辞人借"叹曰"说明原因,原来是因为"遭纷逢凶,蹇离尤兮"。但诗人要"发愤抒情"寄托将来,所以"垂文扬采,遗将来兮"。本篇是《九叹》的总起,简要介绍屈原光辉的一生。

　　《灵怀》写在楚怀王时屈原被流放,离开故都,徘徊在外,以及怀抱死志的痛苦。其中曰:"兆出名曰正则兮,卦发字曰灵均。""灵怀其不吾知兮,灵怀其不吾闻。""九年之中不吾反兮,思彭咸之水游。惜师延之浮渚兮,赴汨罗之长流。"

　　自淮南王刘安作《离骚传》后,在汉人眼里,屈原和《离骚》已经合二为一,不分彼此了,所以《惜贤》篇直接写读《离骚》后的感想,赞颂屈原高洁的品质和不同流俗的独立人格。"览屈氏之《离骚》兮,心哀哀而怫郁。声嗷嗷以寂寥兮,顾仆夫之憔悴。拨谄谀而匡邪兮,切泄沓之流俗。荡浸溰之奸咎兮,夷蠢蠢之溷浊。怀芬香而挟蕙兮,佩江蓠之菲菲。握申椒与杜若兮,冠浮云之峨峨。"刘向对屈原精神的肯定是全面继承了淮南王刘安、司马迁对屈原的积极评价的。《汉书·刘安传》云:"淮南王安为人好书,鼓琴,不喜弋猎狗马驰骋……初,安入朝,献所作《内篇》,新出,上爱秘之。使为《离骚传》,旦受诏,日食时上。"《离骚传》部分内容今人一般认为被司马迁采入《史记·屈原列传》中,《史记·屈原列传》云:"屈平之作《离骚》,盖自怨生也。《国风》好色而不淫,《小雅》怨诽而不乱。若《离骚》者,可谓兼之矣。……推此志也,虽与日月争光可也。"

《离世》云:"乘麒麟,舒吾情兮。"《怨思》再言"舒情陈诗,冀以自免"。《忧苦》云:"叹《离骚》以扬意兮,犹未殚于《九章》。"《思古》云:"兴《离骚》之微文兮,冀灵修之壹悟。"这些诗篇普遍写的幽怨曲折,于往返深邃之中展现个人情怀,刘熙载《艺概·赋概》云:"赋起于情事杂沓,诗不能驭,故为赋以铺陈之。斯于千态万状,层见叠出者,吐无不畅,畅无或竭。《楚辞·招魂》云:'结撰至思,兰芳假些,人有所极,同心赋些。'"①这种展现个人"至思"和"赋些"作法其实是古代士大夫经常性的文化行为,其中之一就是"陈诗观志"和"登高能赋"。"登高能赋"是周代以来"君子九能"之一,无论是引诵《诗经》成句或"辞自己作"都为人们所激赏。《离骚》"跪蒲茝以陈辞兮"作法是春秋"陈诗观志"行为的延续。《左传》还有三不朽论,其中云:"太上立德,其次立功,其次立言。""立言"的种类和方法很多,但一定和文字或文化的创造性劳动相关。《论语》孔子云:"君子疾没世而名不称焉",司马迁云:"恨私心有所不尽,鄙陋没世,而文采不表于后世也。"这起码是一种文化上的自觉,后世得以通过诗人所陈之"辞"以观其"志"。

刘向忧国忧君之态是他"陈诗观志"展露情怀最集中的焦点之一。阳朔年间,刘向《上外戚王氏封事》,又与陈汤言:"灾异如此,而外家日盛,其渐必危刘氏。吾幸得同姓末属,累世蒙汉厚恩,身为宗室遗老,历事三主。上以我先帝旧臣,每进见常加优礼,吾而不言,孰当言者?"②南宋严羽在《沧浪诗话·诗评》中提出:"读《骚》之久,方识真味。须歌之抑扬,涕泪满襟,然后为识《离骚》,否则如戛釜撞瓮耳。"这虽然是在讲

---

① 《刘熙载文集》,南京:江苏古籍出版社2001年版,第121页。
② 《汉书·刘向传》。

读《离骚》时的感受,其实用在刘向《九叹》之上也是可以的,这些作品都意蕴深厚,情感炽烈,必须反复阅读与参悟才能得其真谛,这种阅读不是静态的阅读,而是配之以朗诵,动之以感情,到了涕泪满襟的程度才能领会作者的高尚精神与忧国忧民的情怀。

六、扬雄《反离骚》对屈原责难下的人生价值思考

如果以淮南王刘安、司马迁、东方朔、王褒、刘向从正面积极意义上充分肯定屈原正道直行、矢死不渝的人格精神为真理坐标的话,那么扬雄的《反离骚》则显得苍白无力,但《反离骚》从另外一个侧面揭示了汉代社会和士人精神价值。扬雄字子云,蜀郡成都人。西汉后期著名思想家、文学家。陆侃如的《中古文学系年》认为《反离骚》作于阳朔二年,刘跃进认为作于阳朔元年,二者相差无几,①总之是扬雄早期的作品,这时他还没有出四川。四川地理位置优越,文化历史悠久,扬雄的《蜀王本纪》描述了四川远古的神话传说。近年来出土的大量文物,特别是三星堆汉墓为我们展现了一副多彩多姿的先蜀历史画卷。进入汉代以后,蜀郡因为是汉刘邦的发祥地而特别受人重视,四川也出现了一批有重要影响的历史人物。《汉书·地理志》云:"景武间,文翁为蜀守,教民读书法令,未能笃信道德,反以好文刺讥,贵慕权势。及司马相如游宦京师诸侯,以文辞显于世,乡党慕循其迹。后有王褒、严遵、扬雄之徒,文章冠天下。"又《汉书·循吏传》云:"文翁,庐江舒人也。少好学,通《春秋》,以郡县吏察举。景帝末,为蜀郡守,仁爱好教化。见蜀地辟陋有蛮夷风,文翁欲诱进之,乃选郡县小吏开敏有材者张叔等十余人亲自饬厉,遣诣京师,受业博士,或学律令。减省少府用度,买刀布蜀物,赍计吏以遗博士。数岁,蜀生皆成就还归,文翁以为右职,用次察举,官有至郡守刺史者。"《益州记》说:"成都学有周公礼殿。""益州刺史张收,画盘古、三皇、五帝、三代君臣与仲尼七十弟子于壁间。"这是见于记载的最早的孔子画像。所以蜀郡文化的发达与文翁有关,司马相如是汉代杰出的辞赋家,严遵是扬雄的老师,其文章今存《道德指归》、《座右铭》等。《汉书·扬雄传》说:"雄少而好学,不为章句,训诂通而已,博览无

---

① 《秦汉文学编年史》,北京:商务印书馆2006年版,第270页。

所不见。为人简易佚荡，口吃不能剧谈，默而好深湛之思，清静亡为，少耆欲，不汲汲于富贵，不戚戚于贫贱，不修廉隅以徼名当世。""先是时，蜀有司马相如，作赋甚弘丽温雅，雄心壮之，每作赋，常拟之以为式。又怪屈原文过相如，至不容，作《离骚》，自投江而死，悲其文，读之未尝不流涕也。以为君子得时则大行，不得时则龙蛇，遇不遇命也，何必湛身哉。乃作书，往往摭《离骚》文而反之，自岷山投诸江流以吊屈原，名曰《反离骚》。"

《反离骚》首段自序姓氏出身，云："有周氏之蝉嫣兮，或鼻祖于汾隅，灵宗初谍伯侨兮，流于末之扬侯。淑周楚之丰烈兮，超既离虖皇波"。

不难看出，《反离骚》首段的写法是模拟《离骚》首句自序身世的，《离骚》首句云："帝高阳之苗裔兮，朕皇考曰伯庸。摄提贞于孟陬兮，惟庚寅吾以降。"自《离骚》之后，汉代一些文章开头往往如是，如《史记·太史公自序》、韦孟的《在邹诗》、班固的《汉书·叙传》等。接着扬雄说该文是"吊楚之湘累"，即为悼念屈原而作，和汉初贾谊的《吊屈原赋》一个类别。

《反离骚》除了开头赞扬屈原人格精神外，其他通篇都是对屈原埋怨之词，如写屈原美好的品质不幸陷入谗佞群小的恶斗围攻之中，"惟天轨之不辟兮，何纯洁而离纷。纷累以其濊涊兮，暗累以其缤纷"。"骋骅骝以曲囏兮，驴骡连蹇而齐足"。接着埋怨屈原不能以"智慧"全身，如其中说："灵修既信椒、兰之唼佞兮，吾累忽焉而不蚤睹？袭芰茄之绿衣兮，被夫容之朱裳，芳酷烈而莫闻兮，不如襞而幽之离房。闺中容竞淖约兮，相态以丽佳知众嬬之嫉妒兮，何必飏累之蛾眉？懿神龙之渊潜，竢庆云而将举，亡春风之被离兮，孰焉知龙之所处？……舒中情之烦或兮，恐重华之不累与，陵阳侯之素波兮，岂吾累之独见许？"辞中使用"不蚤睹"、"不如"、"何必"、"孰焉"、"恐"、"岂"等字眼，说明屈原种种不可思议的做法不能得到认同。而且，班固以及后代诗人屡屡批评屈原的所谓"露才扬己"，招人厌恶。《法言·问明》曰："或问'活身'。曰：'明哲。'……曰：'君子所贵，亦越用明保慎其身也。'"而屈原恰恰是不能洞明形势以早作判断，趋利避害。

对于屈原的自沉行为，扬雄和其他汉代人物一样决不认同。《反离骚》云：

精琼靡与秋菊兮,将以延夫天年。临汨罗而自陨兮,恐日薄于西山。解扶桑之总辔兮,纵令之遂奔驰,鸾皇腾而不属兮,岂独飞廉与云师。卷薛芷与若蕙兮,临湘渊而投之。棍申椒与菌桂兮,赴江湖而沤之。费椒稰以要神兮,又勤索彼琼茅,违灵氛而不从兮,反湛身于江皋。……夫圣哲之(不)遭兮,固时命之所有。虽增欷以于邑兮,吾恐灵修之不累改。昔仲尼之去鲁兮,斐斐迟迟而周迈,终回复于旧都兮,何必湘渊与涛濑。溷渔父之铺歠兮,絜沐浴之振衣,弃由、聃之所珍兮,蹠彭咸之所遗。

这除了用祭品祭奠屈原表示哀悼同情外,扬雄从理智上仍然认为屈原不能及早判断楚国的政治形势而远害保身,罪在己;当命运遭受重大挫折后选择自沉殉国这条绝路,更和圣哲的期许背道而驰。文中一连用六个表示死亡的句子,如"临汨罗而自陨"、"临湘渊而投之"、"赴江湖而沤之"、"反湛身于江皋"、"何必湘渊与涛濑"、"蹠彭咸之所遗",即说明扬雄对屈原之死无限惋惜,又表明对这种行为极不认同。

《反离骚》一文实际是借屈原行事说明士大夫如何处理"进"与"退"的矛盾,特别是对屈原自杀殉国行为的意义进行充分讨论,这在汉代是有独特思想意义的。

西汉人对屈原的行为可分为两种意见,一种以刘安、司马迁为代表;一种以贾谊、扬雄为代表。司马迁认为人活着,就要有气节,他引述刘安的观点认为:"其志洁,故其称物芳。其行廉,故死而不容。自疏濯淖污泥之中,蝉蜕于浊秽,以浮游尘埃之外,不获世之滋垢,皭然泥而不滓者也。推此志也,虽与日月争光可也。"[1]在《蔺相如列传》后,司马迁评论说:"知死必勇,非死者难也,处死者难!方蔺相如引璧睨柱,及叱秦王左右,势不过诛,然士或怯懦而不敢发。"在《刺客列传》中说:"其义或成或不成,然其立意较然,不欺其志"。对于屈原之死,司马迁基本认为人处在"可死可不死"之间,关键是看其价值,《报任安书》说:"人固有一死,死有重于泰山,或轻于鸿毛,用之所趋异也。"一方面他肯定屈原之死的意义;另一方面认为必要时可以不死。在《史记·伍子胥列传》里评论到:"向令伍子胥从奢俱死,何异蝼蚁!弃小义,雪大耻,名垂于后

---

[1] 《史记·屈原贾生列传》。

世,悲夫。方子胥窘于江上,道乞食,志岂尝须臾忘郢邪？故隐忍就功名,非烈丈夫孰能致此哉？"这里,司马迁提出一个"忍"的概念,"忍"实际是指坚强的意志、顽强的毅力、不妥协的斗争精神等复合型的心理素质,是中国士人从古流传下来的坚韧文化精神的继续传扬。司马迁能忍受宫刑折磨,辱先亏体,"每念斯耻,未尝不汗流浃背也"。他坚持完成《史记》,是创作的巨大动力和义气喷发的精神原创力支持他顽强地活下来。张耳和陈余,两人为秦王朝出了名的巨盗,秦悬赏千金购张耳头,五百金购陈余头,两人变姓埋名于陈,为监门。"里吏尝有过笞陈余,陈余欲起,张耳蹑之,使受笞。吏去,张耳乃引陈余之桑下而数之曰:'始吾与公言何如？今见小辱而欲死一吏乎？'陈余然之。"尽管受辱,但忍而苟活,以成就历史使命。这说明不少汉人在心中都郁结着一股不平之气,他们的生死观和屈原一脉相承,是屈子精神的遗响。

贾谊和扬雄不这样认为,《吊屈原赋》曰:"已矣,国其莫我知兮,独壹郁其谁语？凤缥缥其高逝兮,夫固自引而远去。袭九渊之神龙兮,沕渊潜以自珍。偭蟂獭以隐处兮,夫岂从虾与蛭螾？所贵圣人之神德兮,远浊世而自藏。使麒麟可系羁兮,岂云异夫犬羊。般纷纷其离此尤兮,亦夫子之故也。历九州而相其君兮,何必怀此都也？"显然在这里,贾谊提出了两点理由说明不能自沉,一是"所贵圣人之神德兮,远浊世而自藏";一是"历九州而相君兮,何必怀此都也"。前者就是儒家所谓的"用之则行,舍之则藏"①,"道不行,乘桴浮于海"②思想的延续;后者就是战国以来兴起的"楚才晋用"的纵横游士思想。这两种思想积淀成两种文化形态,在战国后期以来的士人心理中急遽地发酵成长着。但是,秦汉大一统封建王朝的建立,使昔日诸侯"座上宾"的游士变成了国家政权下的"子民"。秦始皇追求一种"车同轨"、"书同文"的秩序生活,对"处士横议"的局面十分反感。刘邦把天下看作自家的私产,他说:"吾乃今日知为皇帝之贵也。"③尽管西汉王朝采用"郡县制"和"分封制",刘氏子孙建立的小诸侯国林立,游士们若枚乘、邹阳、羊盛、公孙诡之属得以一定程度上在诸侯国内游走,但从枚乘的《上吴王书》和《重上吴王书》,

---

① 《论语·述而》。
② 《论语·公冶长》。
③ 《史记·叔孙通列传》。

邹阳的《狱中上梁王书》来看，游士们是心向朝廷的，他们绝对不敢附和诸侯王和朝廷闹对立。因此，战国游士生存的社会环境已不复存在，游士思想和游士文化面临窘境，贾谊要求屈原"何必怀此都也"只是他自己的一相情愿而已。

扬雄所处的政治环境、文化环境和汉初大大不同，这时大一统帝国强势政权和政治观念已经深入人心，汉初分封而治的情形和诸侯文化不复存在，这也就成为扬雄除赞扬屈原人格精神外极力否定屈原的背景因素。西汉自武帝"罢黜百家，独尊儒术"以来至此已百余年，儒家思想早已经学化，成为指导国家政治行为的理论准则，经学思想又在社会文化和政治生活中广泛传播，必然对人的心理发生深刻的影响。而经学思想不鼓励积极刚健乃至奋发有为的人生，如《论语·里仁》："朝闻道，夕死可矣。""志士仁人，无求生以害人，有杀身以成仁"[①]。而这些思想与屈原勇于自沉的文化意识是相通的。经学思想弘扬在大一统专制政治下穆穆和顺的君子人格，其基本意义是"潜龙勿用"、"行止舍藏"的思想，另外就是提倡"忠""孝""廉""勇"等，就如《韩诗外传》卷一所提倡的："王子比干杀身以成其忠，柳下惠杀身以成其信，伯夷、叔齐杀身以成其廉。此三子者，皆天下之通士也，岂不爱身哉？为夫义之不立，名之不显，则士耻之，故杀身以遂其行。"但是西汉后期经学思想影响下的"杀身"和屈原"自沉"意义迥异，原因就在于经学思想影响下的"杀身"基本是腐朽的封建伦理行为。而扬雄不热衷于"忠""孝""廉""勇"等封建信条，因而对"杀身"行为基本也是否定的，他的《反离骚》责难屈原在情理之中。如果说司马迁是"拒绝"屈原式的死亡，而宁愿以"忍"的精神顽强对抗黑暗现实人生的话，那么扬雄则是司马迁这种"新"思想的积极实践者；如果说贾谊的"用之则行，舍之则藏"思想比较消极的话，那么扬雄同样是这种消极思想的"从容"实践者，由这两方面可知扬雄对死亡的理解，即：以从容的态度成就积极的人生。所谓从容的态度，就是指远祸避害、和光同尘、无可无不可的态度；所谓积极的人生，是指扬雄要在平淡的日常生活中实现人生价值，不求震世的名誉，不求赫赫的功业，而宁愿从容地把名誉和功业消解在日常生活中。

---

① 《论语·卫灵公》。

第二节　刘向、刘歆父子的辞赋创作

按照班固的描述，刘向是西汉的辞赋大家。《两都赋序》云："赋者，古诗之流也。……故言语侍从之臣，若司马相如、虞丘寿王、东方朔、枚皋、王褒、刘向之属，朝夕论思，日月献纳。"《汉书·王褒传》云："宣帝时修武帝故事，讲论六艺群书，博尽奇异之好，征能为《楚辞》九江被公，召见诵读，益召高材刘向、张子侨、华龙、柳褒等待诏金马门。"《汉书·刘向传》云："宣帝循武帝故事，招选名儒俊材置左右。更生以通达能属文辞，与王褒、张子侨等并进对，献赋颂凡数十篇。"所以我们认为刘向是勇于创作辞赋的。

不过，刘向勇于创作辞赋是在他青年时期，根据《汉书·刘向传》记载：当时汉宣帝迷信"神仙方术之事"，刘向的父亲刘德在武帝时以宗正身份治淮南王刘安狱得到一本名为《枕中鸿宝苑秘书》。"书言神仙使鬼物为金之术，及邹衍重道延命方"，刘向少时天真活泼，求知欲极强，于是他对此书尽力阅读揣摩，然后献给宣帝，认为照书中所述可以炼制黄金。可是事与愿违，黄金并未炼成，刘向以欺君之罪差点丢了性命。这正是刘向的青年时期，他和张子侨、华龙等人并进，而且以辞赋名世。可是刘向的作品现在几乎损佚殆尽，除了上节我们所了解的《九叹》外，还有费振刚辑《全汉赋》仅有数条：

1.《请雨华山赋》。

2.《雅琴赋》。本篇仅存残句："观听之所至，乃知其美也"。"潜坐蓬庐之中，严石之下"。"游子心以广观，且德业之惛惛"。"末世索才兮知孔寡"。"穷音之至人于神"。"弹少宫之际天，授中徵以及泉"。"葳蕤心而息诉兮，伏雅操之循则"。

3.《围棋赋》。"略观围棋。法于用兵。怯者无功，贪者先亡"。

后二篇辞赋可能作于汉宣帝神爵、五凤年间，因为根据《汉书·王褒传》云："神爵、五凤之间，天下殷富，数有嘉应。上颇作歌诗，欲兴协律之事，丞相魏相奏言知音善鼓雅琴者渤海赵定、梁国龚德，皆召见待诏。""上令褒与张子侨等并待诏，数从褒等放猎，所幸宫馆，辄为歌颂，第其高下,以差赐帛。议者多以为淫靡不急,上曰:'不有博弈者乎,为之犹贤乎已。'辞赋大者与古诗同义,小者辩丽可喜。辟如女工有绮縠,音乐有郑卫,今世俗犹皆以此虞说耳目,辞赋比之,尚有仁义风谕,鸟兽草木多闻之观,贤于倡优博弈远矣。"

4.《芳松枕赋》。(《白帖》十四、《御览》七百七)

5.《合赋》。(《御览》七百一十七)

6.《麒麟角杖赋》。(《北堂书钞》一百三十三、《御览》七百十、《事类赋》注一十四)

7.《行过江上弋雁赋》、《行弋赋》、《弋雌得雄赋》。(《御览》八百三十二)

值得注意的是,虽然刘向的《行过江上弋雁赋》、《行弋赋》、《弋雌得雄赋》三篇作品的内容不可得知,但写作背景可以推知,它们可能是刘向随从皇帝田猎奉命而作,抑或是自己如西晋诗人潘安仁那样有感而作。我们认为属于后者的可能性较大,因为一是西汉还没有因为皇帝行猎射得燕雀而命人作赋的;二是根据潘安仁的《射雉赋》,《文选》李善注曰:"射雉赋序云:余徙家于琅邪,其俗实善射,聊以讲肄之余暇,而媒医之事,遂乐二赋之也。"可见是自得之作。所以刘向的这些作品可能是自己一时性灵所发写成,属于娱己作品。就《射雉赋》性质来说,属于《文选》的"田猎类",和"鸟兽类"绝不相同。就《文选》选文次序来看,它以时间先后为经,潘安仁的《射雉赋》上接扬雄《长杨赋》,下开纪行赋类班彪的《北征赋》,这个次序是否暗合刘向、刘歆辞赋的写作顺序呢?因为,刘向有《行过江上弋雁赋》、《行弋赋》、《弋雌得雄赋》,刘歆有《遂初赋》,只是刘氏父子的作品未能入《文选》而已。

所以我们认为刘向早年热衷于辞赋,后来刘向几乎不再进行辞赋创作,而转向以政治建设为己任,这和扬雄转向学术大为不同,刘向志趣的转移可能和张子侨、华龙、柳褒等人猥琐不堪的人品有关,《汉书·艺文志》"张子侨赋三篇","汉中都尉丞华龙赋二篇"。《汉书·萧望之传》记载:弘恭、石显将萧望之下狱,然后挟持郑朋和待诏华龙进行诬陷,"龙者,宣帝时与张子侨等待诏,以行污秽不进,欲入堪等,堪等不纳,故与朋相结"。刘向也许是看到张子侨、华龙等辈猥琐的人品,羞与其人为伍,故而放弃了辞赋。

刘歆今存的作品主要有《甘泉赋》和《遂初赋》。《甘泉赋》文字简略,留到扬雄《甘泉赋》时再议,这里单论《遂初赋》。

关于《遂初赋》的作年,陆侃如认为作于哀帝建平元年(前6年)①。这一年刘歆做事甚多,主要有"改名为秀,上《山海经》,请建立《左氏春秋》、《毛诗》、《逸礼》、《古文尚书》。又作《移太常博士书》"。刘歆由于要求建立古文学官,得罪众儒,被迫出守河内,徙五原。陆侃如根据《遂初赋》"守五原之烽燧"和《上山海经表》中云"侍中奉车都尉光禄大夫臣秀领校秘书"认为:"从官衔上知道不能作于本年以后,从改名秀上知道也不能作于本年以前。"我们认为陆说甚有根据,故从。

众所周知,《遂初赋》是纪行赋。所谓纪行赋,就是以描摹作者所经之地的山水、历史人物为主抒发自己的感慨。纪行赋的形成有着较为久远的渊源。在《离骚》中诗人上下求索,"朝发轫于苍梧兮,夕余至乎县圃。欲少留此灵琐兮,日忽忽其将暮。吾令羲和弭节兮,望崦嵫而勿迫。路曼曼其修远兮,吾将上下而求索。饮余马于咸池兮,总余辔乎扶桑。折若木以拂日兮,聊逍遥以相羊"。"朝发轫于天津兮,夕余至乎西极。凤皇翼其承旂兮,高翱翔之翼翼。忽吾行此流沙兮,遵赤水而容与。麾蛟龙使梁津兮,诏西皇使涉予。路修远以多艰兮,腾众车使径待。路不周以左转兮,指西海以为期"。等等,《离骚》已经有了纪行的特点,只是屈原依靠神话资料或久远历史结撰篇章,和现实隔了许多。《九章》中的作品多纪实之辞,如《涉江》一诗写他放逐生活中最凄苦的一段经历,云:"步余马兮山皋,邸余车兮方林。乘舲船余上沅兮,齐吴榜以击汰。船容与而不进兮,淹回水而疑滞。朝发枉渚兮,夕宿辰阳。苟余心其端直兮,虽僻远之何伤。入溆浦余儃佪兮,迷不知吾所如。"《哀郢》云:"皇天之不纯命兮,何百姓之震愆?民离散而相失兮,方仲春而东迁。去故乡而就远兮,遵江夏以流亡。出国门而轸怀兮,甲之朝吾以行。"在这些篇章中,诗人行旅路线清晰可辨,它一边纪行,一边抒情,对后世纪行赋的发展起着重要的作用。庄子的《逍遥游》更像是一次心灵之游,抒情方式由现实主义向浪漫主义风格转变,作者借以表现"无所待"超脱时空的心灵游动,这种神游式的作品为后世纪行赋敞开思路尽情抒怀提供了借鉴。

刘歆作《遂初赋》的缘起是由于他为争立《春秋左氏传》而移书责让

---

① 陆侃如:《中古文学系年》,北京:人民文学出版社1985年版,第19页。

太常博士,因责言太切而忤罪权臣,招致众怨,竟被排挤出京师。他为避祸而求出补吏,原为河内太守,后因"宗室不宜典三河,徙守五原,后复转在涿郡,历三郡守"①。在赴任途中刘歆不由"感今思古,遂作斯赋,以叹征事而寄己意"(《遂初赋》序)。在构思上,《遂初赋》分为前后两个部分。前半部分是用一路行程连缀起一系列的所思、所感,展开议论。秦汉五原属九原郡,属三晋之地,三晋之地是古代人文荟萃之地,春秋以来,这里发生了许多足以影响历史进程的重大历史事件,刘歆博览群书,对这些人和事了然于胸,他以这些历史典故抒发自己心中的不平,如:

> 剧强秦之暴虐兮,吊赵括于长平。好周文之嘉德兮,躬尊贤而下士。鹜驷马而观风兮,庆辛甲于长子。哀衰周之失权兮,数辱而莫扶。执孙蒯于屯留兮,救王师于途吾。过下虒而叹息兮,悲平公之作台。背宗周而不恤兮,苟偷乐而惰怠。枝叶落而不省兮,公族阒其无人。曰不爨而俞甚兮,政委弃于家门。载约屦而正朝服兮,降皮弁以为履。宝砾石于庙堂兮,面隋和而不视。始建衰而造乱兮,公室由此遂卑。怜后君之寄寓兮,唁靖公于铜鞮。越侯田而长驱兮,释叔向之飞患。悦善人之有救兮,劳祁奚于太原。何叔子之好直兮,为群邪之所恶。赖祁子之一言兮,几不免乎徂落。

这里作者采用由近及远的倒叙手法从秦赵长平之战写起,主要回忆春秋晋平公时期三晋大地发生翻天覆地的重大历史事件,作者怜惜公族,慨叹"公室由此遂卑",依稀寄托少许微言;作者赞颂"叔向"、"祁奚"的排难救危之功,期望汉王朝政治能够安定,这之中必须有贤人才士鼎力佐助;同时对朝廷是非不分、贤愚莫辨的混乱形态进行了批判。

作品后半部分主要借景抒怀,在写作手法上最值得称道的是其中的景物描写,其云:

> 野萧条以寥廓兮,陵谷错以盘纡。飘寂寥以荒忽兮,沙埃起之杳冥。回风育其飘忽兮,回飑飑之泠泠。薄涸冻之凝滞兮,沸溪谷

---

① 《汉书·刘歆传》。

之清凉。漂积雪之皑皑兮,涉凝露之降霜。扬臺霞之复陆兮,慨原泉之凌阴。激流渐之潺氿兮,窥九渊之潜淋。飒栖怆以惨怛兮,戚风潦以冽寒。兽望浪以穴窜兮,鸟胁翼之浚浚。山萧瑟以鸥鸣兮,树木坏而哇吟。地坼裂而愤忽急兮,石捌破之岩岩。天烈烈以厉高兮,廖肆窗以枭牢。雁邕邕以迟迟兮,野鹳鸣而嘈嘈。望亭隧之皦皦兮,飞旗帜之翩翩。回百里而无家兮,路修远而绵绵。

这里以秋季的旷野、沙石、冷风、霜雪、枯木、冻土、寒鸦、驿亭、飞帜等意象勾勒出一幅萧瑟凄清、寂寥苍凉的自然图景,而它们与赋家当时羁旅行程中的落寞心情互相符契。以此心观此景,四周的景物也就格外荒凉凄楚。赋家回首远望,群山遍野,萧条寂寥。秋景、秋容、秋声,无不让人愁肠郁结、沉痛落寞。这里既有顾影自怜之下低吟出的背井离乡的飘零之苦和志意难申的感遇之叹,又有放眼天下之时涌上心头的那种悲悯苍生的哀痛,以及无力作为于乱世、无人可以倾诉的惶惑。我们也仿佛随着赋家立定于那片空旷的荒野之中,体味弥漫于四周的萧萧悲凉。《遂初赋》语句上更加平易朴素、自然流畅,意境上也更显疏阔悲凉、苍茫沉郁。《文心雕龙·事类》云:"刘歆《遂初赋》,历叙于纪传,渐渐综采矣。"

如果说苑猎京都大赋中的景物描写因过度的想象夸张而令人产生一种不合实际的隔离之感,读者始终于景外观物,无法会然于心,那么《遂初赋》则是以写景来烘托气氛、点染心情,这不禁让人想到宋玉的《九辩》。应该说《遂初赋》这种融情于景、借景抒情的写作手法有明显借鉴《九辩》的地方,特别是《九辩》开始的一段:"悲哉,秋之为气也!萧瑟兮草木摇落而变衰。憭栗兮若在远行,登山临水兮送将归。泬寥兮天高而气清,寂寥兮收潦而水清。憯凄增欷兮薄寒之中人。怆怳懭悢兮去故而就新,坎廪兮贫士失职而志不平。廓落兮羁旅而无友生,惆怅兮而私自怜。燕翩翩其辞归兮,蝉寂寞而无声。雁廱廱而南游兮,鹍鸡啁哳而悲鸣。独申旦而不寐兮,哀蟋蟀之宵征。时亹亹而过中兮,蹇淹流而无成。"在《九辩》中,抒情主人公也是因为遭受党人群小排挤,被迫离开朝廷,孤苦伶仃地行走在去国离乡的羁旅途中。而那时正值草木摇落、满目悲凉的深秋,诗人则已是垂暮老矣。在一声声沉重的叹息中,我们仿佛看到独立于凄清苍凉之秋色中形容憔悴的诗人形象。虽然

《九辩》属于"楚辞"体的抒情诗,《遂初赋》是赋体,但在抒发个人情感方面我们可以看到,时代、文体以及个人经历之间并无界限,这些灌注性情的文字总是能历千载而让人产生共鸣。在这之后,班彪《北征赋》在以行程来统领全篇、情景交融的写作手法上对《遂初赋》亦有全面的继承。这种描写洋溢着作者的真实感情,又是纪实的笔法,不同于《上林赋》等那种夸张的罗列,它直接启发了后代抒情小赋对自然景色的描写。

两汉之际正是易代之时,西汉的王朝溃败、没落、风雨飘摇,王莽的篡权造势运动已近登峰造极,士人无论是精神的皈依还是情感的寄托都身陷四顾茫然的境地。所以在这一时期,《遂初赋》这类抒情言志赋在表现手法上加入了新的元素,即以个人的行程游踪来贯穿全篇,并借咏史怀古来抒情言志,在打通现实与历史的时空距离之后,常令读者产生一种悠久而苍茫的回味之感。虽然这些手法并非肇始于此,但它们在汉赋发展史上却是最有特色的一批抒情言志之作,

那么,当面对时政的衰敝败落和生命的颠踬挫折,士人们既要用时命不当之思来消解个人沉郁下僚的感伤,又要以沧海一粟之力来坚守修德尽忠的信念,还要用遥想倾慕之态来追随先贤从容履道的风姿。所以在到达五原之后,刘歆《遂初赋》表示要"勒障塞而固守兮,奋武灵之精诚。摅赵奢之策虑兮,威谋完乎金城。外折冲以无虞兮,内抚民以永宁"。励精图治,固守边防,安抚百姓,这颇具有儒家积极入世的意气风采。这就使赋的题材有所扩大,写作态度也和过去不同。

《遂初赋》又云:

> 既邕容以自得兮,唯惕惧于笙寒。攸潜温之玄室兮,涤浊秽于太清。反情素于寂漠兮,居华林之冥冥。玩琴书以条畅兮,考性命之变态。运四时而览阴阳兮,总万物之珍怪。虽穷天地之极变兮,曾何足乎留意。长恬淡以欢娱兮,固贤圣之所喜。
>
> 乱曰:处幽潜德,含圣神兮。抱奇内光,自得真兮。宠幸浮寄,奇无常兮。寄之去留,亦何伤兮。大人之度,品物齐兮。舍位之过,忽若遗兮。求位得位,固其常兮。守信保己,比老彭兮。

作者不以物喜,不以己悲,动静不失,去留无伤,得失若轻,作者试

图以老庄思想来慰藉心灵,寻求解脱。这明显又有了汉初贾谊的影子,但总体而言,刘歆毕竟是饱读诗书、具有深厚修养的士大夫,虽然身遭困顿,心思也曾一度有所游移、不知所措,但最终还是会回归儒家正途,表现出要与王朝休戚与共的心愿。

总之,刘歆的《遂初赋》以纪行为线索,兼有抒情述怀、写景叙事,篇幅不太长,和那些铺张扬厉的京都大赋明显不同。纪行赋是汉赋发展过程中开辟出的一个新的领域,是赋家在抒情言志上别寻新途的一种大胆尝试,是后代游记文学的先声。

第三节 扬雄的辞赋创作

扬雄的文学创作诸体兼备,它的辞赋可分为四个系列:第一个系列是骚赋系列,作品包括《反离骚》、《广骚》、《畔牢愁》、《天问解》等,这些作品的形式是借屈原立言,但内容往往"遮《离骚》内容而反之",扬雄的《反离骚》我们已在前一节中论述过;第二个系列是大赋系列,包括《甘泉赋》、《河东赋》、《长杨赋》、《羽猎赋》、《蜀都赋》等,这些作品是西汉辞赋中的佳作,历来受到研究者的重视;第三个系列是"设论体"系列,代表作是《解难》、《解嘲》等,这些作品的现实批判性更强,是作者对自己文学生涯乃至社会人生反思后的结果,反映出作者前期的冲动热情减退,客观而冷静的事理分析占了上风;第四个系列是杂赋系列,包括《太玄赋》、《酒赋》、《逐贫赋》等。

一、西汉元成之世围绕甘泉祭祀问题的争论

甘泉宫本秦离宫,原本不是秦王朝祭祀神灵的中心。秦世不文,秦朝散漫的祭祀主要有雍五畤和秦陈宝畤,但祭祀时间不固定。汉朝建立以来,刘邦只是在原来四帝的基础上增加了一帝,贾谊要求进行祭祀改革但遭到众臣的一致反对未能如愿,主要是汉初推行黄老政治,黄老之学的祭祀迷信思想十分淡薄,而统治者对神灵祭祀问题很不重视。汉武伊始,黄老思想被罢黜,儒家思想逐渐占据优势地位,儒家倡导礼

制,祭祀是礼制建设的中心环节。武帝时增加了太一祭祀,"太一佐五帝",五帝神被置于太一之下,祭祀太一的地点就设在甘泉。

秦朝也有甘泉宫,位置在渭南,不是祭祀场所。汉之甘泉宫在今陕西云阳县磨石岭上,磨石岭地势高畅,此山高出它山,南距长安三百里,而能望见长安城。汉武帝元封二年开始在磨石岭侧做宫室,当时磨石岭上有一宫室名"林光宫",武帝紧挨"林光宫"而复起甘泉,所以孟康注《郊祀志》曰"甘泉,一名林光",颜师古曰:"汉于秦林光旁起甘泉宫。"《汉书·扬雄传》记载:"甘泉本因秦离宫,既奢泰。"而武帝复增通天台、高光台、迎风台。"宫外近则洪厓、旁皇、储胥、弩陆,远则石关、封峦、枝鹊、露寒、棠棃、师得"。《雍录》卷二云:"自武帝后山上宫殿台观略与建章相比,而百官皆有邸舍,故帝以五月避暑,八月乃归。"甘泉宫内"屈奇瑰玮,非木摩而不雕,墙涂而不画"①。比如,紫坛:"甘泉泰畤紫坛,八觚宣通象八方。五帝坛周环其下,又有群神之坛。以《尚书》禋六宗、望山川、遍群神之义,紫坛有文章采镂黼黻之饰及玉、女乐,石坛、仙人祠,瘗鸾路、骍驹、寓龙马,不能得其象于古。"②武帝建造此宫并非全以游观避暑为目的,而是期望把它做成祭祀天地的场所,毕竟千里迢迢到山东泰山封禅不是件容易的事,因此就近于甘泉做一个祭祀场所是可能的,所以他采信方士之言,以求自通于仙,在泰畤内,有仙掌露盘和太一画像等。

《汉书·礼乐志》云:"至武帝定郊祀之礼,祠太一于甘泉,就乾位也;祭后土于汾阳,泽中方丘也。乃立乐府,采诗夜诵,有赵代秦楚之讴。以李延年为协律都尉,多举司马相如等数十人造为诗赋,略论律吕,以合八音之调,作十九章之歌。"乐府采诗和赋家献赋是服务于汉郊祀目的需要。在武帝朝变革宗教礼仪制度的系列举措中,最重要的是以"太一"和"后土"为代表郊祀天地之礼的建设。

但是,因为汉朝的甘泉宫规模庞大、人员众多、建筑奢华、耗费甚众,在西汉后期招致儒生的激烈批评。《汉书·郊祀志》记载:元帝好儒,贡禹、韦玄成、匡衡等相继为公卿。贡禹认为汉家宗庙祭祀多不应古礼,建议罢黜。贡禹死后,韦玄成为丞相,"议罢郡国庙,自太上皇、孝

---

① 《汉书·扬雄传》。
② 《汉书·郊祀志》。

惠帝诸园寝庙皆罢"。后来元帝寝疾严重，夜间梦见神灵谴罢诸庙祠，"上遂复焉"。元帝时仅仅是对太上皇庙，原庙，武哀王、卫思后的庙祠进行一些改革，还没有变动国家的祭祀圣地甘泉。成帝即位伊始，改革甘泉祭祀问题提上日程，建始元年（前32年），匡衡等奏言"徙甘泉泰畤、河东后土于长安南北郊"。"二年，又罢雍五畤、郡国诸旧祀，凡六所"①。建始二年，匡衡再奏言要把全国包括京城和郡国宗庙共206所进行改革，但儒生对汉家宗庙制度的改革并不是一帆风顺的，改革郊祭祀地点和罢黜"不合礼"的小型祭祀场所遭到一些人的反对，反对激烈者就是刘向。匡衡于建始三年被免丞相到永始三年（前14年）的十八年中，朝廷对如何郊祭祀改革并无举措，祭祀场合时罢时复。汉成帝尽管妃嫔众多，且一直喜欢在民间冶游，但就是未能生子，这让君臣上下忧心忡忡，甚至连皇太后也疑惑莫非是动了祭祀场所，诬蔑神灵遭到报应？于是在永始三年十月，皇太后下诏说"盖闻王者承事天地，交接泰一，尊莫著于祭祀。孝武皇帝大圣通明，始建上下之祀，营泰畤于甘泉，定后土于汾阴，而神祇安之，飨国长久，子孙蕃滋，累世遵业，福流于今。今皇帝宽仁孝顺，奉循圣绪，靡有大愆，而久无继嗣。思其咎职，殆在徙南北郊，违先帝之制"②，于是全部恢复甘泉后土祭祀。

从西汉王朝甘泉祭祀的次数来说，"武帝尤敬鬼神之祀"，几乎达到了《汉书·郊祀志》中"甘泉太一，汾阴后土，三年亲郊祀"的规定。但后世没有严格遵从以上规定，以汉元帝为例，他分别在初元二年、初元四年、永光元年、永光四年、建昭二年五次到甘泉祭祀。元帝在位十六年，平均三年一祭祀，另外他还在初元五年、永光四年两次"行雍，祠五"，说明元帝对神灵祭祀十分重视。相比较而言，汉成帝对待甘泉祭祀开始很冷淡，从建始元年（前32年）到永始四年（前15年）共十八年间，没有进行一次祭祀。也许是对神灵冷落太久，造成国家灾异不断，更主要的是皇家继嗣没有着落，于是在皇太后的压力下，汉成帝在永始四年、元延二年、元延四年和他死之前的三个月即绥和二年春都举行了祭祀甘泉的盛事。

永始四年正月，"行幸甘泉，郊泰畤，神光降集紫殿。大赦天下。赐

---

① 《汉书·五行志》。

② 《汉书·郊祀志》。

云阳吏民爵,女子百户牛酒,鳏寡孤独高年帛。三月,行幸河东,祠后土,赐吏民如云阳,行所过无出田租"①。这时,刘歆上《甘泉赋》,曰:"轶陵阴之地室,过阳谷之求城,回天门而风举,蹑黄帝之明庭。冠高山而为居,乘昆仑而为宫。按轩辕之旧处,居北辰之闳中,背共工之幽都,向炎帝之祝融,封峦为之东序。"之前的王褒曾作《甘泉宫颂》描绘甘泉山的形势,曰:"甘泉山,天下显敞之名处也。前接大荆,后临北极,左抚仁乡,右望素域。其为宫室也,仍巉辟而为观,攘抗岸以为阶。驰道列以曲远,雍波澜而鳞坻,览除阁之丽美,觉堂殿之巍巍……"《文选》卷四五录汉武帝《秋风辞》并序云:"上行幸河东,祠后土……上欢甚,乃自作《秋风辞》,辞曰:'秋风起兮白云飞,草木黄落兮雁南归。兰有秀兮菊有芳,怀佳人兮不能忘。泛楼船兮济汾河,横中流兮扬素波。箫鼓鸣兮发棹歌,欢乐极兮哀情多。少壮几时兮奈老何。'"不难看出,由皇帝行幸的甘泉后土而产生的系列作品中,尽管作品很有特色,但文辞不够典雅,和皇家祭祀用语很不协调。

客观而言,刘歆等人的"甘泉"、"后土"文辞或叙山势,或抒哀愁,难以满足皇帝祭祀大典的要求,刘歆等人之作自然不能使人满意,这也许就是后来有"客荐雄文似相如者"的原因。这时扬雄已经来到京师,扬雄来京的时间,学者意见不一,但大抵相差不远,一般定为元延元年前后。推荐者或曰王音,或曰王根,或曰杨庄,或曰王商和杨庄共同推荐,于是扬雄随皇帝辇驾征甘泉、河东、长杨射熊馆等地,献其代表作也是汉代辞赋的皇皇大作《甘泉赋》、《河东赋》、《羽猎赋》、《长杨赋》四大赋,四大赋的写成时间分别在元延二年正月、三月、十二月和次年秋。②

二、《甘泉赋》和《河东赋》

《甘泉赋》和《河东赋》是对汉郊祀天地之礼的热情赞歌,它不是像礼书那样繁文缛节的仪式记载,而是形象而准确地勾画某些祭祀场景和片段。当然天与地是地位最高的自然神,在古人看来,天覆地载养育了人类,因此对它格外敬畏,《礼记·郊特性》云:"地载万物,天垂象,取

---

① 《汉书·成帝纪》。

② 陆侃如:《中古文学系年》,北京:人民文学出版社1985年版,第10~15页。

财于地,取法于天,是以尊天而亲地也。"汉代人祭祀天地的时间很长,《续汉书·礼仪志上》说:"凡斋,天地七日。"宗庙、山川只有五日,但《太平御览》卷三十八引《汉旧仪》记录斋戒时间达百日之久。西汉祭祀的时间顺序和隆重程度也相应体现出来:"元年祭天,二年祭地,三年祭五畤。三岁一遍,皇帝自行也。"①"三岁一祭天于云阳宫甘泉坛,以冬至日祭天,天神下。三岁一祭地于河东汾阴后土宫,以夏至日祭地,地神出。"②不过汉代的皇家祭祀从没有严格按照上述原则进行。

扬雄赋虽说是模拟相如赋而来,其实主题宗旨并不相同。《文选》选赋把扬氏《甘泉赋》入"郊祀类"就说明了这一点。相如《子虚赋》、《上林赋》要扬天子、制诸侯,维护天子权威和国家大一统政治局面,而在扬雄时代,大一统政治理念已经深入人心,国家祭祀即天子祭祀天地的宗教盛典成为儒生议论的中心话题。《白虎通》首叙天子爵、号、谥的含义和功能,宣称"天子乃天之子",天子代表天统治人民,礼天即是对皇权的充分肯定,也是对上天意志的尊崇,其中举行的仪式包含有浓重的宗教色彩,《甘泉赋》和《河东赋》正是对天子祭祀天地大典的形象描绘,是儒家对天地神灵的礼赞。二赋文辞典雅,尊奉鬼神和理论人事交织,奠定了后世皇家祭文的基础。汉代以孝治天下,西汉后期尤其重视礼制建设,郊祀甘泉太一和汾阴后土是皇朝国之大典,皇帝亲征,祭祀之前有皇帝诏书,祭祀之后有辞家命辞,如汉宣帝元康五年,"正月,上始幸甘泉,郊见泰畤,数有美祥。修武帝故事,盛车服,敬齐祠之礼,颇作诗歌"③。这些都成为《甘泉赋》、《河东赋》产生的文化、政治背景。

《甘泉赋》开篇交代郊祭的原因和时间,云:"惟汉十世,将郊上玄,定泰畤,雍神休,尊明号,同符三皇,录功五帝,恤胤锡羡,拓迹开统。"接着铺叙天子率群臣出行的壮观景象,作者采用浪漫的手法描写了旗幡招展,车队迅雷疾风般穿越高原和群峰的雄阔场面,如"乃命群僚,历吉日,协灵辰,星陈而天行","诏招摇与泰阴兮,伏钩陈使当兵。属堪舆以壁垒兮,捎夔魖而抶獝狂。八神奔而警跸兮,振殷辚而军装。蚩尤之伦带干将而秉玉戚兮,飞蒙茸而走陆梁。齐总总以撙撙,其相胶葛兮,猋

---

① 《史记·封禅书》《索隐》引《汉旧仪》。
② 《太平御览》卷三十八引《汉旧仪》。
③ 《汉书·郊祀志》。

骇云迅,奋以方攘"。

天子出行车队和人员按照儒家礼制要求竞相奢侈豪华,如《续汉志》记天子祭时乘舆"公卿奉引,太仆御,大将军参乘。属车八十一乘,备前乘万骑。西都行祠天郊,甘泉备之"。而扬雄则云:"骈罗列布,鳞以杂沓兮,柴虒参差,鱼颔而鸟胪。翕赫曶霍,雾集而蒙合兮,半散昭烂,粲以成章。"接着把镜头对准皇帝乘舆,其中写到:"于是乘舆乃登夫凤皇兮而翳华芝,驷苍螭兮六素虬,蠖略蕤绥,漓呼幓纚。帅尔阴闭,霅然阳开,腾清霄而轶浮景兮,夫何旟旐郅偈之旖旎也!流星旄以电爥兮,咸翠盖而鸾旗。敦万骑于中营兮,方玉车之千乘。声驲隐以陆离兮,轻先疾雷而驰遗风。凌高衍之嶢崅兮,超纡谲之清澄。登椽栾而羾天门兮,驰闾阖而入凌兢。"这是赋对天子行跸的形象化描绘。比较起来,扬雄以文学家形象化笔调对"天子礼"的描述比相关"礼书"要生动得多。

接下来写途中遥望所见。通天台高耸入云,平原广阔无垠,草木丛生其间,四周连绵起伏:"是时未臻夫甘泉也,迺望通天之绎绎。""下阴潜以惨廪兮,上洪纷而相错。直嶢嶢以造天兮,厥高庆而不可乎弥度。平原唐其坛曼兮,列新雉于林薄。攒并闾与茇葀兮,纷被丽其亡鄂。崇丘陵之駊騀兮,深沟嶔巖而为谷。往往离宫般以相爥兮,封峦石关施靡乎延属。"

下面是全文的重点,作者先借助视觉印象和心理感受极力渲染甘泉宫的气势,细线条地具体描绘翠玉树、璧马犀、金人,最后两句感叹甘泉宫简直可与天帝居处相媲美:

> 于是大厦云谲波诡,摧嶉而成观。仰挢首以高视兮,目冥眴而亡见。正浏滥以弘惝兮,指东西之漫漫。徒徊徊以徨徨兮,魂眇眇而昏乱。据轸轩而周流兮,忽坱圠而亡垠。翠玉树之青葱兮,璧马犀之瞵瞵。金人仡仡其承钟虡兮,嵌岩岩其龙鳞。扬光曜之燎爥兮,垂景炎之炘炘。配帝居之县圃兮,象泰一之威神。洪台崛其独出兮,致北极之嶟嶟。列宿迺施于上荣兮,日月才经于柍桭。雷郁律于岩窔兮,电倏忽于墙藩。鬼魅不能自逮兮,半长途而下。历倒景而绝飞梁兮,浮蠛蠓而撇天。

外部形势写了之后再铺叙甘泉正殿,扬雄依次描写了高台、高光宫及西厢、前殿之后,以历史上的"琁室"与"倾宫"相比,点明微谏之意:"左欃枪而右玄冥兮,前熛阙而后应门。荫西海与幽都兮,涌醴汨以生川。蛟龙连蜷于东厓兮,白虎敦圉乎昆仑。览樛流于高光兮,溶方皇于西清。前殿崔巍兮,和氏玲珑。炕浮柱之飞榱兮,神莫莫而扶倾。闶阆阆其寥廓兮,似紫宫之峥嵘。……乘云阁而上下兮。纷蒙笼以棍成。曳红采之流离兮,飏翠气之宛延。袭琁室与倾宫兮,若登高眇远,亡国肃乎临渊。"

下文以通感手法描写宫中的草木、声响、香气,最后以能工巧匠和神仙的心理感受来烘托宫室的奇玮。"回焱肆其砀骇兮,瓶桂椒而郁柼杨。香芬茀以穹隆兮,击薄栌而将荣。芗呹肸以棍根兮,声骈隐而历钟。排玉户而扬金铺兮,发兰蕙与穹窱。帷骟骦其拂汨兮,稍暗暗而靓深。阴阳清浊穆羽相和兮,若夔牙之调琴。般倕弃其剞劂兮,王尔投其钩绳。虽方征侨与偓佺兮,犹仿佛其若梦"。

最后一段是祭祀活动的高潮部分,写天子斋戒场面和天子的悔悟:

> 于是事变物化,目骇耳回,盖天子穆然,珍台闲馆,琁题玉英,蜵蜎蠼濩之中。惟夫所以澄心清魂,储精垂恩,感动天地,逆釐三神者;乃搜逑索偶皋伊之徒,冠伦魁能,函甘棠之惠,挟东征之意,相与齐乎阳灵之宫。靡薜荔而为席兮,折琼枝以为芳。吸清云之流瑕兮,饮若木之露英。集乎礼神之囿,登乎颂祇之堂。建光耀之长旓兮,昭华覆之威威。攀琁玑而下视兮,行游目乎三危。陈众车于东坑兮,肆玉钑而下驰。漂龙渊而还九垠兮,窥地底而上回。风淒淒而扶辖兮,鸾凤纷其衔蕤。梁弱水之濎濙兮,蹑不周之逶蛇。想西王母欣然而上寿兮,屏玉女而却宓妃。玉女亡所眺其清瞵兮,宓妃曾不得施其蛾眉。方揽道德之精刚兮,侔神明与之为资。

在这里"屏玉女,却宓妃"之事并非如班固所言这次祭祀是为求皇子缘故,扬雄的喻意在于讽谏成帝带着妃子赵合德参加祭祀不合礼制。"想西王母欣然而上寿兮"一句点明题旨。事实上,汉代的西王母并非生育女神,西王母原是昆仑神话中的神怪之物,它"戴胜,虎齿,有豹尾,穴处,名曰西王母"。《大荒西经》西王母有"不死之药"。所以汉代《淮南子·览冥训》云:"羿请不死之药于西王母,嫦娥窃之奔月。"司马相如

《大人赋》云："吾乃今日睹西王母、皓然白首,戴胜而穴处兮,亦幸有三足乌为之使。必长生若此而不死兮,虽济万世不足以喜。"这说明汉代人是深信西王母并不仅仅是司管刑杀的主神,更主要是渡人长生的仙使了。《穆天子传》卷三再前进一步,如其中有云:"天子宾于西王母,觞于瑶池之上,西王母为天子谣。天子执白圭玄璧,献锦组百纯,组三百。西王母再拜受之。"然后是西王母与穆天子赠诗作答等。在这个故事中,西王母不但和常人能够接近,而且能作诗,身份也提高了——成了上帝的玉女。由此可见,扬雄所言的"玉女"是西王母。汉代真正象征生育的神灵是伏羲和女娲,考汉代史籍,其与女娲尝被奉为"婚神"。如说"伏羲制嫁娶,以俪皮为礼"①,"女娲祷祠神,祈而为女神,因置婚姻"②。《两都赋》中班固赞美光武帝刘秀再定婚俗宗法之礼,则喻之以"四海之内,更造夫妇,肇有父子,君臣初建,人伦之始,斯乃伏羲之所以基本皇德也"。

从艺术特点上说本篇辞赋结构雄伟,在多层次、多角度、多方位的描绘中创造出神奇的意境,构成了《甘泉赋》瑰丽的艺术风格,赋的主体分为出行、途中、宫中所见、斋戒、祭祀和回归等几个部分,这样既表现了事件的完整性和时间的延续性,又使人的活动得以在特定的空间环境中充分展开,时空交叉,结构显得严谨而宏大。在描写甘泉宫时,作者先是紧紧围绕一个"望"字,采用由远及近、由概括到具体、由外到内的多层次描写手法,继之,又采用正面描写和侧面烘托,由建筑到草木、声响、香气多角度的描写方法。通过这些描写,作者创造出一个神奇的仙境般的艺术世界:宫殿蜿蜒不绝,大厦云波诡秘,洪台拔地而起,殿阁交彩辉映,风声树香和谐交鸣,巧工仙人置身其中,"犹仿佛其若梦"。

《河东赋》是《甘泉赋》的姊妹篇。辞赋姊妹篇出现在中国有传统,先秦宋玉的《高唐》、《神女》和《大言》、《小言》,汉代司马相如的《子虚》、《上林》,之后东汉班固《西都赋》、《东都赋》等都是姊妹篇,这种姊妹篇的出现可能和传统文化中的阴阳思想相关,两者对立而互补,共同构成一个整体。在我们看来,扬雄的《甘泉赋》和《河东赋》,《羽猎赋》和《长杨赋》同样构成对立的互补,成为姊妹篇。

---

① 《绎史》卷三引谯周《古史考》。
② 《绎史》卷三引《风俗通》。

从西汉武帝开始，甘泉祭祀后必须绕道河东祭祀后土神，两者不可分离。所以次年三月，汉成帝祭祀河东后土祠，他率领群臣横渡黄河，到达汾阴（今山西万荣县），祭祀后土祠后，大队人马浩浩荡荡巡游介山，然后又绕道安邑（今山西夏县），到达龙门（今山西河津），随后成帝登上了传说中的舜帝耕田的历山（山西蒲州），意欲追怀唐虞之风、殷周之际。言下之意，也想把当时的政治与上古治世相提并论。可是，在扬雄看来，与其临渊羡鱼，不如退而结网，即治理好当前的政治更胜于缅怀古人的事迹。于是扬雄欣然命笔，写下了《河东赋》，其辞曰：

> 伊年暮春，将瘗后土，礼灵祇，谒汾阴于东郊，因兹以勒崇垂鸿，发祥隤祉，饮若神明者，盛哉铄乎，越不可载已。于是命群臣，齐法服，整灵舆，乃抚翠凤之驾，六先景之乘，掉奔星之流旃，彏天狼之威弧。张耀日之玄旄，扬左纛，被云梢。奋电鞭，骖雷辎，鸣洪钟，建五旗。羲和司日，颜伦奉舆，风发飙拂，神腾鬼趡。千乘霆乱，万骑屈桥，嘻嘻旭旭，天地稠敫。簸丘跳峦，涌渭跃泾。秦神下讋，跖魂负沴；河灵矍踢，爪华蹈衰。遂臻阴宫。穆穆肃肃，蹲蹲如也。灵祇既乡，五位时叙，絪缊玄黄，将绍厥后。于是灵舆安步，周流容与，以览虖介山。嗟文公而愍推兮，勤大禹于龙门，洒沈菑于豁渎兮，播九河于东濒。登历观而遥望兮，聊浮游以经营。乐往昔之遗风兮，喜虞氏之所耕。瞰帝唐之嵩高兮，眱隆周之大宁。汩低回而不能去兮，行睨陔下与彭城。濊南巢之坎坷兮，易豳岐之夷平。乘翠龙而超河兮，陟西岳之峣崝。云霏霏而来迎兮，泽渗漓而下降，郁萧条其幽蔼兮，滃泛沛以丰隆。叱风伯于南北兮，呵雨师于西东，参天地而独立兮，廓荡荡其亡双。遵逝虖归来，以函夏之大汉兮，彼曾何足与比功。建《乾坤》之贞兆兮，将悉总之以群龙。丽钩芒与骖蓐收兮，服玄冥及祝融。敦众神使式道兮，奋《六经》以摅颂。隃于穆之绎熙兮，过《清庙》之雝雝；轶五帝之遐迹兮，蹑三皇之高踪。既发轫于平盈兮，谁谓路远而不能从。

从扬雄的叙述中可以看到，祭祀后土一样需要虔敬的心情。祭祀后土之后，还需要祭祀山川众神灵。祭祀的过程中还需要游历，这种游历活动并非《遂初赋》式的怀古，而是在游历中行"望祭礼"，"望祭礼"在古代和天子巡守是统一的。《尚书·尧典》言舜巡守,云:"岁二月,东巡狩,至于岱宗,……五月,巡狩至南岳,……八月,巡狩至西岳。……十一月巡狩至北岳,……五载一巡狩。""望于山川,遍于群神"。"望祭"是"郊祭"之后的一项重要内容。《左传·宣公三年》云:"不郊而望,皆非礼也。望,郊之属也,不郊亦无望,可也。"说明古代郊祭和望祭密不可分。古有"三望"之说,杜预《春秋左传集解》认为:"三望,分野之星国中山川,皆因郊祀望而祭之。"因此,"望祭"对象主要是山川河流,当然也包括对应于地面山川的天际分野星象。当天子这种望祭活动铺张开来,则就如《礼记·王制》所云:"天子祭天下名山大川,五岳视三公,四渎视诸侯。"这里的"视"字其实就是汉人行"望礼"的"望"之义。不过到了扬雄笔下,天子的"望祭"之礼一方面突出它的宗教意义,另一方面突出其中的民本意义,民本意义主要来源于《孟子》。《孟子·梁惠王下》:"天子适诸侯,曰巡狩;巡狩者,巡所守也。诸侯朝于天子,曰述职,述职者,述所职也。"所谓巡守、述职不过是体现天子巡视下情,臣子向天子供职而已。

三、《羽猎赋》和《长杨赋》

古代中国是个喜欢射猎的民族,先秦无名氏《弹歌》的"断竹、续竹、飞土、逐肉"描写的就是先人制造弓箭射猎飞禽走兽的过程。《周易·解卦》:"田获三狐,得黄矢,贞吉。"写的是王田猎得三只狐狸,猎物身上还带有三只箭头,这样的描写颇为细致。《尚书·无逸》云:"继自今嗣王,则其无逸于观、于逸、于游、于田,以万民惟正之供。"《诗经·国风·郑风》中《大叔于田》、《叔于田》等都是古代田猎诗中的名篇。战国时代《孟子》书中记载文王囿百里,民以为小。进入西汉,田猎之风不衰,不但皇帝好猎,许多贵族也是狩猎活动的积极参与者,贤良文学说西汉中期贵族豪门"临渊钓鱼,放犬走兔","子孙连车列骑,田猎出入,毕弋捷健"。[①] 这一时期像淮南王刘安那样"好书"而"不喜弋猎狗马驰骋"的贵族是少数。某些贵族女性也投身到狩猎的行列之中,如西汉中期,胶东

---

① 王利器:《盐铁论校注》,北京:中华书局1992年版,第120页。

王太后"数出游猎"①。河南、山东等地出土的画像石、画像砖有大量的狩猎图,生动展示了西汉地主狩猎的盛况。当然猎犬和猎鹰既是他们的宠物,也是他们捕猎的助手,据《西京杂记》卷四载,西汉茂陵豪门李亨"好驰骏狗,逐狡兔,或以鹰鹞逐雉兔"。他为猎犬和猎鹰起了许多"佳名"。另外,西汉民风剽悍,《汉书·地理志》记载大半个中国吏民百姓普遍习武,吏民习武就需要带刀剑强弩。韩信佩剑招致恶少欺负,遂有胯下之辱。武帝时,公孙弘奏言"民不得挟弓弩"。吾丘寿王驳曰:"臣闻古者作五兵,非以相害,以禁暴讨邪也。……大射之礼,自天子降及庶人,三代之道也。……愚闻圣王合射以明教矣,未闻弓矢之为禁也。"②这里可以看出,吾丘寿王结合秦以来的现实说明民众佩带弓弩的必要,他还引经据典,以孔子和《礼记》之言为说,把古时练习刀剑之法和大射之礼联系起来,说明民众佩带弓弩有两个好处,一个是武备,一个是习礼。其实整个西汉的狩猎活动既是古代尚武之风的延续,同时也具有某些礼仪性质。

值得注意的是西汉辞赋家对皇帝到甘泉祭祀乃至耗费甚巨的泰山封禅几乎没有异议,而对于皇帝狩猎娱乐颇有微词。如文帝田猎,贾谊上疏劝谏,曰:"夫射猎之娱,与安危之机孰急?使为治劳智虑,苦身体,乏钟鼓之乐,勿为可也。乐与今同,而加之诸侯轨道,兵革不动,民保首领,匈奴宾服,四荒乡风"③。武帝还自击熊豕,驰逐禁兽,建元三年,南猎长杨馆,是时天子好自击熊,相如因上疏。例如元帝在永光元年正月,行甘泉,郊泰。礼毕,因留射猎,薛广德上书曰:"窃见关东困极……今士卒暴露,从官劳倦,愿陛下亟反宫,思与百姓同忧乐。"④但元帝没有在意,永光五年冬,再幸长杨射熊馆,布车骑大猎。不过,辞赋家尽管"几多微词",他们的创作态度值得琢磨,关键看天子狩猎活动的目的。

在《羽猎赋》中,赋序首先交代了写作目的,它采用对比的写法委婉讽劝成帝不应像武帝那样喜好田猎,如其中云:"昔在二帝三王,宫馆台榭沼池苑囿林麓薮泽财足以奉郊庙,御宾客,充庖厨而已,不夺百姓膏

---

① 《汉书·杨敞传》。
② 《汉书·吾丘寿王传》。
③ 《汉书·贾谊传》。
④ 《汉书·薛广德传》。

胰谷土桑柘之地……成汤好田而天下用足。文王囿百里,民以为尚小。齐宣王囿四十里,民以为大:裕民之与夺民也。""武帝广开上林,……尚泰奢丽夸诩,非尧、舜、成汤、文王三驱之意也。"

《羽猎赋》的写作中规中矩,它按照"设置猎场——天子出玄宫准备游猎——壮士慷慨——禽殚中衰——天子修唐典,匡《雅》《颂》"的顺序写来。本赋写天子游猎盛举,在仪式规模上已超过了司马相如的《天子游猎赋》,所以《文选》把它置于"游猎类"之首。行文极具夸张之法,兼有神话人物活动,使文章更显得气势磅礴,如其中写天子:"六白虎,载灵舆,蚩尤并毂,蒙公先驱。立历天之旗,曳捎星之旃,霹雳列缺,吐火施鞭。"写壮士:"扼苍犀,跋犀犛,蹶浮麋。斮巨蜒,搏玄猿,腾空虚,距连卷。踔夭蟜,娭涧门,莫莫纷纷,山谷为之风飙,林丛为之生尘。及至获夷之徒,蹶松柏,掌疾棃,猎蒙茏,轔轻飞;履般首,带修蛇,钩赤豹,挚象犀。"写禽兽:"眩耀青荧。汉女水潜,怪物暗冥,不可殚形。玄鸾孔雀,翡翠垂荣。王雎关关,鸿雁嘤嘤。群娭矣乎其中,噍噍昆鸣;凫鹥振鹭,上下砰磕,声若雷霆。"尽管如此,"上(皇帝)犹谦让而未俞也。方将上猎三灵之流,下决醴泉之滋,发黄龙之穴,窥凤凰之巢,临麒麟之囿,幸神雀之林,奢云梦,侈孟诸,非章华,是灵台,罕徂离宫而辍观游"。

狩猎在古代本来就是军礼之一,皇帝狩猎难说全是为了玩,甚至把狩猎看做"求士"的一种手段。《说苑·正谏》云:"楚庄王好猎,大夫谏曰:'晋楚敌国也,楚不谋晋,晋必谋楚,今王无乃耽于乐乎?'王曰:'吾猎将以求士也,其榛藜刺虎豹者,吾是以知其勇也;其攫犀搏兕者,吾是以知其劲有力也;罢田而分所得,吾是以知其仁也。因是道也而得三士焉,楚国以安。'故曰:苟有志则无非事者,此之谓也。"《礼记正义·王制》曰:天子诸侯无事,则岁三田,一为乾豆,二为宾客,三为充君之庖。三田者,夏不田,盖夏时也。《周礼·秋官》曰:春曰蒐,夏曰苗,秋曰狝,冬曰狩。由此可见,扬雄《羽猎赋》比起礼书所记要生动得多,详细得多,也远远在《诗经》、《孟子》之上。值得注意的是汉朝天子一般在游猎之后要举行大型歌舞活动,这在《上林赋》、《两都赋》、《二京赋》中多有显示,而在扬雄此篇中没有这样,这也是《羽猎赋》和其他狩猎辞赋的不同之处。

《长杨赋》仍然以天子田猎为构架,看似讽谏汉成帝的荒淫奢侈,实际是突出天子狩猎背后的思想意义,认为田猎看似有很多花费,但比起和匈奴开战的费用要少得多,特别是《长杨赋》最后一句话发人深省:"客徒爱胡人之获我禽兽,曾不知我亦已获其王侯。"赋文借子墨客卿和翰林主人答辩,以主压倒客暗喻汉王朝远胜于蛮邦匈奴。正文以高祖的为民请命、文帝的节俭守成和武帝的解除边患来概述历史,树立楷模,颂古鉴今。扬雄虽未到过边地,更未参加过对匈奴的战争,完全是依靠文学家的想象,却刻画得生动传神,使人有如临其境的感觉。如写汉武帝派兵征伐匈奴,云:

圣武勃怒,爰整其旅,乃命骠卫,汾沄沸渭,云合电发,猋腾波流,机骇蠢轶,疾如奔星,击如震霆。碎轒辒,破穹庐,脑沙幕,髓余吾。遂躐乎王庭,驱橐驼,烧熅蠡,分黎单于,磔裂属国。夷阬谷,拔卤莽,刊山石,蹂尸舆厮,系累老弱。兖铤瘢耆,金镞淫夷者数十万人。皆稽颡树领,扶服蛾伏,二十余年矣,尚不敢惕息。夫天兵四临,幽都先加,回戈邪指,南越相夷,靡节西征,羌僰东驰。是以遐方疏俗,殊邻绝党之域,自上仁所不化,茂德所不绥,莫不蹻足抗首,请献厥珍。使海内澹然,永亡边城之灾,金革之患。

写到当时天下形势,《长杨赋》云:

今朝廷纯仁,遵道显义,并包书林,圣风云靡,英华沈浮,洋溢八区。普天所覆,莫不沾濡。士有不谈王道者,则樵夫笑之。故意者以为事罔隆而不杀,物靡盛而不亏,故平不肆险,安不忘危。……听庙中之雍雍,受神人之福祜。歌投颂,吹合雅,其勤若此,故真神之所劳也。方将俟元符,以禅梁甫之基,增泰山之高,延光于将来,比荣乎往号。岂徒欲淫览浮观,驰骋秅稻之地,周流梨栗之林,蹂践刍茇,夸诩众庶,盛狖狸之收,多麋鹿之获哉!且盲者不见咫尺,而离娄烛千里之隅。客徒爱胡人之获我禽兽,曾不知我亦已获其王侯。

从西汉宣帝以后,随着武帝朝以来汉匈战争的渐趋平息,萧望之等人上《单于朝仪议》,宣帝亦于甘露二年十二月下诏谓"今匈奴单于称北藩臣朝正月,朕之不逮,德不能弘覆,其以客礼待之,位在诸侯王上",于是朝觐之礼又接纳了匈奴等外邦使节,增添了"以夸羌胡"的礼节,"夸胡"行为既能向对方示好,又能显示大汉天朝的文治武功,同时提醒臣民安不忘危、警钟长鸣,这才是《长杨赋》的主旨所在。

四、设论体散文的新发展——《解难》、《解嘲》

《汉书·扬雄传下》云:"哀帝时,丁、傅、董贤用事,诸附离之者或起家至二千石。时雄方草《太玄》,有以自守,泊如也。或嘲雄以玄尚白,而雄解之,号曰《解嘲》……雄以为赋者,将以风也,必推类而言,极丽靡之辞,闳侈钜衍,竞于使人不能加也,既乃归之于正,然览者已过矣。往时武帝好神仙,相如上《大人赋》,欲以风,帝反缥缥有陵云之志。由是言之,赋劝而不止,明矣。又颇似俳优淳于髡、优孟之徒,非法度所存,贤人君子诗赋之正也,于是辍不复为。而大潭思浑天……《玄》文多,故不著。观之者难知,学之者难成。客有难《玄》大深,众人之不好也,雄解之,号曰《解难》。"

这段话是《解嘲》、《解难》创作的背景,"二解"都是为《太玄》而作,是扬雄对自己学术活动的辩护,这种辩护表明扬雄作为文人具有的正当立场。徐复观先生说:"元成时代,除《汉志》上录有'萧望之赋四篇'外,殆成绝响,所以子云作赋,已不关时代风气,也不关政治出身;而真实出于他个人由好奇心而来的嗜好。"[①]又说:"扬雄与文学生活的有关片段,彦和(刘勰)心目中皆为文坛掌故。扬雄的各种作品,《文心雕龙》中无不论及。我认为最能了解扬雄文学的,古今无如彦和。"[②]所以"二解"的写作正是对自己多年来文学活动的反思的结果,也是在立功和立言天平上为立言活动的正当性增加了一个砝码。但扬雄"二解"的写作超出了"文学活动"的本身而具有更深刻的意义。"二解"是模仿东方朔《答客难》而作,在东方朔之后,此类文学写作成为一个系列,此类文字萧统《文选》中称之为"设论体",共收录了东方朔的《答客难》以及扬雄《解嘲》、班固《答宾戏》三篇文章。作为"设论体",附一"设"字,有假设之意,故更能驰骋文学家的想象。清人刘熙载《艺概·赋概》说:"赋之

[①][②] 《两汉思想史》卷二,上海:华东师范大学出版社2001年版,第287、289页。

妙用,莫过于'设'字诀,看古作家无中生有处可见。如设言值何时、处何地、遇何人之类,未易悉举。"①刘勰在《文心雕龙·杂文》认为此种体式是"原兹文之设,乃发愤以表志。身挫凭乎道胜,时屯寄于情泰。莫不渊岳其心,麟凤其采,此立本之大要也",认为作家们创作对话体赋的原因和目的是"发愤以表志",其思想感情的特点是"身挫凭乎道胜,时屯寄于情泰",文辞的特点是像"麟凤"那样俊发而超迈。

设论体本身属于"论"。战国时代诸家辩论成为常态,西汉初年承战国余风,论辩诘难的风气仍然弥漫于朝野。如《史记·平津侯主父列传》云:"元朔三年(前126年),张欧免,以弘(即公孙弘)为御史大夫。是时通西南夷,东置沧海,北筑朔方之郡。弘数谏,以为罢敝中国以奉无用之地,愿罢之。于是天子使朱买臣等难弘置朔方之便。发十策,弘不得一。"由此可见辩难的情形。《史记·晁错传》又记:"(错)迁为御史大夫……上令公卿列侯宗室集议,莫敢难,独窦婴争之……"从以上两条材料可看出,朝廷辩难形成制度,政府的决策、群臣的奏议,都可以展开质疑、辩论。另外,还有经学内部的辩论,如汉武帝时期董仲舒与江公关于公羊与谷梁的辩论;汉宣帝年间由皇帝亲自裁决的有关公羊与谷梁优劣的辩论;有治国方面的辩论,如汉昭帝时期,由霍光主持的盐铁之议等。

东方朔的《答客难》通过主客两人的对答,将主人与客人对立的思想加以陈述,清晰地展现出汉武帝时代士人用世时内心复杂的心理活动与人格分裂。《答客难》揭示了汉代士人与先秦相比历史地位的变迁,以及内心的无奈与痛苦,揭示了当时的文士在大一统王朝的悲剧命运,"绥之则安,动之则苦;尊之则为将,卑之则为虏;抗之则在青云之上,抑之则在深泉之下;用之则为虎,不用则为鼠"。所以,熟知官场险恶的东方朔在《诫子》中说:"明者处世,莫尚于中,优哉游哉,与道相从。首阳为拙,柳惠为工。饱食安步,以仕代农。依隐玩世,诡时不逢。是故才尽者身危,好名者得华。有群者累生,孤贵者失和。遗余者不匮,自尽者无多。圣人之道,一龙一蛇,形见神藏,与物变化,随时之宜,无有常家。"东方朔依靠自己的诙谐调笑,得全其生,但他深知当时的险恶世态,也许只有退隐自保才是唯一的出路。

---

① 《刘熙载文集》,南京:江苏古籍出版社2001年版,第132页。

扬雄《解嘲》也描述了汉代大一统条件下士的境遇:

> 方今大汉左东海,右渠搜,前番禺,后陶涂。东南一尉,西北一侯。徼以纠墨,制以质铁,散以礼乐,风以《诗》《书》,旷以岁月,结以倚庐。天下之士,雷动云合,鱼鳞杂袭,咸营于八区。家家自以为稷契,人人自以为咎繇,戴缨垂缨而谈者皆拟于阿衡,五尺童子羞比晏婴与夷吾。当途者入青云,失路者委沟渠,旦握权者为卿相,夕失势者为匹夫;譬若江湖之雀,勃解之鸟,乘雁集不为之多,双凫飞不为之少……故当其有事也,非萧、曹、子房、平、勃、樊、霍则不能安;当其亡事也,章句之徒坐而守之亦无灾患。故世乱,则圣哲驰骛而不足;世治,则庸夫高枕而有余……当今县令不请士,郡守不迎师,群卿不揖客,将相不俯眉。言奇者见疑,行殊者得辟,是以欲谈者卷舌而同声,欲步者拟足而投迹。

扬雄也把汉代和战国时期士的境遇相比较,对当时庸夫显进、奇士难容的现象,深致愤慨。作品采用赋体,辞锋锐利,滔滔雄辩,比《答客难》更富于气势和文采。但文章结尾又表示要采取清净寂寞、默默自守的态度,流露出一种无可奈何的心情。"且吾闻之,炎炎者灭,隆隆者绝。观雷观火,为盈为实,天收其声,地藏其热。高明之家,鬼瞰其室。攫拿者亡,默默者存。位极者宗危,自守者身全。是故知玄知默,守道之极。"这种态度和东方朔《诫子书》一脉相承。

在功业难求的状态下,扬雄希望依靠著书成就人生,可他作的《太玄》不为人激赏,《解嘲》云:"爰清爰静,游神之廷。惟寂惟寞,守德之宅。世异事变,人道不殊,彼我易时,未知何如。今子乃以鸱枭而笑凤皇,执蝘蜓而嘲龟龙,不亦病乎。"扬雄以古典主义的立场阐述自己的学术活动,一方面表示对现实学风的强烈不满,一方面也以古典自期,指望依靠学术和古人相通。这种跨越今人追攀古人行迹的活动和战国士人的精神趋求有相和处,以学术为功业,在战国不是没有先例的,孟子辟杨墨之功可以比德禹扞洪水。无奈时代条件已经不允许了,所以扬雄的《太玄》难以有所作为。

五、扬雄的其他杂赋

杂赋系列中作品有的真伪不明。首先我们来看《太玄赋》,扬雄自序云《太玄》是仿《易》而作,《易》的思想义理和《老子》有相融处,这是汉代人的通识,比如扬雄的老师严君平卜筮于成都市,以为"卜筮者贱业,而可以惠众人。有邪恶非正之问,则依蓍龟为言利害。与人子言依于孝,与人弟言依于顺,与人臣言依于忠,各因势导之以善,从吾言者,已过半矣"。他每日以算卦自养,同时教授《老子》。"博览亡不通,依老子、严周之指著书十余万言"①。君平儒道会通的作法对扬雄影响较大。《太玄赋》表现出超脱避世的道家思想。《太玄赋》全文可分三段,首段云:

> 观大易之损益兮,览老氏之倚伏。省忧喜之共门兮,察吉凶之同域。徽徽著乎日月兮,何俗圣之暗烛?岂愒宠以冒灾兮,将噬脐之不及。若飘风不终朝兮,骤雨不终日。雷隐隐而辄息兮,火犹炽而速灭。自夫物有盛衰兮,况人事之所极?奚贪婪于富贵兮,迄丧躬而危族。丰盈祸所栖兮,名誉怨所集。薰以芳而致烧兮,膏含肥而见炳。翠羽微而殃身兮,蚌含珠而擘裂。圣作典以济时兮,驱蒸民而入甲。张仁义以为纲兮,怀忠贞以矫俗。指尊选以诱世兮,疾身殁而名灭。岂若师由聃兮,执玄静于中谷。

首段以《老子》之言为说,如"老氏之倚伏"、"忧喜之共门"、"吉凶之同域"、"飘风不终朝兮,骤雨不终日"、"雷隐隐而辄息兮,火犹炽而速灭"、"翠羽微而殃身兮,蚌含珠而擘裂"、"中谷"等,这些文字或者直接采用《老子》八十一章原文,或者化用其中含义,讲述福祸相伴转移的道理。这种作法在前代文学作品中也有先例。如贾谊《旱云赋》说:"万物变化兮,固无休息。斡流而迁兮,或推而还。""祸兮福所倚,福兮祸所伏,忧喜聚门兮,吉凶同域。""小智自私兮,贱彼贵我。"分别出自《易·丰卦》与《老子·二十三章》、《庄子·逍遥游》,儒道并行。然后作者通过感叹贪富贵将致丧身危族、积财名将致祸怨缠绕,以鸟羽美而殃身为

---

① 《汉书·王贡两龚鲍传》。

喻，说明仁义、忠贞不足为训，需要的是师法许由、老聃，守玄守静。

次段借神仙飞升表达对逍遥自由的热望，暗含庄子、屈原迫于世俗的诡谲而产生的出世思想。求道纳静、自由自在，歌舞闲适、与仙同乐。如其中云："纳焉禄于江淮兮，揖松乔于华岳。升昆仑以散发兮，蹠弱水而濯足。朝发轫于流沙兮，夕翱翔于碣石。忽万里而一顿兮，过列仙以托宿。役青要以承戈兮，舞冯夷以作乐。所素女之清声兮，观宓妃之妙曲。茹芝英以御饥兮，饮玉醴以解渴。排阊阖以窥天庭兮，骑骍魏以踟蹰。载羡门与俪游兮，永览周乎八极。"

最后一段是乱辞，强调自己出世轻举、不落世俗的思想。"麟而可羁，近犬羊兮。鸾凤高翔，戾青云兮。不挂网罗，固足珍兮"。他以屈原投河、伯姬焚身、孤竹二子饿死首阳山等典故强调自己独执《太玄》以荡然肆志。

总之，这是一首哲理赋，以辞赋的形式对老庄道家思想进行形象描绘。《太玄赋》最早见于《古文苑》，其他类书中很少有征引，所以招致不少学者的怀疑，我们认为在没有确凿证据之前应该维护扬雄的著作权。有人认为扬氏反对神仙之说，如《法言·重黎》云："或问：'赵世多神，何也？'曰：'神怪茫茫，若存若亡，圣人曼云。'"扬雄反对神仙之说，恰恰证明《太玄赋》中神游描写不是信仰神仙，而是他希企逍遥自由思想的体现。

下面我们再看《酒赋》，全赋云："子犹瓶矣。观瓶之居，居井之眉，处高临深，动常近危。酒醪不入口，臧水满怀，不得左右，牵于纆徽。一旦䃣碍，为瓽所轠，身提黄泉，骨肉为泥。自用如此，不如鸱夷。鸱夷滑稽，腹如大壶，尽日盛酒，人复借酤。常为国器，托于属车，出入两宫，经营公家。由是言之，酒何过乎？"①

这篇辞赋的写作目的有不同说法，有人认为是扬雄借以劝谏喜欢酒色的汉成帝，还有人认为是酒客陈遵难法度士（法度士，概指恪守礼法的君子）张竦，两种说法都可以在《汉书·游侠传》中找到根据，如其中云："先是黄门郎扬雄作《酒箴》以讽谏成帝。"又曰"酒客难法度士"，具体是指："（陈）遵常谓张竦：'吾与尔犹是矣。足下讽诵经书，苦身自约，不敢差跌，而我放意自恣，浮湛俗间，官爵功名，不减于子，而差独乐，顾

---

① 《汉书·游侠传》。

不优邪。"我们认为作者借酒客陈遵难倒法度士张竦较为合理。《酒箴》假设酒客诘难法度之士,譬之于物,巧言状物,首先写盛水的瓦罐,赞美其高洁的情怀;接着写盛酒的皮囊,暗寓贪荣慕利,宠幸得志,含义深远。戒酒,只是扬雄进谏的一个方面,而重要在于揭露当时存在的不合理的社会现象:讽诵经书、洁身自好不但不被重用,反而受到歧视和打击,而放意自恣、浮沉俗间的势利小人,却受到重用,被当作国宝,出入朝廷。

此赋《汉书》题作《酒箴》,《文心雕龙·铭箴》云:"箴者,所以攻疾防患,喻针石也。"现存之"箴",《春秋左传·襄公四年》载有一首《虞人之箴》,《荀子·赋篇》之中,亦有《箴赋》一篇。这些都是"微辩"、"说君"之辞。《酒赋》看似戒酒的,实际上扬氏是赞成喝酒的,正言若反是赋家常用的方法。扬雄指出要喝酒就做个大酒徒,这很容易让人联系到战国时代的淳于髡,《史记·滑稽列传》云,齐威王问(淳于髡)曰:"先生能饮几何而醉?"对曰:"臣饮一斗亦醉,一石亦醉。"淳于髡是战国时期著名的饮者,他借酒讽谏齐威王,威王"乃罢长夜之饮",达到讽谏效果。另一个人物就是东方朔,东方朔号称"滑稽之雄",这里扬雄对东方朔等酒徒刻了画像,即"鸱夷滑稽,腹如大壶,尽日盛酒,人复借酤"。在扬氏眼中,东方朔的士身份已经被剥夺,属于他的只是朝廷宫廷中弄臣而已,即"常为国器,托于属车,出入两宫,经营公家"。

既然酒客能起到一定的讽谏作用,则喝酒理所当然没有过错,这是扬氏的结论。这个结论具有积极的思想意义,我们知道,《尚书》中《酒诰》篇,内容是周公以纣王酗酒亡国为例告诫卫康叔。《酒诰》中禁酒之教基本上可归结为:"无彝酒,执群饮,戒缅酒。"认为酒是大乱丧德、亡国的根源。在儒家看来,诸侯宴会和乡社中"无酒不成礼",但要有节制,这在《诗经》和《礼记》中有大量记载。从此,"酒德"、"酒文化"成为儒家礼仪的重要组成部分,而凡是纵酒或鼓励纵酒者几乎都和道家思想相关,如阮籍和嵇康等竹林七贤能喝酒,刘伶还有《酒德颂》一文,他们都是作为反对礼法和名教斗士而出现的,"李白斗酒诗百篇"是说酒在写作灵感上的启迪作用,《水浒传》中的酒豪爽的象征,《红楼梦》中的酒美轮美奂,酒中飘逸着神采。的确,扬雄的"酒何过乎"触及人类深层意识下微妙情感,几乎人人都有而没有人真正说破,所以每一个时代在每一个人心中都会引起共鸣。

最后我们再看《逐贫赋》。此赋先写自己离俗独处。与乞儿相邻,终身贫困,于是假托"贫"是一个人格形象,扬雄对它说:

> 人皆文绣,余褐不完;人皆稻粱,我独藜飧。贫无宝玩,何以接欢?宗室之燕,为乐不盘。徒行负笈,出处易衣。身服百役,手足胼胝。或耘或耔,沾体露肌。朋友道绝,进宫凌迟。厥咎安在?职汝为之!舍汝远窜,昆仑之颠;尔复我随,翰飞戾天。舍尔登山,岩穴隐藏;尔复我随,陟彼高冈。舍尔入海,泛彼柏舟;尔复我随,载沉载浮。我行尔动,我静尔休。岂无他人,从我何求?今汝去矣,勿复久留!①

这些话极为风趣,写自己受"贫"纠缠落魄不堪,"贫"如影随形地跟着"我",是西汉后期下层寒士窘困生活的真实写照。"贫"的辩词十分机智幽默,它说自己先祖"克佐帝尧,誓为典则。土阶茅茨,匪雕匪饰",而到了季世,"纵其昏惑",其结果是饕餮之辈,贪得无厌,他们"瑶台琼榭,室屋崇高;流酒为池,积肉为崎",在态度上还"鄙我先人,乃傲乃骄"。接着"贫"说自己"处君之家,福禄如山"。不料你却嫌弃我,对我下逐客令,实在是"忘我大德,思我小怨"。最后"贫"表达了自身的性格,说:"人皆重蔽,予独露居;人皆怵惕,予独无虞。"

经过一番对话,扬子转变了对"贫"的看法,急忙致谢,表示"长与汝居,终无厌极"。此赋融合叙事、说理、抒情和描写,生动地表现了作者由厌贫、怨贫而甘贫、安贫的心路历程。

在汉代辞赋中,主客的辩答一般以主方获胜收尾,而《逐贫赋》却以客方即"贫"说服了主方,这种表达方式在汉赋中是罕见的。"贫"驯服"扬子"表示愿意和"扬子"同处不再分开,客观上说明士人贫困与生俱来,同时作者借此批判不合理的社会现实。《逐贫赋》是西汉文学史上一篇奇文,钱钟书先生说:"子云诸赋,吾必以斯为巨擘焉。创题造境,意不犹人。《解嘲》虽佳,谋篇尚步东方朔后尘,无此诙诡。后世祖构稠叠,强颜自慰,借端骂世,韩愈《送穷》,柳宗元《乞巧》,孙樵《逐痁鬼》出

---

① 严可均:《全上古三代秦汉三国六朝文》(一),北京:中华书局1958年版,第408页。

乎其类。"①

第四节　西汉后期的其他赋作

班婕妤（公元前48?～2），是中国文学史上以辞赋见长的女作家之一。祖籍楼烦（今山西朔州市）人，初为少使，不久被汉成帝立为婕妤。后人一直沿用这个称谓，以致其真实名字无考。《汉书·外戚传》说她少有才学，工于诗赋，擅长音律。汉成帝尝游于后庭，想和婕妤同辇出行，班婕妤辞曰："观古图画，贤圣之君皆有名臣在侧，三代末主乃有嬖女，今欲同辇，得无近似之乎？"汉成帝认为她言之有理，同辇出游的意念只好暂时作罢，王太后听到班婕妤以礼制情，不与皇帝同车出游，非常欣赏，对左右亲近的人说："古有樊姬，今有班婕妤。"又班婕妤"诵《诗》及《窈窕》、《德象》、《女师》之篇。每进见上疏，依则古礼。"可见班婕妤是个很重妇德妇容的才女。

班婕妤今存比较可信的作品就是《汉书·外戚传下》的《自悼赋》。《自悼赋》的写作背景是，在成帝鸿嘉以后，皇帝内宠于赵飞燕姊妹，赵飞燕谮告许皇后、班婕妤"挟媚道"，诅咒主上。结果许皇后见废。班婕妤见危，于是求供养太后于长信宫。婕妤退处东宫，作赋自伤。

《自悼赋》首先对她一生作了总结，即克敬妇德，修身自好："承祖考之遗德兮，何性命之淑灵。登薄躯于宫阙兮，充下陈于后庭。蒙圣皇之渥惠兮，当日月之盛明。扬光烈之翕赫兮，奉隆宠于增成。既过幸于百位兮，窃庶向乎嘉时。"为此她每个日夜都很不安，生恐有什么过失，也常常以古代妇女为榜样，"每寤寐而累息兮，申佩离以自思。陈女图以镜监兮，顾女史而问诗。悲晨妇之作戒兮，哀褒阎之为邮。美皇英之女虞兮，荣任姒之母周。虽遇陋其靡及兮，敢舍心而忘兹。历年岁而悼惧兮，闵蕃华之不滋"。

尽管如此，班婕妤还是被成帝遗弃了，《自悼赋》写了她被遗弃后的悲苦心情，曰："潜玄宫兮幽以清，应门闭兮禁闼扃。华殿尘兮玉阶苔，

---

① 《管锥编》（第三册），北京：中华书局1986年版，第961、962页。

中庭萋兮绿草生。广室阴兮帷幄暗,房栊虚兮风泠泠。感帷裳兮发红罗,纷綷縩兮纨素声。神眇眇兮密靓处,君不御兮谁为荣?俯视兮丹墀,思君兮履綦。仰视兮云屋,双涕兮横流。顾左右兮和颜,酌羽觞兮销忧。惟人生兮一世,忽一过兮若浮。"特别是最后写出了"《绿衣》兮《白华》,自古兮有之"的句子,把汉成帝比作无道暴君周幽王,把赵飞燕比作褒姒,与前面的"哀褒阎(艳)之为邮(过)"相呼应,曲折地抒发出自己的怨恨心情。

班婕妤除了《自悼赋》外,还有《捣素赋》,《捣素赋》首见于《古文苑》,《古文苑》是唐朝人抄录当时流传的古诗文编成的一本集子,编选者不详,其中所收的部分诗文,其真实性有些靠不住。《捣素赋》是否真是班氏所作,也说不准。不过费振刚先生辑录的《全汉赋》把它列上,应该有所根据。

"捣衣"又称"捣素",是古代的服饰民俗,是将练帛铺在石砧上,用木杵叩捣,使之软熟,经过这道工序,练帛方可用来裁剪、缝制衣裳。捣衣之状,原是两女子对立,执一杵,如同舂米似的。《诗经》中早就有"七月流火,九月授衣"之句,秋天是准备冬衣的季节。因此,捣衣往往在秋夜中进行,《捣素赋》云:"测平分以知岁,酌玉衡之初临。见禽华以廪色,听霜鹤之传音。"接着作者把捣衣这一单调枯燥而又沉重的劳动安排在凉秋之夜的月色之中,"广储县月,晖水流清。桂露朝满,凉襟夕轻"。她把捣衣的动作描绘得像舞蹈般轻盈和婀娜多姿:"任落手之参差,从风飚之近远。或连跃而更投,或暂舒而长敛。"然后,她对空旷凄清的静夜中的砧声作了绘声绘色的描述,通过比喻和对音乐产生的效果的描写,委婉地传达出砧声中所蕴含的缅邈深情:"于是投香杵扣纹砧,择鸾声争凤音。梧因虚而调远,柱由贞而响沉。散繁轻而浮捷,节疏亮而情深。含笙总筑,比玉兼金。不埙不篪,匪瑟匪琴。或旋环而纡郁,或相参而不杂。或将往而中还,或已离而复合。翔鸾为之徘徊,落英为之飒沓。调非常律,声无定本。……清寡鸾之命群,哀离鹤之归晚。"最后,染成玄黄之色的精美的丝帛已织就,准备精心缝制寒衣却不知长久在外的远戍之人现在是怎样的身材,不禁百忧盈其心而悲从中来,于是只有把对远人的深切关怀之意一针一线地缝进不知何时才能送到的寒衣之中。

班婕妤的《捣素赋》体物言志,凄婉动人。其实这篇赋很大程度上蕴涵了她自己独特的悲剧人生体验,受当时赋体美学风范影响,一样写得铺陈而文辞富赡艳丽,它特别留意于捣衣这一特殊事物的节候和景物,以及它的姿态动作和特殊的音响效果。《捣素赋》的美学价值正在于它委婉地表达了幽禁深宫之中的宫女孤独悲凉的心境,其真正的意义是宫怨,使之成为一种沿用不衰的原型意象,直接启迪了许多后人的创作。六朝和唐出现了一批以捣衣为题材的诗,这些诗都是出自于男性作家之手,虽然诗与赋的体裁不同,但诗赋相通,如产生较早的是曹毗的《夜听捣衣》:

寒兴御纨素,佳人理衣襟。冬夜清且永,皓月照堂阴。纤手叠轻素,朗杵叩鸣砧。(其一)

清风流繁节,回飙洒微吟。嗟此往运速,悼彼幽滞心。二物感余怀,岂但声与音。(其二)

以捣衣为题材的闺怨诗,比较新颖,但实际上从表现的内容和风格来看,基本上是源于《捣素赋》之体式。以后的诗人谢惠连、柳恽、王僧孺、费昶、萧衍、庾信等人,都曾作过《捣衣诗》,虽然各有特点,但格调都与曹毗之作相似。

班婕妤除《自悼赋》和《捣素赋》外,尚有《怨歌行》。《怨歌行》一作《团扇歌》。钟嵘《诗品》评此诗说"《团扇》短章,辞旨清捷,怨深文绮,得匹妇之致"。沈德潜《古诗源》评语中,也说它"用意微婉,音韵和平"。《怨歌行》见于《昭明文选》和《玉台新咏》,《乐府诗集》载入《相和歌·楚调曲》。几乎梁陈以来的所有选本都题作班婕妤诗。《玉台新咏》而且有序说"昔汉成帝班婕妤失宠,供养于长信宫,乃作赋自伤,并为怨诗"。《古诗源》中也有类似的题解。可是,《汉书·外戚传》只说到班婕妤作赋自伤,而无"并为怨诗"之说。《文选》李善注则谓:"《歌录》曰:'《怨歌行》,古辞。'然言古者有此曲,而班婕妤拟之。"刘勰也说它"见疑于后代"[1]。看来,此诗无外乎两种可能:一是本篇古辞,班婕妤别有拟作;二是本篇为班婕妤所作,原有古辞不足信。不过,此诗的情调、团扇的托喻,都与班婕妤的身世吻合,是否真为班婕妤所作,难以辨别。

---

[1] 《文心雕龙·明诗篇》。

第三章 论汉代的小说观念和西汉后期的小说

中国古代小说的成熟期是在唐代,唐传奇的出现是个显著标志。整个汉魏六朝时期小说是在逐步完形的。如果说六朝时期的准小说作品大量出现的话,那么汉代则是小说概念和小说理论的形成期,汉代人形成的小说认识对奠定中国小说文化具有决定意义,同时我们还看到,汉代一些被人目之为"灾变可异"的故事在六朝是被看做小说的。

第一节 中国古代的小说观念与形态

"小说"一词最早见于《庄子·外物》:"夫揭竿累,趣灌渎,守鲵鲋,其于得大鱼难矣;饰小说以干县令,其于大达亦远矣。""县"乃古"悬"字,高也;"令",美也,"干",追求。是说举着细小的钓竿钓绳,奔走于灌溉用的沟渠之间,只能钓到泥鳅之类的小鱼,而想获得大鱼可就难了。靠修饰琐屑的言论以求高名美誉,那和玄妙的大道相比,可就差得远了。春秋战国之世,百家争鸣,诸子为说服王侯接受其思想学说,往往设譬取喻,征引史事,巧借神话,多用寓言,以便修饰言说以增强表达效果。《齐物论》还提到了"大言"、"小言":"大知闲闲,小知间间。大言炎炎,小言詹詹。"这是把那些为微小是非而斤斤计较喋喋不休的言说称为"小言"。"小言"和"小说"一样都是以道家之"道"为标准的界说,老、庄等道家之流倡导"不辩之辩",辩论的言辞皆"浅识小道",这些言辞被称之为"小说"或者"小言",庄子声称:"道不可闻,闻而非也,道不可见,见而非也,道不可言,言而非也。"①这样看来,庄子所谓的"小说"主要是诸子各种言辩之辞,和后世文体意义上的小说几乎毫不相干。但诸子言辩之辞为后世小说的发育成熟提供了良好的土壤,甚至有学者认为小说发源于诸子。庄子所谓的"小说"蕴涵了后世小说的文化因子。战国后期《荀子》提出一个"小家珍说"的概念。所谓"小家",广义而言是儒家六经之外的一切言论称为"小家",而荀子广泛吸收了儒道墨法等各家思想,具有"以儒贯通各家"的特点,因此狭义而言主要指宋子、墨子之类的"浅薄"之说。"珍说"是指自我珍爱其说,沾沾自喜自己的学说。因此,荀子和庄子都是以自己所属的学派性别为标准斥别人为"小家珍说"或"小说""小言"的,和文体意义的小说既有联系又联系不大。

庄、荀之后,西汉著作罕有论及"小说"的,东汉桓谭《新论》重提"小说"一词,他说:"若其小说家,合丛残小语,近取譬论,以作短书,治身理家,有可观之辞。""丛残小语"指琐细零碎的言谈,"短书"则指不为人所重视的没有什么价值的作品(汉代的书籍用竹简书写,凡经书和法律文书等官定作品用二尺四寸的竹简,官定以外包括子书、杂语等都用小于二尺四寸的竹简,称为"短书",含有不够重视轻蔑之意)。这里,桓谭提出小说的四个要件:(一)就内容而言是"丛残小语";(二)表达方法是"譬论"(相似于刘向的"譬");(三)功能上可以"治身理家";(四)美感上"可观"。很明显,桓谭的"小说"概念比庄、荀前进了一步,桓谭把譬喻类的短文称为"小说",这对庄、荀那样漫无边际的"言说"范围大大缩小了,他没有像庄荀那样对此类"言说"持排斥心理而是虚心接受,桓谭这种认识对中国小说文体的建立有积极意义。此后,班固《汉书·艺文志》中说:

> 小说家者流,盖出于稗官。街谈巷语,道听涂说者之所造也。孔子曰:"虽小道,必有可观者焉,致远恐泥,是以君子弗为也。"然亦弗灭也。闾里小知者之所及,亦使缀而不忘。如或一言可采,此

---

① 《庄子·知北游》。

亦刍荛狂夫之议也。

　　这是史家和目录学家对小说所作的具有权威性的解释和评价。刘、班认为小说是"街谈巷语、道听涂（同"途"）说者之所造也"，虽然认为小说仍然是小知、小言，但著一"造"字，从另一角度触及小说讲求虚构，植根民间的特点。小说家出于稗官，是说明古代官师合一，诸子皆出王官之说。如淳解释"稗"字说："《九章》'细米为稗'。街谈巷说，其细碎之言也。王者欲知闾巷风俗，故立稗官使称说之。"师古曰："稗官，小官。""偶语"指相对私语，《史记·高祖本纪》云："父老苦秦苛法久矣，诽谤者族，偶语者弃市。"可见，"偶语"必然包含着私下议论、指责朝政的言论。《论语·阳货》：子曰："道听而途说，德之弃也。"这是引用孔子的话表明正统文人维护雅正、诋斥民俗的严肃立场。接下来的"闾里小知者之所及，亦使缀而不忘"，前半句用"小知"有贬低的意思，但后半句说"亦使缀而不忘"，又承认其存在的现实性和合理性。最后将小说比之为"刍荛狂夫之议"，最终肯定了小说家的价值。"刍荛"语出《诗经·大雅·板》："我言维服，勿以为笑。先民有言，询于刍荛。"郑笺："服，事也。我所言乃今之急事，女无笑之。古之贤者有言有疑事，当与薪采者谋之，匹夫匹妇或知及之，况于我乎？"刍荛本指割草打柴的人，引申为草野之人。他们的议论不必被讥笑，对于君王来说，采集民间议论，有助于了解民情，以便改善其治国牧民之道。"狂夫"语出《诗经·齐风·东方未明》："折柳樊圃，狂夫瞿瞿。"狂夫本指狂愚之人，"狂夫之言"在汉代往往指代民间言论，《史记·淮阴侯列传》："广武君曰：臣闻智者千虑，必有一失；愚者千虑，必有一得。故曰：狂夫之言，圣人择焉。"汉代设有采诗之官，民间匹夫匹妇之谣不言轻弃。这种将小说与采风歌谣之传统联系起来，强调小说有益治道与教化，赋予了小说一词以正面的意义，并且通过设立"小说家"之目，使小说作为一种文类的地位得到确立。

　　刘、班在继承桓谭对小说认识的基础上更加突出小说民间口语性的特点，他以"街谈巷语"和"道听涂说"给人们呈现了一个小说起于民间口语叙事的历史场景。《艺文志·诸子略》最早著录十五家小说，其中有些附注引人注意：如《伊尹说》二十七篇，下附注"其语浅薄，似依托也"，联系保存在《吕氏春秋·本味》篇中伊尹为庖说汤一段，似为民间故事和民间风情的记载。《青史子》五十七篇，下附注"古史官记事也"，所记何事？刘勰《文心雕龙·诸子》中说"《青史》曲缀于街谈"。《师旷》六篇，下附注"见《春秋》，其语浅薄"，《说苑·君道》篇记载有师旷与晋平公语，"《逸周书·太子晋》章有师旷和太子晋的对话，小说意味十分浓厚。"①《黄帝说》四十篇，下附注"迂诞依托"，汉代有关黄帝的传说太多，《艺文志》中和黄帝相关的篇名达几十部，可能和汉初几十年尊奉黄老有关。司马迁云："百家言黄帝，其文不雅驯。"②大概是些假托黄帝的神话传说，它开启后世方术小说之源。《封禅方说》、《心术》、《未央术》、《待诏臣安成未央术》和《虞初周说》都是方士小说，内容可能是封禅、长生和医巫厌祝的方术，其来源收集成分多而自创成分少，依赖于民间所出，被作者在《方技略·神仙序》中斥为"诞欺怪迂之文"。《百家》无注，据刘向《说苑·叙录》而知此书汇集"浅薄不中义理"的片断材料，又据保存在《风俗通义》中的佚文来看，是流传在民间的历史掌故和寓言故事。《鬻子说》十九篇，班固曰"后世所加"，可能是有关文王师鬻熊故事，鬻熊乃荆楚之先君，传说为文王师。《务成子》十一篇，下注"称尧问，非古语"。《宋子》十八篇，下注"孙卿道宋子，其言黄、老意"。《天乙》三篇，下注云"天乙谓汤，其言非殷时，皆依托也"。以上四种都是以人名篇的托古杂说。此外还有《周考》七十六篇、《臣寿周纪》七篇、《虞初周说》九百四十三篇。这三篇大概都是依托周朝古事的著作。这样看来以上十五种一千三百八十多篇大多还是离不开依托古史的传统。小说家，是先秦与西汉杂记民间故事的学派，自战国而下，学术上一大风气是重义不重事，即使就事论，当时历史与小说的分野犹未明确，故士人每每以史实为背景，加上对作者传闻所得进行虚构，采"行事"以安顿"空言"，表达自己的政治道德鉴戒，或劝或讽，蔚为壮观。

若参稽诸子典籍，则可发现源于民间并具有浓郁小说性的篇目也有不少，试举数例如下：《庄子》所载"任公子垂钓"、"说剑"、"庖丁解牛"、"庄周往贷粟于监河侯"等；《孟子》所载"弈秋"、"齐人有一妻一妾"和"揠苗助长"等；《韩非子》所载"和氏之璧"、"卫人有夫妻祷者"、"扁鹊治病"和"郢书燕说"等；《战国策》所载"群狗挣骨"、"画蛇添足"、"惊弓之鸟"等；《晏子春秋》所载"二桃杀三士"、"越石父"和"国患社鼠"等；《吕

---

① 韩兆琦：《先秦两汉散文专题》，北京：高等教育出版社2002年版，第13页。
② 《史记·五帝本纪》。

氏春秋》所载"人有亡斧者"、"刻舟求剑"、"掩耳盗铃"等;《列子》所载之"杞人忧天"、"九方皋相马"和"愚公移山"等。上述这些故事,许多被视之为寓言,是具有虚构情节、文学价值较高的叙事作品,已十分接近小说。它们在被诸子移用之前,恐怕不见于简帛而来自于街谈巷语,故而虽被简略地行之于文,也难掩其民间草野气息。正式列于发生期内的小说名作如《穆天子传》和《燕丹子》,也有同样的民间色彩和民间风格。前者以周穆王西游为中心,杂采赵、代、胡等地的民间传说而成。在传说的流传过程中,穆王其人其事被改编和放大,自然景物和神话传说被大量铺叙其中,以夸张幻诞之笔表现了盛世气象,整体上呈现出浪漫而神奇的民间通俗风格和异想天开的民间趣味。《燕丹子》的题材是荆轲刺秦,来源于史实,但在汉代被写成之前,长期在民间流传,因此出现了多个不同的口说版本。现在的小说文本,保留了源于民间的"乌白头"、"马生角"、"机发之桥"、"盘金投蛙"、"食千里马肝"和"截美人手"等细节,为《战国策》和《史记》所不取,但这正是其融合了古代历史和民间传说的痕迹。小说所表达的抗秦主题和所塑造的复仇义士的形象,都反映了其时的民间思想情绪,具有悲于心、快于耳、谐于俗的民间风格。《吴越春秋》和《越绝书》是以春秋末期吴越两国的历史为题材,较之正史增加了许多民间故事的色彩。

  在中国古代,民间性口语叙事系统有一个表达方式叫做"语","语体之文"是现在文学界议论的热点之一。尽管《汉书·艺文志》所载小说皆失传,但根据刘向、刘歆题注可知,古代小说内容繁杂,多是难登大雅之堂的民间琐屑言论,它或取志怪、或取方技术数、或取杂史等,在十五家小说之中,细研下来,与民间所传有关联者较多,缘于口头叙述的历史传说有着更多的好事作奇的民间痕迹。《国语》之"语"其实是一种口语,八国语言风格差别很大。《论语》之"语"大多是孔子和主要弟子所讲的话,也是口语。《战国策》是记言文字,其中保留大量战国民间口语,如"三人成虎,十夫揉椎。众口所移,毋翼而飞"①。"日中则移,月满则亏"②。"以书为御者,不尽于马志情;以古制今者,不达于事之

---

① 《战国策·秦策·三秦功邯郸》。
② 《战国策·秦策·三蔡泽见逐于赵》。

变"①。总之,"语"来自史官文献之外的记言体文,所载录的是前代和当代口头言论。这类材料,往往有口语化的外貌和通俗化的形式,当时不一定有记录,很多是口耳相传,带有追忆的性质,故事类的史书却特别活跃,数量十分可观,其实是最突出的一种。考古学界在整理马王堆出土的记载春秋史事的佚书时,便定名为《春秋事语》,刘向称他校《战国策》时,所据底本中有名为《事语》。后代,《世说新语》里面的故事是古书中保存下来的士大夫口语传统最明确的范例,"作者运用含蓄及暗示的手法,完全掌握了叙述过程中的细部变化,保存了口语传述生动活泼的特质。对第五世纪的读者来说,口语是优秀的媒体,学问义理,都不必舍此而他求"②。

从起源来看,"语"出自中国古代瞽史教诲的传统,《国语·周语上》云:"故天子听政,使公卿至于列士献诗,瞽献曲,史献书,师箴,瞍赋矇诵,百工谏,庶人传语。"说明古代不废"语"教,申叔时在论太子的教育时说"教之'语',而明其德,而知先王之务用明德于民也"(《国语·楚语》),"语"类文献本有巫史传统的神圣不容置疑的性质。据《论语·八佾》记载,仪封子对孔子的学生说:"二三子何患于丧乎!天下之无道也久矣,天将以夫子为木铎。"木铎原是瞽史巡行的用具,是瞽史职业的一个标志,也就是说当时人们都认可孔子承继了古代瞽史的职责,认可孔子的话语权威。木铎作为一个标志,它并不直接显示意义,它只是汇聚、召唤某种注意力,汇聚人们的崇敬和反思。把孔子比作木铎,就意味着人们已经认识到,孔子的言说方式的导向性。我们能从《论语》的记录中看出这一特点,《论语》口语化的特点对于破除《尚书》"诘屈聱牙"的古代表达习惯意义非常明显。《艺文志》作者在作品注言上给我们留下了几条"浅薄"和"非古语"的提示,对此,我们认为这些提示不仅表明作品使用了无法与古雅的士人语言相提并论的民间语言,而且更重要的是,作品使用的是在民间语言中占主导倾向的口语。

既然中国古代记言体的文字多出于口语,则民间叙述无有所本,凭空虚构或穿凿附会者不在少数。这就牵扯到小说虚构性的特点了,仅

---

① 《战国策·赵策·二武灵王平昼间居》引"谚语"。
② 欧阳祯著,廖朝阳译《中国小说的口语性》,见《中国古典小说研究资料汇编·中国旧小说写作技术综述》,台北:台湾天一出版社,1982年版,第21页。

以《国语》为例,《国语》包括二百多个繁简不一的故事,有的出自史书真实记录,有的出于想象,如人们熟知的晋灵公使锄麂杀赵宣子,锄麂自杀前感叹曰:"不忘恭敬,民之主也!贼民之主,不忠;弃君之命,不信,有一于此,不如死也。"①这段话言之凿凿,似乎信而有征,但何从知晓。再如《晋语一》记载骊姬夜半而泣谮申生,向晋献公"枕边告状",如此的"床底之私,房中之事",别人如何得知?② 进入汉代,这种口语性的叙述场景还不断出现,司马迁"爱奇",故《史记》多录旁文野史或民间资料,在《史记·项羽本纪》里,项羽的最后时刻,张良摆弄出个"四面楚歌"。项羽听后以为楚地都被占领了,感到非常悲伤沮丧,就在中军帐和虞姬一起喝酒唱歌:"力拔山兮气盖世,时不利兮骓不逝。骓不逝兮可奈何,虞兮虞兮奈若何!"这首《垓下歌》唱得慷慨悲凉,是谁把它记下来的?虞姬自杀了,项羽在乌江自刎了,江东八百子弟兵也全部阵亡了,真是查无对证,很可能出于民间传说或者太史公在此基础上的向壁虚构。值得注意的是:上述虚构都是以"语"的形式表达出来的,《垓下歌》是项羽随口唱出的,锄麂自杀前感叹,骊姬夜半而泣谮申生的话都是"语"。班固说:"小说家者流,盖出于稗官。街谈巷语,道听涂说者之所造",信非虚语。而且,著一"造"字,把小说虚构性特点表达出来,而这种"造"法是和"街谈巷语,道听涂说"密切结合的。因此我们认为班固对小说理论的重要贡献有三个:一是指出小说民间性特点;二是指出小说口语性特点;三是指出小说虚构性特点。当然以上三种提法都是班固朦胧提出,没有深入展开。

第二节 小说的故事性——"说"的展开

如上所言,小说这个概念的产生及其内涵的变化都与口语和民间性有密切的关系。而所谓口语和民间性话语系统的表达必须依赖"故事"这样一个文化载体,"说故事"成为古代民间活生生的常态。鲁迅在讲

---

① 《国语·晋语》。
② 韩兆琦:《先秦两汉散文专题》,北京:高等教育出版社2002年版,第24页。

到小说起源的时候曾指出:"诗歌起源于劳动和宗教。……至于小说,我以为倒是起源于休息的。人在劳动时,既用歌吟以自娱,借它忘记劳苦了,则到休息时,亦必要寻一种事情以消遣闲暇。这种事情,就是彼此谈论故事,而这谈论故事,正是小说的起源。"① 远古时期所讲故事内容可能与神话分不开,但当时的具体情形,因为材料的缺乏,后人无从知晓。

历史终归要前行,人们不可能永远生活在神话时代。《新序·杂事》卷一记载:晋文公田于虢,遇一老夫,文公问曰:"虢之为虢久矣,子处此故矣,虢亡其有说乎?"《庄子·天道篇》:"桓公读书于堂上,……有说则可,无说则死"。此处的"说"都做名词使,类指故事背后蕴含的道理而言。质诸古籍,古籍中大凡有"说"的地方都很生动,或者是个小故事,或者是修辞上的小排比等。如《史记·滑稽列传》云:

> 齐威王问(淳于髡)曰:"先生能饮几何而醉?"对曰:"臣饮一斗亦醉,一石亦醉。"威王曰:"先生饮一斗而醉,恶能饮一石哉。其说可得闻乎?"髡曰:"赐酒大王之前,执法在傍,御史在后,髡恐惧俯伏而饮,不过一斗径醉矣。若亲有严客,髡帣韝鞠䞇,侍酒于前,时赐余沥,奉觞上寿,数起,饮不过二斗径醉矣。若朋友交游,久不相见,卒然相睹,欢然道故,私情相语,饮可五六斗径醉矣。若乃州闾之会,男女杂坐,行酒稽留,六博投壶,相引为曹,握手无罚,目眙不禁,前有堕珥,后有遗簪,髡窃乐此,饮可八斗而醉二参。日暮酒阑,合尊促坐,男女同席,履舄交错,杯盘狼藉,堂上烛灭,主人留髡而送客,罗襦襟解,微闻芗泽,当此之时,髡心最欢,能饮一石。"

再如《说苑·复恩》云:"鲍叔死,管仲举上衽而哭之,泣下如雨,从者曰:'非君父子也,此亦有说乎?'管仲曰:'非夫子所知也,吾尝与鲍子负贩于南阳,吾三辱于市,鲍子不以我为怯,知我之欲有所明也。鲍子尝与我有所说王者,而三不见听,鲍子不以我为不肖,知我之不遇明君也。鲍子尝与我临财分货,吾自取多者三,鲍子不以我为贪,知我之不

---

① 鲁迅:《中国小说的历史变迁》第一讲,《鲁迅全集》第八卷,北京:人民文学出版社 1958 年版,第 315 页。

足于财也。生我者父母,知我者鲍子也。士为知己者死,而况为之哀乎!'"

再有:"赵简子举兵而攻齐,令军中有敢谏者罪至死,被甲之士,名曰公卢,望见简子大笑;简子曰:'子何笑?'对曰:'臣有夙笑。'简子曰:'有以解之则可,无以解之则死。'(《太平御览》三百五及三百九十一,皆作"有以说则可,无则死。")对曰:'当桑之时,臣邻家夫与妻俱之田,见桑中女,因往追之,不能得,还反,其妻怒而去之,臣笑其旷也。'简子曰:'今吾伐国失国,是吾旷也。'于是罢师而归。"

我们这里反复举《说苑》为例,意在说明:说故事是古代人们生活的一种常态。徐复观先生说:"从先秦以及西汉,思想家表达自己的思想,概略言之,有两种方式。一种方式,或者可以说是属于《论语》、《老子》的系统。把自己的思想,主要用自己的语言表达出来,赋予概念性的说明。这是最常见的诸子百家所用的方式。另一种方式,或者可以说是属于《春秋》的系统。把自己的思想,主要用古人的言行表达出来;通过古人的言行,作自己思想得以成立的根据,这是诸子百家用作表达的一种特殊方式。"①我们认为徐复观的观点未必尽善,其实无论子书如《论语》、《老子》者,或是史书如《春秋》者的写法都是"用古人的言行表达出来",即事迹表达出来。我们认为这种"特殊"的表达方式正是小说得以成长和发育的良好土壤。《史记·太史公自序》载孔子言:"我欲载之空言,不如见之于行事之深切著名也。""空言"是把自己的思想,诉之于概念性的语言,"行事"是人物事迹言行。在孔子看来,"空言"莫如"行事"影响深远,所以孔子修《春秋》,以编年体例记述春秋二百四十二年历史事件,子曰:"知我者其惟《春秋》乎,罪我者其惟《春秋》乎。"②《春秋》安顿"行事"的表达方式在战国中期以后发生,诸子著作似乎很喜欢以这种方式安顿"空言",诸子百家为阐述自己的主张纷纷著书立说,他们有时援引信史,有时为了适应自己的学说需要借助一些传闻故事,如刘向辑历史故事名曰《说苑》。可见,"说"这个概念很早与历史故事紧密联系在一起,以至后来人们把凡是带故事性的都归于"说部"。"小说"这个概念,实际是对"说"概念的直接继承。

---

① 《两汉思想史》(卷三),上海:华东师范大学出版社2001年版,第1页。
② 《孟子·滕文公下》。

《韩非子》最早把"说"这个概念与一系列的历史故事联系在一起。韩非子著《储说》和《说林》等篇。在《韩非子·说难》中,韩非子列举了许多揣摩人君对症下药的说服手段,其中一条便是:"有欲矜以智能,则为之举异事之同类者。"《说林》和内外《储说》正是这些"异事之同类者",司马贞《史记·老子韩非列传》索隐曰:"《说林》者,广说诸事,其多若林,故曰'说林'也。"又:"《内储》言明君执术以制臣下,制之在己,故曰'内'也;《外储》言明君观听臣下之言行,以断其赏罚,赏罚在彼,故曰'外'也。"《说林》的形式是一些历史故事的排列,而《储说》则先列"经"义,再储备罗列与"经"义一一对应的"说",包括历史故事、寓言等。中国传记文学在写法上总是避免平板地介绍而采用故事化的手法。比如《史记·管晏列传》中说:"至其书世多有之,是以不论,论其轶事。"轶事,就是故事传说。这正是司马迁常用的写法。他写管仲,没有具体写管仲如何"九合诸侯一匡天下",而是侧重写管鲍相知。写晏婴,主要写解左骖赎越石父并延为上客和御者之妻劝诫御者这两个故事。这些材料取自《吕氏春秋》与《晏子春秋》。再如《循吏列传》中公仪休、石奢、李离等人的传记完全取材于历史故事杂记。《蔺相如列传》中突出"和氏璧"、"渑池会"、"引车而避"这三件事。其他如伯夷、孙子、吴起、孔子、子贡、司马穰苴、豫让、荆轲等人传记中,使人物具有动人力量的也往往是采自诸书中的小故事。刘向的《新序》、《说苑》中也有一些汉人故事,班固写《汉书》多有采取。

历史故事既为史家所掌控,而史家为了增加史书的生动性,必然要采自民间故事杂说,司马迁《史记·伯夷列传》云:"而说者曰尧让天下于许由,许由不受,耻之逃隐。"司马贞谓"按说者,谓诸子杂记也。"民间既有广泛的故事土壤,为文人的吸收、加工和改造提供了可能。

就中国古代生成故事的文化环境来说,古代中国宫廷内部可能存在一个说故事的传统,在商周之时,贵族的教科书中,便有专门讲史的。《国语·周语上》载召公谏厉王弭谤时称:"故天子听政,使公卿至于列士献诗,瞽献曲,史献书,师箴,瞍赋矇颂,百工谏,庶人传语,近臣尽规,亲戚补察,瞽史教诲,耆艾修之,而后王斟酌焉。"《楚语上》载春秋时楚庄王问申叔时教太子之事,答曰教之以《春秋》(此《春秋》不是孔子所修《春秋》)、《世》、《诗》、《志》、《礼》、《乐》、《令》、《语》、《故志》、《典训》。这里的《春秋》、《世》、《语》可能是纪年类、谱牒类、事语类的书籍。春秋之世,左丘明为《春秋》作传,其事赡义丰,文字生动。据传左丘明为盲人,盲人凭耳朵记忆口诵历史,这在中国古代和西方都是有先例的,能够口诵历史当然就是"说故事",司马迁充分肯定这件事背后的政治意义和教化功用,《史记·十二诸侯年表序》云:

> 是以孔子明王道,干七十余君,莫能用,故西观周室,论史记旧闻,兴于鲁而次《春秋》,上记隐,下至哀之获麟,约其辞文,去其烦重,以制义法,王道备,人事浃。七十子之徒口受其传指,为有所刺讥褒讳挹损之文辞不可以书见也。鲁君子左丘明惧弟子人人异端,各安其意,失其真,故因孔子史记具论其语,成《左氏春秋》。铎椒为楚威王傅,为王不能尽观《春秋》,采取成败,卒四十章,为《铎氏微》。赵孝成王时,其相虞卿上采《春秋》,下观近势,亦著八篇,为《虞氏春秋》。吕不韦者,秦庄襄王相,亦上观尚古,删拾《春秋》,集六国时事,以为八览、六论、十二纪,为《吕氏春秋》。及如荀卿、孟子、公孙固、韩非之徒,各往往捃摭《春秋》之文以著书,不可胜纪。

《史记·平原君虞卿列传》载虞卿"上采《春秋》,下观近世,曰节义、称号、揣摩、政谋,凡八篇,以刺讥国家得失,世传之曰《虞氏春秋》"。诸子书亦如此,今可见者如《吕氏春秋》,其篇名即篇中所引事语的分类。《吕氏春秋》还将这些篇目编织到十二月纪、八览的结构之中,构成天道人事无所不包的论说体系,初步显示出后世类书式大百科全书的模样。后世对《吕氏春秋》学派性质所属争论不休,这已无关吕不韦编书的宗旨,他编书的目的只有一个,就是通过古代层出不穷的历史事件引证出一些历史经验教训,为秦始皇统治做思想准备,《淮南子》也是这样,说明在战国后期至秦汉初期,无论像传统史官体系内书写的档册、纪年或谱牒,或者模仿孔子通过修订古代纪年史所寄托的隐约之辞,或者是各种实用的借鉴手册,都为人们所重视。"说故事"具有通俗、明快、容易引起兴趣的特点为人充分注目。

其次,受战国以来解经思想的影响,"经"、"说"这对名词及其文本形态首次出现在《墨子》之中。而《韩非子》中有《解老》、《喻老》诸篇是对《老子》某些章句用故事化的文字加以阐释。孔子作《春秋》,因为经文太简练,其后就有左氏、公羊、谷梁三家分别做出详细的解说。左氏说经洋洋大观,它主要从四个方面加以解说,一是说明"春秋书法"的;二是订正《春秋》错误的;三是额外加入的内容即"无经之传"的;四是详细叙述事件来龙去脉的。《公羊》、《谷梁》尽管和《左氏》用心不同,但说明事件来龙去脉的特点是一致的,如《宣公十五年》,经文曰:"十有五年春,公孙归夫会楚子于宋。夏五月,宋人及楚人平",《公羊传》释曰:

> 外平不书,此何以书?大其平乎已也。何大乎其平乎已?庄王围宋,军有七日之粮尔,尽此不胜,将去而归尔。于是使司马子反乘堙而窥宋城,宋华元亦乘堙而出见之。司马子反曰:"子之国何如?"华元曰:"惫矣。"曰:"何如?"曰:"易子而食之,析骸而炊之。"司马子反曰:"嘻!甚矣惫!虽然,吾闻之也,围者柑马而秣之,使肥者应客,是何子之情也。"华元曰:"吾闻之,君子见人之厄则矜之,小人见人之厄则幸之。吾见子之君子也,是以告情于子也。"司马子反曰:"诺,勉之矣!吾军亦有七日之粮尔,尽此不胜,将去而归尔。"揖而去之。反于庄王。庄王曰:"何如?"司马子反曰:"惫矣!"曰:"何如?"曰:"易子而食之,析骸而炊之。"庄王曰:"嘻!甚矣惫!虽然,吾今取此然后而归尔。"司马子反曰:"不可。臣已告之矣,军有七日之粮尔。"庄王怒曰:"吾使子往视之,子曷为告之?"司马子反曰:"以区区之宋,犹有不欺人之臣,可以楚而无乎?是以告之也。"庄王曰:"诺。舍而止。虽然,吾犹取此然后归尔。"司马子反曰:"然则君请处于此,臣请归尔。"庄王曰:"子去我而归,吾孰与处于此?吾亦从子而归尔。"引师而去之,故君子大其平乎已也。此皆大夫也,其称人何?贬。曷为贬?平者在下也。

这段解经文字记载楚庄王发兵围宋攻打数月,双方都打得筋疲力尽,粮草兵马供应不上,这时宋国的华元与楚国的子反主动讲和,楚庄王只好撤除包围,引兵回国,中止了更大的战争灾难。由于华元和子反都是大夫,对君王而言,君王是内,大夫是外,按照《春秋》的书法,两国开战,大夫是不能开谈讲和的,这次讲和为什么要记录呢?是强调这次讲和意义的。这就是"外平不书,此何以书?大其平乎已也"的含义。"此皆大夫也,其称人何?贬。曷为贬?平者在下也"。意思是说:"这次都是大夫(所为),称人是为什么?是贬斥。为什么贬斥?讲和的人都是做臣下的。"这里著一"贬",看出西汉公羊家尊奉天子权威的严正立场。

汉人解经著作有故、训、传等,夏侯胜解经"左右采获"。① 这也说明了汉代解经著作的特色。《汉书·艺文志》曰:"一经说至百万余言。"我们无意说明"一经说至百万余言"是对是错,但能够说至百万余言,想必其成就和工夫必然了不起,这中间难免有许多虚拟的成分在。不过,汉代的解经著作没有什么流传,现在仅剩下《韩诗外传》,《韩诗外传》的作者是韩婴,燕人。汉文帝时为博士,景帝时为常山王太傅,武帝时曾与大儒辩论于朝廷。韩婴说《诗》主要是借《诗》发挥他的政治思想,所以多述孔子轶闻、诸子杂说和春秋故事,引《诗》以证事,并非述事以明《诗》。在汉代,《韩诗》即以《内传》、《外传》合称。《史记·儒林传》说:"婴推诗人之意而为《内、外传》数万言,其语颇与齐、鲁间殊,然其归一也。"而《汉书·艺文志》则认为韩婴作《诗》传,"或取《春秋》,采杂说,咸非其本义"。《韩诗外传》尽管名义上依附于《诗经》,但它使用的材料却来自几个哲学学派的著述并加以折衷。是一部数百条轶事、道德说教、伦理规范以及实际忠告等不同内容的杂编,一般每条都以一句恰当的《诗经》引文作结论,以支持政事或论辩中的观点,但观点往往隐含在故事叙述之中。《汉书·艺文志》还著录了其他几部韩派《诗经》方面的著作,现在都已失传,估计其性质与《韩诗外传》类似。《韩诗外传》是实际运用《诗经》的示范性著作,其最显著的特点就是以故事来说理。

由此可以看出,西汉以上"说故事"成为公私生活的一种常态,学者或从民间汲取,或者向壁虚造,或出于解经的需要,无意之中丰厚了小说产生的土壤。

第三节 西汉中后期以来的志怪

前节所论,故事性的突出也得力于中国古代发达的史官文化,与史官文化密切相连的是史官"纪实"。"传信"、"征实"是中国古代史学的

---

① 《汉书·夏侯胜传》。

优良传统,如《谷梁传·桓公五年》:"《春秋》之义,信以传信,疑以传疑。"班固《汉书·司马迁传赞》:"其文直,其事核,不虚美,不隐恶,故谓之实录。"而中国古代正统史学一直排斥的所谓"怪、力、乱、神",它们被安排在何处了?它们都被安排在"小说"中了,《史记·大宛列传》:"至《禹本纪》、《山海经》所有怪物,余不敢言之也。"于是,对于各类历史人物依托附会、虚妄不实、荒诞不经的传闻传说,如"其失之者,则有苟出异端,虚益新事,至如禹生启石,伊产空桑,海客乘槎以登汉,嫦娥窃药以奔月"①。"又讹言难信,传闻多失"②。以及"杂史"、"传记"都普遍包含大量的传闻,甚至荒诞不经的委巷之说,都被班固视之为"小说",这一点从《艺文志》小说家下注所谓"迂诞依托"等看得清楚,至晋代干宝作《搜神记》,则赤裸裸把神鬼怪异称为小说,之后,许多学者将述怪语异、搜神记鬼的作品直接作为"小说"的一种类型。《新唐书》将原属于《隋志》史部"杂传类"的一批载录鬼神怪异之事的志怪书逐出史部而改隶"小说家"后,这个定名最终完成。

如果把《汉志》所列十五家小说按时代先后对内容做一简单划分,则汉武帝之前有八家,分别是《伊尹说》二十七篇,《鬻子说》十九篇,《周考》七十六篇,《青史子》五十七篇,《师旷》六篇,《务成子》十一篇,《宋子》十八篇,《天乙》三篇,共二百四十七篇。汉武帝以后有七家,分别是《黄帝说》四十篇,《封禅方说》十八篇,《待诏臣饶心术》二十五篇,《待诏臣安成未央术》一篇,《臣寿周纪》七篇,《虞初周说》九百四十三篇,《百家》百三十九卷。可以看出,武帝之前的小说近史近子系统,武帝之后的小说再增加了封禅、方术、医药延祝等内容,见于此,有学者认为"稗官"就是方士,武帝以后的小说方术、成仙题材增加了很多。我们认为这种说法是正确的,其背后的原因是什么呢?除了汉武帝醉心封禅方术外,还有其他两个原因值得关注。

(一)武帝以后待诏人员明显增加,待诏是个文化知识阶层,待诏中能做小说的不在少数。应劭认为:"诸以材技征召,未有正官,故曰待诏。③"待诏的种类很多,不必个个都能为小说,但他们是一个文化阶层是无疑的。仅以《汉书·艺文志》记载,六艺略里《春秋》有"冯商所续

---

① ② 《史通通释》,上海:上海古籍出版社1978年版,第116、117页。
③ 《汉书·哀帝纪》引应劭曰。

《太史公》七篇";《乐》有"雅琴赵氏七篇"、"雅琴龙氏九十九篇"(即前文提到的赵定、龚德);《孝经》有"翼氏说一篇"(翼奉)。诸子略儒家有"贾山五十八篇"、"公孙弘十篇";道家有"郎中婴齐十二篇";纵横家有"待诏金马聊苍三篇";杂家有"东方朔二十篇";小说家有"待诏臣饶《心术》二十五篇"、"待诏臣安成《未央术》一篇",还有"臣寿《周纪》七篇",可能也是待诏;诗赋略里有"光禄大夫张子侨赋三篇"、"阳成侯刘德赋九篇"、"朱买臣赋三篇"、"郎中臣婴齐赋十八篇"、"待诏冯商赋九篇"、"汉中都尉臣华龙赋二篇"。另据《经典释文·叙录》,西汉时有《尔雅注》三卷,作者为"犍为郡文学卒史舍人,汉武帝时待诏"。至于枚皋、吾丘寿王、王褒等辞赋名家以及刘向、扬雄这样的大学者,留下的著作就更多了。这样看来待诏能为小说是必然的。《汉志》中《待诏臣饶心术》、《待诏臣安成未央术》明确标明作者身份是待诏,而对于《虞初周说》,虞初是人名(约前140~前87),号"黄车使者",河南洛阳(今洛阳东)人,汉武帝时为方士侍郎。原书失传。《太平御览》第三卷所引《周书》三则,其写作风格类似于《山海经》,因此内容也可能以记载怪异事物为主。张衡《西京赋》云:"匪惟玩好,乃有秘书。小说九百,本自虞初。从容之求,寔俟寔储,"薛综注:"小说,医巫厌祝之术,凡有九百四十三篇。言九百,举大数也。持此秘术,储以自随,待上所求问,皆常具也。"可见,侍郎时常伴驾出巡,充当帝王的顾问,和待诏身份相似,这样看来,汉代的小说作品中,身份是待诏的就值得关注。但东汉以后待诏人员锐减,这可能和选举制度变化有关,到了东汉后期,汉灵帝置"鸿都门学",关于鸿都门学的性质,蔡邕上封事曰:"夫书画辞赋,才之小者,匡国理政,未有其能。陛下即位之初,先涉经术,听政余日,观省篇章,聊以游意,当代博弈,非以教化取士之本。而诸生竞利,作者鼎沸。其高者颇引经训风喻之言;下则连偶俗语,有类俳优;或窃成文,虚冒名氏。……若乃小能小善,虽有可观,孔子以为'致远则泥',君子故当志其大者。"[①]可见,鸿都门学内置人员流品繁杂,许多人具有才学,表现为书画、辞赋、博弈等,和西汉待诏人员类似。待诏人员的增加,刺激了小说的进一步兴盛。

(二)儒学谶纬化的影响,汉武帝以后,独尊儒术,把经学神学化,谶

---

① 《后汉书·蔡邕传》。

纬中造出"孔子为汉制法"的神话,西汉后期方士化得儒生大量造作谶纬。谶纬以阴阳五行为骨架,阴阳五行灾异在汉代流行甚广,影响深远。汉代大儒董仲舒有《春秋灾异》,孟喜得易家《阴阳灾变书》,京房承其学,均为谶纬神学之先导。刘向又有《洪范五行传论》,《隋书·经籍志》经部异说类列谶纬诸书,其中有《刘向谶》一卷,刘向父子都相信神仙和长生术,刘向父子得见《淮南鸿宝苑秘书》,他们相信方士虚言,认为炼丹服食,可以长寿成仙。姑且不论刘向家庭的神学思想可靠与否,就小说的影响看,刘向的种种作法对后世志怪小说的兴起和泛滥是有功的,西晋人干宝著《搜神记》目的是"发明神道之不诬"。全书林林总总搜集四百多个短篇志怪故事,有些三言两语确如"丛残小语",有的如新闻报道粗陈梗概,有些情节故事初具规模。干宝本人性好阴阳术数,喜言神鬼灵异,《搜神记》自序言:"考先志于载籍,收遗逸于当时。"其卷六主要记载汉代灾异神变故事,有的章节内容和《汉书·五行志》几乎相同,兹录《搜神记》有关西汉后期的灾变故事于下。

  1. 天雨草。汉元帝永光二年八月,天雨草,而叶相繆结,大如弹丸。至平帝元始三年正月,天雨草,状如永光时。京房易传曰:"君吝于禄,信衰,贤去,厥妖天雨草。"

  2. 废社复兴。元帝建昭五年,兖州刺史浩赏,禁民私所自立社。山阳橐茅乡社有大槐树,吏伐断之,其夜树复立故处。说曰:"凡枯断复起,皆废而复兴之象也。"是世祖之应耳。

  3. 鼠巢。汉成帝建始四年九月,长安城南,有鼠衔黄稿柏叶,上民家柏及榆树上为巢,桐柏为多,巢中无子,皆有干鼠矢数升。时议臣以为恐有水灾。鼠盗窃小虫,夜出,昼匿,今正昼去穴而登木,象贱人将居贵显之占。桐柏,卫思后园所在也,其后赵后自微贱登至尊,与卫后同类,赵后终无子,而为害。明年,有鸢焚巢杀子之象云。京房易传曰:"臣私禄罔干,厥妖鼠巢。"

  4. 王母传书。哀帝建平四年夏,京师郡国民聚会里巷阡陌,设张博具歌舞,嗣西王母。又传书曰:"母告百姓:佩此书者,不死。不信我言,视门枢下,当有白发。"至秋乃止。

  5. 男子化女。哀帝建平中,豫章有男子化为女子,嫁为人妇,生一子。长安陈凤曰:"阳变为阴,将亡;继嗣,自相生之象。"一曰:"嫁为人妇,生一子者,将复一世,乃绝。"故后哀帝崩,平帝没,而王莽篡焉。

6. 人死复生。汉平帝元始元年二月，朔方广牧女子赵春病死，既棺殓，积七日，出在棺外。自言见夫死父，曰："年二十七，汝不当死。"太守谭以闻，说曰："至阴为阳，下人为上。厥妖人死复生。"其后王莽篡位。

7. 儿生两头。汉平帝元始元年六月，长安有女子生儿：两头，两颈面，俱相向；四臂，共胸，俱前向；尻上有目，长二寸所。京房《易传》曰："睽孤见豕负涂，厥妖人生两头，下相攘。善妖，亦同人。若六畜，首目在下。"兹谓亡上，政将变更。厥妖之作，以谴失正，各象其类。两颈，下不一也。手多，所任邪也。足少，下不胜任，或不任下也。凡下体生于上，不敬也；上体生于下，媟渎也。生非其类，淫乱也；人生而大，上速成也；生而能言，好虚也。群妖推此类。不改，乃成凶也。

8. 犬祸。成帝河平元年，长安男子石良、刘音相与同居，有如人状，在其室中，击之，为狗，走出。去后，有数人披甲，持弓弩至良家。良等格击，或死，或伤，皆狗也。自二月至六月，乃止。其于洪范，皆犬祸，言不从之咎也。

9. 鸢焚巢。成帝河平元年二月庚子，泰山山桑谷，有鸢焚其巢。男子孙通等闻山中群鸟鸢鹊声，往视之，见巢燃，尽堕池中，有三鸢鷇，烧死。树大四围，巢去地五丈五尺。易曰："鸟焚其巢，旅人先笑后号啕。"后卒成易世之祸云。

10. 雨鱼。成帝鸿嘉四年秋，雨鱼于信都，长五寸以下。至永始元年春，北海出大鱼，长六丈，高一丈，四枚。哀帝建平三年，东莱平度出大鱼，长八丈，高一丈一尺，七枚。皆死。灵帝熹平二年，东莱海出大鱼二枚，长八九丈，高二丈余。京房易传曰："海数见巨鱼，邪人进，贤人疏。"

11. 木生人状。成帝永始元年二月，河南街邮樗树生枝，如人头，眉目须皆具，亡发耳。至哀帝建平三年十月，汝南西平遂阳乡有材仆地生枝，如人形，身青黄色，面白，头有髭发，稍长大，凡长六寸一分。京房易传曰："王德衰，下人将起，则有木生为人状"。其后有王莽之篡。

12. 马生角。成帝绥和二年二月，大厩马生角，在左耳前，围长各二寸。是时王莽为大司马，害上之萌，自此始矣。

13. 燕生雀。成帝绥和二年三月，天水平襄有燕生雀，哺食至大，俱飞去。京房易传曰："贼臣在国，厥咎燕生雀，诸侯销。"又曰："生非其类，子不嗣世。"

14. 三足驹。汉哀帝建平三年,定襄有牡马生驹三足,随群饮食,五行志以为:马,国之武用。三足,不任用之象也。

15. 僵树自立。哀帝建平三年,零陵有树僵地,围一丈六尺,长十丈七尺,民断其本,长九尺余,皆枯,三月,树卒自立故处。京房《易传》曰:"弃正,作淫,厥妖本断自属。妃后有颛,木仆,反立,断枯,复生。"

16. 儿啼腹中。哀帝建平四年四月,山阳方与女子田无啬生子,未生二月前,儿啼腹中,及生,不举,葬之陌上。后三日,有人过,闻儿啼声。母因掘收养之。

上述这些记载在汉人看来是灾异谶纬,但在六朝人看来是神灵志怪,说明它们原本有相通之处,都可以看做是志怪。另外,桓谭《新论·辨惑》录元成以后故事也酷似志怪。兹录于下。

1. 曲阳侯王根迎方士西门君慧,从其学养性却老之术。余见侯曰:"圣人不学养性,凡人欲为之,欺罔甚矣。"君慧曰:"夫龟称三千岁,鹤言千岁,以人之材,何乃不如虫鸟邪?"余应曰:"谁当久雨龟鹤同居,君审如其年岁乎?设令然,蝉蟟渠略,又可使延年如龟鹤耶?"

2. 元帝被病,广求方士,汉中送道士王仲都者,诏问:"何所能为?"对曰:"但能忍寒暑耳。"乃以隆冬盛寒日,令袒衣,载以驷马,于上林昆明池上环冰而弛。御者厚衣狐裘,甚寒战,而仲都独无变色。卧于池台上,瞙然自若。此耐寒也。因为待诏。至夏大暑日,使曝坐,又环以十炉火,不言热而身不汗出。

3. 近哀、平间,睢陵有董仲君,好方道。尝犯事,坐重罪,系狱,佯病、死。数日,目陷虫出。吏捐弃之。既而复活。故知幻术靡所不有。又能鼻吹口歌,吐舌,耸眉动目。荆州有鼻饮之蛮,南城有头飞之夷,非为幻也。

4. 哀帝时,有老人范兰,言年三百岁。初与人相见,则喜而相应和;再三,则骂而逐人。史子心见署为丞相史,官架屋,发吏卒及官奴婢以给之,作金,不成。丞相自以力不足,又白傅太后。太后不复利于金也,闻金成可以作延年药,又甘心焉。乃除之为郎,舍之北宫,中使者待遇。余尝与郎冷喜出,见一老翁,粪上拾食,头面垢丑,不可忍视。

5. 黄门郎程伟,好黄白术。娶妻得知方家女。伟常从驾出,而无时衣,甚忧。妻曰:"请致两端缣。"缣即无故而至前。伟按枕中《鸿宝》作金,不成;妻乃往视伟。伟方扇炭烧筒,筒中有水银,妻曰:"吾欲试相视一事。"乃出其囊中药,少少投之;食顷发之,已成银。伟大惊,曰:"道近在汝处,而不早告我,何也?"妻曰:"得之须有命者。"于是伟日夜说诱之,卖田宅以供美实衣服,犹不肯告伟。伟乃与伴谋挝笞伏之,妻辄知之,告伟言:"道必当传其人。得其人,道路相遇,辄教之;如非其人,口是而心非者,虽寸断支解,而道犹不出也。"伟逼之不止,妻乃发狂,裸而走,以泥自涂,遂卒。

6. 吕仲子婢死,有女儿年四岁,葬后数来抚循之,亦能为儿沐头浣濯,甚令人恶之。以告方士,云其家青狗为之,杀之则止;婢遂不复来。

桓谭不信谶纬,其著作《新论·辩通》对上述怪事加以辨别,但终究是方外内容,匪夷所思,就如后汉应劭《风俗通义》部分章句记载神异怪事。这些内容我们都可以看做是儒学谶纬化对志怪小说的影响。正如《文心雕龙·正纬》中说:"伎数之士,附以诡术,或说阴阳,或序灾异,若鸟鸣似语,虫叶成字,篇条滋蔓,必假孔氏,通儒讨核,谓起哀平,东序秘宝,朱紫乱矣。"又曰:这些神异东西"无助经典,有益文章"。怪力乱神为儒家人士所不喜,但它恰恰是小说所需要的。

第四节 西汉后期两个俗故事演变

一、西王母故事

西王母的传说早见于汉籍,甲骨文中有"西母""东母"的记载。① 战国时期的文献《山海经》中"西王母"出现多次,如《西山经》云:"玉山是西王母所居也。"《海内北经》云:"西王母梯几而戴胜杖,其南有三青鸟,为西王母取食,在昆仑墟北。"《大荒西经》云:"(昆仑之丘)有人,戴胜,虎齿,有豹尾,穴处,名曰西王母。"

首先,看西王母的居住地,在西方的昆仑山。神话中的昆仑首先是

---

① 陈梦家:《殷墟卜辞综述》,《考古学专用甲种》第二号,北京:中华书局1988年版,第57页。

日落之处、死亡之地。由《西山经》、《大荒北经》、《海外北经》、《海内北经》中可知昆仑是葆江、相柳、尧、帝喾、丹朱、相繇等众神的归宿地。王昆吾先生认为"昆仑一名显然不必理解为某山、某物的专名，……它是某种神秘观念的产物。"①这种观念认为人死后灵魂飘走，要有一个目的地，这个目的地一般称之为"台"，《山海经》中有"帝尧台"、"帝喾台"等称呼，《封神榜》中受封诸人，无论生前是好人或恶人，都被封于"台"上，"台"是一片高地，因而王昆吾先生说"所谓'昆仑'，'其原始涵义即是墓丘'"②。除此之外，上述篇名的"西""北"字也值得考究，西方是日落处，按神话学家的意见，自然象征着死亡。③"北方"是不毛之地，神话英雄鲧治水不能成功被尧杀死于北方，可见北方也和死亡有关。另外《礼记·檀弓下》云："葬于北方、北首，三代之达礼也，之幽之故也。"《诗经·巷伯》云："彼谮人者，谁适与谋？取彼谮人，投畀豺虎；豺虎不食，投畀有北；有北不受，投畀有昊。"《毛诗正义》解释道："以北方太阴之气，寒凉而无土，毛不生草木寒冻，不可居处，故弃于彼，欲冻杀之。"因此从方位上考察，"西"和"北"字均代表幽冥，是死亡之所，传说中的昆仑位置正在西北方向。

其次，看西王母的形象。以上说明，既然昆仑和死亡直接关联着，其中的山神自然就是死亡之神或者刑杀之神，《西山经》云："西王母其状如人，豹尾虎齿而善啸，蓬发戴胜，是司天之厉及五残。"西王母的一个本相是虎形，证实她是操持灾害、刑杀权柄的大神，也即是凶神、死神。除此之外，还要注意的是——她的"穴处"，原来是在洞间或地下，属阴间的主神，西王母居处下有"弱水之渊环之"。这自然使人联系到黄泉。《史记·郑世家》说："庄公迁其母武姜于城颖，誓言曰：'不至黄泉，毋相见也。'"裴骃《集解》引服虔曰："天玄地黄，泉在地中，故曰黄泉。"《荀子·劝学》云："蚓无爪牙之利，筋骨之强，上食埃土，下饮黄泉。"显然黄泉是指地下水，借以比喻深土中的墓葬，同样和死亡相联系。

但是，昆仑又是生的场所，是生命的发生地和"不死之地"。因为在古人看来，死亡是向神灵的复归，是同神灵相结合的生命，而只有同神

---

① ② 《中国早期艺术与宗教》，上海：东方出版中心1998年版，第85、98、100页。

③ 叶舒宪：《中国神话哲学》，北京：中国社会科学出版社1992年，第46页。

灵相结合的生命才是真正永恒的生命,因而神话故事中众神的死恰恰又是另外一次生命的开始。同样上述所谓"穴处"或"黄泉"之地恰恰又是生命的发生之源,西王母所居之地"其外有炎火之山"。在古人心目中,水主阴间,火是生命的象征,《周易》云"离卦为火",那炎炎的烈火正澎湃出无穷的生命。又,《史记·律书》写到:"十一月,也律中黄钟。黄钟者,言阳气踵黄泉而出也。""阊阖风居西方。阊者,倡也;阖者,藏也。言阳气道万物,阖黄泉也。"显然黄泉之地也是生命的根源。昆仑山的主神西王母有"不死之药"。《淮南子·览冥训》云:"羿请不死之药于西王母,嫦娥窃之奔月。"张衡《灵宪》也有类似的记载。司马相如《大人赋》云:"吾乃今日睹西王母、皓然白首,戴胜而穴处兮,亦幸有三足乌为之使。必长生若此而不死兮,虽济万世不足以喜。"这说明汉代中期的人深信西王母并不仅仅是司管刑杀的主神,更主要是渡人长生的仙使了。

西汉末年,对西王母的崇拜达到极盛,哀帝建平元年正月丁未日出时,"有着天白气,广如一匹布,长十余丈,西南行,谨如雷,西南行一刻而止,名曰天狗"①。(哀帝建平)四年春,大旱。"关东民传行西王母筹,经历郡国,西入关至京师。民又会祠西王母,或夜持火上屋,击鼓号呼相惊恐"②。新莽时期,王莽更荒诞地说他的姑母王改君就是西王母,庇护天下。其下诏书云:"皇太后为'新室文母太皇太后',协于新故交代之际,信于汉氏。哀帝之代,世传行诏筹,为西王母共具之祥,当为历代母,昭然著明。"③

同样是西王母的这件事,翟义起兵反对王莽,则说:"太皇太后肇有元城沙鹿之右,阴精女主圣明之祥,配元生成,以兴我天下之符,遂获西王母之应,神灵之征,以佑我帝室,以安我大宗,以绍我后嗣,以继我汉功。"④

上述事例说明西汉哀平时期人们对西王母的崇拜达到很迷狂的程度。西王母开始走上道教化道路也可能是这个时期,

---

① 《汉书·天文志》。
② 《汉书·哀帝纪》。
③ 《汉书·元后传》。
④ 《汉书·翟方进传》。

南北朝时期,西王母的形象发生了很大的变化。成书于晋代的《穆天子传》其中有云:"天子宾于西王母……觞于瑶池之上,西王母为天子谣。"然后是西王母与穆天子赠诗作答等。在这个故事中,西王母不但和常人能够接近,而且能作诗,身份也提高了——成了上帝的玉女。如托名班固撰的《汉武帝内传》中出现的西王母,竟成"可年卅许,修短得中,天姿掩蔼,容颜绝世"的女仙了。她的妆饰和随行酷似人间帝后。她操有的不死之药,是三千年结一次果实的仙桃。以后,西王母主持天上的蟠桃盛会,会上用这种食之长生不老的仙桃宴请群仙的神话,广为流传。在这个神话的流传过程中,西王母的神性进一步扩大,她不但是仙界管理众女仙的领袖,民间祈求长寿和平安的对象,也在民间信仰上成为男女婚配,妇女祈求授子的信仰对象。

二、东方朔故事

东方朔的记载首先出现在《史记·滑稽列传》。汉武帝年间《史记》成书之后即有亡缺,其后有人续补。《汉书·艺文志》云:"《太史公》百三十篇。十篇有录无书。"《史记集解》引张晏语曰:"元成之间,褚先生补阙,作《武帝纪》、《三王世家》、《龟策》、《日者列传》,言辞鄙陋。非迁本意也。"褚先生不仅有补阙,还有续史六篇,其中一篇就是《滑稽列传》,由此可见今本《滑稽列传》可能是司马迁和褚先生完成的。今本《史记·滑稽列传》有两部分构成,前面部分包括淳于髡、优孟、优旃为司马迁作,褚先生完善,后半部分为褚先生续作,续作部分包括郭舍人、东方朔、西门豹三章。其中有关东方朔"滑稽"的仅三百多字。云:

> 武帝时,齐人有东方生名朔,以好古传书,爱经术,多所博观外家之语。朔初入长安,至公车上书,凡用三千奏牍。公车令两人共持举其书,仅然能胜之。人主从上方读之,止,辄乙其处,读之二月乃尽。诏拜以为郎,常在侧侍中。数召至前谈语,人主未尝不说也。时诏赐之食于前。饭已,尽怀其余肉持去,衣尽污。数赐缣帛,檐揭而去。徒用所赐钱帛,取少妇于长安中好女。率取妇一岁所者即弃去,更取妇。所赐钱财尽索之于女子。人主左右诸郎半呼之"狂人"。人主闻之,曰:"令朔在事无为是行者,若等安能及之哉。"朔

任其子为郎,又为侍谒者,常持节出使。朔行殿中,郎谓之曰:"人皆以先生为狂。"朔曰:"如朔等,所谓避世于朝廷间者也。古之人,乃避世于深山中。"时坐席中,酒酣,据地歌曰:"陆沉于俗,避世金马门。宫殿中可以避世全身,何必深山之中,蒿庐之下。"

从上文看来,东方朔在汉武帝时代确有不同寻常之处,但不一定有后世那么高的名声。褚少孙是汉朝元成间的一位博士,故其补写《史记》时间应约在公元前48年(元帝初元)至公元前7年(成帝绥和)前后。在班固作的《汉书·东方朔传》中,东方朔的形象大为改变,补充内容众多,班固说他那样写东方朔的根据是"朔之诙谐,逢占射覆,其事浮浅,行于众庶,童儿牧竖莫不眩耀。而后世好事者因取奇言怪语附著之朔,故详录焉。"①《汉书·东方朔传赞》云:"刘向言少时数问长老贤人通于事及朔时者,皆曰朔口谐倡辩,不能持论,喜为庸人诵说,故令后世多传闻者。"刘向生卒时间为前77~前6年,"刘向少时"应指汉昭、宣帝年间,说明这个时期东方朔的形象就有变化。那么究竟谁进一步哄抬了东方朔滑稽故事呢?我们认为除了广泛的民间传播外,文人中最有可能的是扬雄,证据如下。

第一,扬雄认为东方朔是西汉滑稽人才中的翘楚。《法言·渊骞》曰:"世称东方生之盛也,言不纯师,行不纯表,其流风遗书,蔑如也。或曰:'隐者也。'……或问:'东方生名过实者,何也?'曰'应谐、不穷、正谏、秽德,应谐似优,不穷似哲,正谏似直,秽德似隐。'请问'名'。曰:'诙达。''恶比?'曰'非夷尚容,依隐玩世,其滑稽之雄乎!'"关于"滑稽之雄":《史记》有《滑稽列传》,司马贞索引引《楚辞》崔浩注云:"滑,音骨;滑稽,流酒器也。转注吐酒,终日不已,言出口成章,词不穷竭,若滑稽之吐酒。"扬雄《酒赋》亦云:"鸱夷滑稽,腹大如壶,尽日盛酒,人复籍沽。"言下之意,东方朔很能喝酒。东方朔盛誉满天下,扬雄道其中原因是:"应谐、不穷、正谏、秽德,应谐似优,不穷似哲,正谏似直,秽德似隐。"应谐乃应对谐隐、转拘成韵也。不穷指出口成章,俪语连珠也。正谏指东方朔曾作过《谏除上林苑》、《化民有道对》、《临终谏天子》等文虽诙谐调笑,然义归于正。秽是外表污秽,内心纯洁之意,如《东方朔画

---

① 《汉书·东方朔传赞》。

赞》言"洁其道而秽其迹,清其高而浊其文"之意。优指倡优也,俳优也,在皇帝身边"调笑而已"。另外,扬雄还说东方朔是个"隐者",乃是取其"大隐隐于朝,小隐隐于世"之意。东方朔《诫子书》云:"明者处世,莫尚于中,优哉游哉。与道相从,首阳为拙,柳惠为工,饱食安步,以仕代农。以隐玩世,诡时不逢。"所有我们看到,扬雄把东方朔平生风流概括完毕,如果没有对东方朔故事的充分掌握,他是不可能得出东方朔是"滑稽之雄"。

第二,东方朔也是扬雄尊崇的人物之一,东方朔以辞赋闻名,扬雄也是这样,扬氏拟《答客难》作《解嘲》、《解难》,在文学笔法上步之若趋。《汉书·扬雄传》称:"赋者,将以风也,必推类而言,极丽靡之辞,闳侈钜衍,竞于使人不能加也,既乃归之于正,然览者已过矣。……又颇似俳优淳于髡、优孟之徒,非法度所存,贤人君子诗赋之正也,于是辍不复为。"这里明说淳于髡、优孟之徒,实际暗含东方朔,说明在心理取向上扬雄认同东方朔的人格,并认为自己和东方朔相去不远。

第三,扬雄平生有好奇和求索用心,他对东方朔故事应该是十分注意的。扬雄曾作《蜀王本纪》,其实是历代蜀王的传记,始于先王蚕丛,迄于秦代。内容新异,中间羼杂着神话、传说成分。其实和后世志怪小说相去不远。扬雄还求索各地方言,作《輶轩使者绝代语释别国方言》(简称《方言》),《答刘歆书》是在《方言》写成之后,写给刘歆的一封回信,信中自言,"雄为郎之岁、自奏、少不得学、而心好沈博绝丽之文。……故天下上计孝廉及内郡卫卒会者、雄常把三寸弱翰、赍油素四尺、以问其异语。归即以铅摘次之于椠、二十七岁于今矣"①。既然广求方言资料,那么掌握东方朔事迹应该不成问题。

第四,在扬雄班固以后,东方朔故事进一步被传奇化,如把有的事从别人那里移植到东方朔头上,如《史记》中的郭舍人救乳母变成东方朔救乳母。《滑稽列传》:"武帝时有所幸倡郭舍人者,发言陈辞虽不合大道,然令人主和说。武帝少时,东武侯母常养帝,帝壮时,号之曰'大乳'。……乳母所言,未尝不听。有诏得令乳母乘车行驰道中。……乳母家子孙奴从者横暴长安中,当道掣顿人车马,夺人衣服。……乳母先

---

① 严可均:《全上古三代秦汉三国六朝文》(一),北京:中华书局1958年版,第411页。

见郭舍人,为下泣……郭舍人疾言骂之曰:'咄!老女子何不疾行!陛下已壮矣,宁尚须汝乳而活邪?尚何还顾!'于是人主怜焉悲之。"在《西京杂记》中救乳母家人的变成了东方朔:"武帝欲杀乳母,乳母告急于东方朔。朔曰:'帝忍而愎,旁人言之,益死之速耳。汝临去,但屡顾我,我当设奇以激之。'乳母如言。朔在帝侧曰:'汝宜速去,帝今已大,岂念汝乳哺时恩邪!'帝怆然,遂舍之。"《西京杂记》是六朝时期的文献,说明在那时东方朔的故事还在继续演绎。如《列仙传》,其中传东方朔云:"至宣帝初,弃郎以避乱世。置帻官舍,风飘之而去,后见于会稽,卖药五湖,智者疑其岁星精也。"东方朔成为列仙人物,而这种神仙风骨在扬雄和班固叙述中没有见到,所以滑稽之雄是东方朔故事在西汉后期的准确概括。

西汉后期,元故事演变最剧烈者属西王母和东方朔了,一个是神话内容的演变和变异;一个是世俗故事的演变和变异,都具有演义性质,中间当然离不开虚构和想象,这也正是小说家的笔法,我们举出这两则故事意在说明,西汉后期具有小说发育的良好土壤,为六朝时期小说创作的到来做足了准备。

第四章　论西汉后期的奏疏

中国古代散文名类繁多,《文心雕龙》以"文笔之辨"甄别天下文章为两类,属于"笔"类的几乎都是散文,清代姚鼐的《古文辞类纂》区分古文(姚鼐持大散文概念)为论说、序跋、章表、书说、赠序、诏策、传状、箴铭、杂记、辞赋、哀祭等,其中奏疏类多存于章表和诏策之中,毫无疑问,唐宋以来序跋、赠序、书说、传状、杂记是十分发达的文体,唐宋以上则以论说、辞赋、箴铭、哀祭等胜出。两汉时期,奏疏特别引人注目,大量优秀散文存于奏疏之中,贾谊、晁错、董仲舒、刘向、谷永、匡衡之对震世骇俗。今天的文学史著作常受制于西方文艺理论和国内政治理论的深刻影响,对于两汉散文除一般介绍贾谊的《陈政事疏》、晁错的《言兵事疏》外,对其他各家均不予介绍,或存而不录,这其实有悖于中国古代文学史的实践,对于古代优秀作家有失公平,故叙此一章。

第一节　奏疏的来源和风格特点

"奏疏"是古代大臣向君主上书文章的统称。西汉奏疏作为汉代散文的一个重要组成部分历来受到重视,东汉班固撰写《汉书》,西京奏议著录很多。唐代以后,随着古文运动的兴起和发展,西汉奏疏作为优秀散文读本为天下士子所喜爱,如韩愈《答李翊书》中曰:"非三代两汉之书不敢观,非圣人之志不敢存。"明代前后"七子"倡言"文必秦汉,诗必盛唐"。他们所指的文就包括奏疏文字。南宋以后的散文选家以其独到的批评眼光遴选优秀散文,他们或为其中文字所吸引,或为天下人指出作文门径,或为对抗所谓的骈文,特别是真德秀《文章正宗》,吕祖谦《古文关键》,梅鼎祚《西汉文纪》,顾瑞屏《秦汉鸿文》,姚鼐《古文辞类纂》等所选散文成为后世关注评价和学习的典范。然而,我国当代对于西汉散文特别是奏疏一类的文字研究十分欠缺,因此本著启奏疏为一章,以观西汉散文的品质和风貌。

"奏疏"乃古文体统称,特指臣下上奏帝王的各类文字,疏的本义是条陈梳理,要求条理清晰,上疏朝廷文字事关重大,不可马虎。故为秦汉大臣重视,疏或通"书",如司马相如《上疏谏猎》、枚乘《奏书谏吴王濞》、邹阳《狱中上梁王书》。常见的奏疏包括章、表、奏、议四者。奏疏的得名从秦朝开始,《文心雕龙·书记》载:"战国以前,君臣同书,秦汉立仪,始有表奏,王公国内,亦称奏书。"《文心雕龙·奏启》说:"秦始立奏,而法家少文。观王绾之奏勋德,辞质而义近;李斯之奏骊山,事略而意诬,政无膏润,形于篇章矣。"自汉以来,奏事或称"上疏",汉末蔡邕总结文体,对章、表、奏、议的用途和写法规则加以区分,"章",《独断》卷上:"章者,上书谢恩陈事诣阙通者也。""表",《独断》卷上:"表者,上言臣某言,下言臣诚惶诚恐,稽首顿首,死罪死罪。……表文报已奏如书,凡章表皆启封,其言密事得皂囊盛。""奏",蔡邕《独断》卷上:"奏者,其京师官但言稽首,下言稽首以闻。其中者所请,若罪法劾案公府送御史台,公卿校尉送谒者台也。""驳议",《独断》卷上:"其有疑事。公卿百官会议。若台阁有所正处,而独执异议者曰驳议。驳议曰:某官某甲议以为如是。下言臣愚憨议异。其非驳议,不言议异。其合于上议者,文报曰某官某甲议可。"

当然,汉代的奏疏文体并不止四种。实际应用中,可以看到的体裁还有"封事"、"对策"等。《文心雕龙·议对》篇说:"对策者,应诏而陈政也。"应对时由皇帝出题目,叫策问;应对者按题陈述自己的意见,故叫对策。汉代晁错、董仲舒、路温舒、谷永等都以对策著名。"封事"是一种秘密的奏议,进奏时加以密封,以防泄漏。如何密封呢?《文心雕龙·奏言》:"自汉置入仪,密奏阴阳,皂囊封板,故曰封事。"《汉书·宣帝纪》:"而今群臣的奏封事,以知下情。"所云封事者,实则奏章,其区别在于,一般奏疏照例需要经过尚书一级的传递机关的检查,而封事则可避免尚书检查而直达皇帝手中,如汉末刘向奏封事等。

汉代奏疏的写作样式,洪迈《容斋续笔卷·第四》有"汉代文书式"条,其中云:"汉代文书,臣下奏朝廷,朝廷下郡国,有《汉官典仪》、《汉旧仪》等所载,然不若金石刻所著见者明白。"洪迈所举有三种形式,一是直达天庭的,如《史晨祠孔庙碑》,前云:"建宁二年三月癸卯朔七日巳酉,鲁相臣晨,长史臣谦顿首死罪上尚书,臣晨顿首顿首,死罪死罪。"末云:"臣晨诚惶诚恐,顿首顿首,死罪死罪上尚书。"二是经过尚书省传达天子的,如《无极山碑》云:"光和四年某月辛卯朔廿二日壬子,太常臣耽、丞敏顿首上尚书。"末云:"臣耽愚戆,顿首顿首上尚书。制曰:可。大尚(读为太常)。承书从事,某月十七日丁丑,尚书令忠奏雒阳宫。"三是经过三公上奏于天子的,如:《常山相孔庙碑》,前云:"司徒臣雄,司空臣戒,稽首言。"末云:"臣雄、臣戒愚戆,诚惶诚恐,顿首顿首,死罪死罪,臣稽首以闻。制曰:可。元嘉三年三月廿七日壬寅,奏洛阳宫。元嘉三年三月丙子朔廿七日壬寅,司徒雄、司空戒下鲁相。"又云:"永兴元年六月甲辰朔十八日辛酉,鲁相平,行长史事、卞守长擅,叩头死罪,敢言之司徒、司空府。"末云:"平惶恐叩头,死罪死罪,上司空府。"此碑有三公奏天子,朝廷下郡国,郡国上公府三式。① 虽然洪迈所举均是东汉事例,但推想西汉奏议可能与此相差不远。

奏议作为一种文体,有自己的写作规范,曹丕《典论·论文》称:"夫文本同而末异。盖奏议宜雅,书论宜理,铭诔尚实,辞赋欲丽。"曹丕所谓的"雅"、"理"、"实"、"丽"主要是就文体风格和写作要求而言。"雅"有"雅正"、"典雅"的基本意思。儒家向来重视"雅俗之辨","雅俗之辨"也就是"雅郑之别",《论语·阳货》:"恶紫之夺朱也,恶郑声之乱雅乐也,恶利口之覆邦家者。"《论语·卫灵公》:"放郑声,远佞人。郑声淫,佞人殆。"由一般广义文化观念表达落实到文学的表达,就是要求奏议文章应该写得如做君子仪表那样文质彬彬,不卑不亢,合乎礼仪规范。陆机《文赋》云:"颂优游以彬蔚,论精微而朗畅。奏平澈以闲雅。"《文心雕龙·奏启》中说:"夫奏之为笔,固以明允笃诚为本,辨析疏通为首。强志足以成务,博见足以穷理,酌古御今,治繁总要,此其体也。"

---

① 洪迈:《容斋续笔》,长春:吉林文史出版社1994年版,第201、202页。

《文心雕龙·奏启》论述"奏"之风格曰:"若乃按劾之奏,所以明宪清国。昔周之太仆,绳愆纠谬;秦有御史,职主文法;汉置中丞,总司按劾;故位在鸷击,砥砺其气,必使笔端振风,简上凝霜者也。观孔光之奏董贤,则实其奸回;路粹之奏孔融,则诬其衅恶。名儒之与险士,固殊心焉。"刘勰用比喻的方法,结合史实篇章形象概括了奏疏的文风特点。

　　《文心雕龙·议对》对于"议"之文风概括为:"文以辨洁为能,不以繁缛为巧;事以明核为美,不以环隐为奇:此纲领之大要也。若不达政体,而舞笔弄文,支离构辞,穿凿会巧,空骋其华,固为事实所摈,设得其理,亦为游辞所埋矣。"刘勰从写作规范和应避免的问题两个方面说明"议对"的文风特点。

　　总而言之,奏疏公文由于它的实际应用解决问题和提出建设性意见的特性,要求作者识见卓越,能抓住问题的本质和核心,提出富有成效的建议。奏疏作为公文,由其实用目的决定,有自己的特色,其文大多言简意赅,不为浮词而伤实。奏疏文章要辞直理壮,刚健笃实,大多以言理见长行文特别要求雅正,即要求文章通达流畅,虽典雅而不求深奥。奏疏文章作为庙堂文字,诚如刘勰《文心雕龙·诠赋》所说"体国经野,义尚光大",因而具有敦厚尔雅的正统气象,有着鲜明的经典文风风格。

　　中国古代历来不乏奏疏文字,西汉奏疏屡屡为人称道,个中原因首先是由于唐代古文运动的推动和作品自身的优秀所至。其次,历来中国不乏君王作出姿态,下诏求"极言之士",但汉代皇帝尤为突出,这从客观上刺激了奏疏之类文字的产生。早在汉高祖定天下时,就下求贤诏,成为汉代举士的开始,汉文帝时又下诏,要求"举贤良方正能直言极谏者,以匡朕之不逮"[①]。汉武帝时下诏举贤成为定制,特别是在国家发生重大灾异时候,皇帝往往能躬身举贤人,与天下贤者议论政治,这是汉代的举士制度,延续达四百年之久。不过东汉的察举和西汉有所不同:西汉察举,重在"直言极谏",东汉重在"孝廉道德"。由于重在"直言极谏",所以我们看到西汉刘向、谷永、王嘉等人的奏疏都充满刚正不阿的正气。

---

　　① 《汉书·文帝纪》。

第二节　西汉奏疏和时代风气、审美思潮的呼应

西汉奏疏的发展变化与政治形势和时代思潮的变化关系密切,在考察奏疏文风的流变时,有必要对当时的政治形势和时代思潮作一番梳理。

西汉政权初期,经济衰敝,百废待兴,因而中央实行黄老无为的宽松政策以恢复经济,在政治上采用"郡县制"和"分封制"并存的治国之策。在地方经济恢复的同时,原来分封各地为王的刘氏子孙势力日渐庞大,俨然有似于先秦各诸侯国,中央的权威远没有树立起来。同时黄老无为的思想策略也造就了汉初相对宽松自由的学术环境,这种宽松的环境使得战国诸子纵横风气有些回潮,如贾谊之《陈政事疏》、贾山《至言》、邹阳《狱中上梁王书》等。都显现出鲜明的纵横捭阖的气势,具有十分强烈的个性,他们设论譬喻,无所顾忌,恢弘大胆的议论几乎同于汉初先秦游士文风。钱穆先生说:"惟汉室初尚黄老无为,继主申韩法律,学问文章非所重,学术尚未到自生自长的地位,于是游仕食客散走于封建诸王间,以辞赋奖导奢侈,以纵横捭阖是非,依然是走的破坏统一的路。文学之与商贾、游侠,同样为统一政府之反动。"①

从汉武帝建元元年(前140年)到宣帝黄龙元年(前49年),这九十余年,是西汉王朝的鼎盛期,这个时期国家财力雄厚,武帝实行"推恩令"使地方王国的实力大大削弱,不再具有和中央抗衡的可能,真正实现了大一统的中央集权。汉武帝外表尊儒,实际儒法并举,但由于汉武帝的"尊儒"实际是"外儒内法"或"阳儒阴法"的思想路线,所以在一定程度上先秦文风还有部分延续。又由于武帝好大喜功之举,使得散文家如终军、徐偃、徐乐、主父偃、刘安等人的奏疏,纵横跌宕,迥然有别于经学奏疏文风。但汉武帝实行"罢黜百家,独尊儒术"的政策,儒家思想和由此形成的儒家文风逐渐占据作品的主流,《礼记·表记》引孔子曰:

---

① 《国史大纲》,北京:商务印书馆1996年版,第142页。

"情欲信,辞欲巧。""质胜文则野,文胜质则史,文质彬彬。"①《汉书·儒林传》序云:"武帝时公孙弘奏:'谨按诏书下者,明天人分际,通古今之谊,文章尔雅,训词深厚。'"对照今天的文论理解,"明天人分际,通古今之谊"是文章思想内容的要求,"文章尔雅,训词深厚"是文章形式或者文风上的要求,就是说,大臣奏疏应该高屋建瓴,从大的时空背景下构筑文辞,而文辞应该写得温文尔雅,文质彬彬,符合儒家审美习惯。董仲舒的文章一改先秦文章风气。董仲舒的文章代表了经学散文的基本特征。首先,它不像先秦和汉初的文章那样铺张扬厉,纵横驰骋,而是温文尔雅,侃侃而谈,有条不紊,带有浓厚的学者气。其次,它不仅引经据典,引申发挥,而且大讲天人关系和阴阳灾异,以便从宇宙观的角度提供论据。这两个特征是汉代散文发展的一种新趋向,随着经学的盛行,它逐渐成为汉代散文的主流。

从公元前48年汉宣帝死,汉元帝即位,到公元8年王莽篡汉,进入西汉后期。如果说当年汉武帝尊儒主要是一种统治手段的话,那么到了元帝以后,尊儒成为统治者的一种爱好,是一种发自内心的真诚,整个西汉后期,儒风大盛,儒生出任当朝御史大夫、丞相者众多,朝廷上下纷纷以儒家社会政治理想为蓝本进行改革,儒生的议论普遍迂腐、守旧、人云亦云,相对而言,只有贡禹、翼奉、匡衡、刘向、刘歆、扬雄、谷永、鲍宣等人的奏疏言之有物,或直接为当代社会现实而发,或者提出一些社会理想,或者尖锐批评朝政包括皇帝本人,他们的议论经学气味浓厚,表现手法多样,语句生动,声调铿锵,闻名当时,蜚声后代。

第三节 西汉后期灾异奏疏和作用

西汉中后期开始,阴阳灾异思想盛行,皇帝诏书,公卿奏疏中大多援引灾异以论国计民生,汉代散文文风至此大变,初期文风中的纵横余气至此一扫而净,奏疏本经立义,敦厚尔雅的正统文风成为主流。在汉代散文的发展过程中,灾异奏疏是其中的重要表现。

---

① 《论语·雍也》。

一、灾异奏疏的产生

何谓灾异？《白虎通义》卷六："灾异者，何谓也？《春秋·潜潭巴》曰：'灾之为言伤也，随事而诛。异之为言怪也，先发感动之也。'"《春秋繁露·必仁且智》说："天地之物，有不常之变者，谓之异；小者谓之灾。灾常先至，而异乃随之。灾者，天之谴也。异者，天之威也。"可知灾异指反常的或对人有害的自然现象，异者更甚于灾。灾异奏疏就是引用天变灾异以说事理的文章。古人认为天和人同类相通，相互感应，天能干预人事，人亦能感应上天。灾异奏疏的产生离不开下列三个条件。

第一，西汉后期灾异频现。有学者统计，西汉皇帝因灾异所下罪己诏凡二十八条，以元帝时为最多；西汉皇帝因怪异天象而大赦天下的赦令凡二十二条，以元成二帝时为最多。① 据《汉书·元帝纪》记载，元帝统治的十六年中，书中直接引用诏书有十九处，与前代君主不同的是，在元帝所颁布的这些诏书中，流露出一种独具儒家思想特色的自咎、反省言词，如"咎在朕躬"、"咎在朕之不明"、"战战兢兢"、"夙夜栗栗"以及"惧"、"悼"、"闵"、"自耻"、"自伤"、"靡瞻不眩，靡听不惑"等词汇，这说明灾异直接影响到皇帝的心理，进而会对整个王朝的政治运作及文化产生影响。

第二，和儒家经书的某些记载特别是汉儒的政治发挥有关。灾异思想发生的根源是天人感应，其最初形态是神人相应，它起源于西周初年，基本内容是：人格化至上神监视着统治者的行为，赏善罚恶。如《诗经·周颂·敬之》："敬之！敬之！天维显思！命不易哉！无曰高高在上，陟降厥士，日监在兹。"西周末开始，逐渐形成一种新的概念：自然界的异常现象是由于人的不良行为引起的。如《国语·周语》记载伯阳父的话："天地之气，不失其序，若过其序，民乱之也。阳伏而不能出，阴迫而不能烝，于是有地震。"这是伯阳父对地震的解释，明显地把天道人事结合在一起。《尚书·洪范》篇中对天人感应进行系统性整理，把自然灾异和人事行为是否端正对应联系起来了。《汉书·五行志》说："汉

---

① 吴青：《灾异与汉代社会》，载《西北大学学报》1995年第3期，第39~45页。

兴,承秦灭学之后,景、武之世,董仲舒治《公羊春秋》始推阴阳,为儒者宗。"《春秋》经传确实记载了大量的所谓"灾异",如日食、陨星、有蜮、地震、大水、大旱、陨石于宋五、陨霜不杀草、正月不雨至于秋七月、昼晦、彗星见于东方、有星孛于大辰、鹳鹆来巢等等,这些记载给后儒解说《春秋》以很大的发挥余地。不过孔子的《春秋》虽然记载灾异,但没有天道人事对应的发挥。到了汉代,随着大一统专制政治的加强,皇帝的权威无限膨胀,如何利用神权来制约皇权,就显得十分必要了。这里所谓神权,其实就是"天"的意志。董仲舒说:"国家将有失道之败,而天乃先出灾害以谴告之;不知自省,又出怪异以警惧之。"①在他看来皇帝是"天子",他是代"天"来子养万民的,天无时无刻不在监督人间的政治,一旦发现有"失道"之处,天就要显现出"灾异"来,用以"谴告"和"警惧"人主,使有所悔悟,使有所更张。而人主出于对天命的畏惧,也往往会认真地考虑臣子根据灾异所做的谏诤。这样,以"灾异"的形式表现出来的"天"的意志,也就成了对绝对皇权的一种限制因素。汉代的儒生正是适应当时社会的这种政治需要,对《春秋》经传中有关灾异的内容加以改造,说成是:"《春秋》纪二百四十二年灾异,以视万世之君。"②灾异之说对于限制君王胡作非为和实行仁政能够起到一定作用。但是,灾异论毕竟有自身无可证验的局限,对灾异解释的随意性很大,有时儒生根据《春秋》陈说灾异,由于超过了最高统治者可以接受的限度,还会导致非常残酷的结局,董仲舒言辽东郊庙灾变险些为此送命,而董氏的弟子眭孟,根据泰山"有大石自立",上林苑中已经断枯倒地的大柳树"亦自立生"等,"推《春秋》之意,……今大石自立,僵柳复起,非人力所为,此当有从匹夫为天子者",公开让汉皇帝退位,结果眭孟以"妖言惑众,大逆不道"罪"伏诛"。③ 眭孟这种奋不顾身忠勇精神可嘉,其后盾是对经学义理的虔诚膜拜。汉代灾异论者往往如是。

第三,和儒家士人对封建王朝的心理指向有关。经历春秋战国的纷乱和秦王朝的无道统治,儒家士人对于新起而立的汉王朝充满了期待,特别是汉武帝采取"罢黜百家,独尊儒术"的思想政策,使天下士子亢奋

---

① 《汉书·董仲舒传》。
② 《汉书·京房传》。
③ 《汉书·眭孟传》。

异常,他们自觉地拜倒在天子脚下,"唯天子受命于天,天下受命于天子"①。他们从维护国家稳定的角度出发,神话皇帝。董仲舒说:"古之造文者,三画而连气质谓之王。三画者,天地于人也。而连其中者,通其道业,取天地于人之中以为贯耳参通之,非王者孰能当是"②。兒宽上书武帝曰:"陛下恭发圣德,统楫群元,宗祀天地,荐礼百神,精神所向,征兆比报,天地并应,付瑞昭明。"③惩秦王朝"不信天"、"不信鬼"的暴虐统治,儒家士人总是指望能找到一个约束机制,对统治者尤其是皇权施行一定程度的制约。此前的儒家虽大声呼喊,如《荀子·大略》云:"天之生民,非为君也;天之立君,以为民也。故古者列地建国,非以贵诸侯而已;列官职,差爵禄,非以尊大夫而已。"但荀子不信鬼神和天命,这种议论是没有制约性的,无制约性的原则在现实政治生活中无法实现。所以董仲舒主张"屈民而伸君,屈君而伸天"④。在"君"之上增加了"天"的权威,他说:"天之生民,非为王也;而天立王,以为民也。故其德足以安乐民者,天予之,其恶足以贼害民者,天夺之。"⑤这样对"天"的进一步引申发挥必然刺激灾异奏疏的发达。

二、灾异奏疏的内容特点和意义

西汉中后期经学兴盛,皮锡瑞《经学历史》中说:"元成以后,刑名渐废,上无异教,下无异学。皇帝诏书,群臣奏议,莫不援引经义,以为据依。国有大疑,辄引《春秋》为断。"时代风气如此,文学自然也不例外,灾异奏疏由于其中的灾异思想同经学的密切关系,文章中充满浓厚的经学气息,在奏疏中《诗经》、《尚书》等儒家经典频被引用。另外我们必须看到,面对强大无比、致人生死的皇权,灾异奏疏也是西汉儒生采取的不得已的形式。因为《荀子·非相》早已言及:"凡说之难:以至高遇至卑,以至治接至乱,未可直至也。远举则病缪,近世则病佣。善者于是间也,亦必远举而不缪,近世而不佣,与时迁徙,与世偃仰,缓急赢绌,

---

① 《春秋繁露·为人者天》。
② 《春秋繁露·王道通三》。
③ 《汉书·兒宽传》。
④ 《春秋繁露·玉杯》。
⑤ 《春秋繁露·尧舜不擅移汤武不专杀》。

府然若渠匽檃栝之于己也,曲得所谓焉,然而不折伤。"韩非子的《说难》、《难言》等文则从另一方面说明游说君主之难,弄不好有杀身危险,毫无疑问,灾异内容也是保护论说者自己的一道挡箭牌。

第一,灾异奏疏由于关涉"天"的内容,不可避免地总有奇玮谲怪的色彩,这类文章总是充溢着奇怪和不可思议之事。如杜邺《元寿元年举贤良方正直言对》:"日食地震,民讹言行筹,传相惊恐",刘向《极谏外戚封事》:"梓柱生枝叶",《上灾异封事》中说:"日月无光,雪霜夏陨,海水沸出,陵谷易处,列星失行。"《元延中上灾异书》中说:"泰山卧石自立,上林僵柳复起,大星如月西行,众星随之。"谷永建始三年夏《复上灾异》中说:"元年正月,白气较然起乎东方,至其四月,黄浊四塞,覆冒京师,申以大水,著以震蚀。"谷永《元延元年上灾异书》:"四月丁酉四方众星白昼流陨,七月辛未彗星横天。"作者又对此加以诡怪的推演和解说。如认为水为阴类,象征变自下生,月为后宫,日为人君,翼奉把《诗经》和干支结合起来提出"五际六情"之说,以"六情十二律"论邪正,李寻奏疏中,以天象变化比附五行论君主和后宫,哀帝建平四年,杜邺对上曰:"《春秋》灾异,以指象为言语。筹,所以纪数。民,阴,水类也。水以东流为顺走,而西行,反类逆上。象数度放溢,妄以相予,违忤民心之应也。西王母,妇人之称。博弈,男子之事。于街巷阡陌,明离闺内,与疆外。临事盘乐,炕阳之意。白发,衰年之象,体尊性弱,难理易乱。门,人之所由。枢,其要也。居人之所由,制持其要也。其明甚者。今外家丁、傅并侍帷幄,布于列位,有罪恶者不坐辜罚,亡功能者毕受官爵。皇甫、三桓,诗人所刺,《春秋》所讥,亡以甚此。指象昭昭,以觉圣朝,奈何不应。"[①]仔细阅读,发现上述种种说法其实是对《周易》"说卦"内容的进一步发挥,他们言之凿凿,今人看来多充满荒诞迷信,但这是古人的"科学"。

第二,灾异奏疏除掉奇异古怪的灾异内容外大多平易畅达。西汉后期奏疏文章大多感情充沛,平易畅达,不大注意于文采。董仲舒、刘向、翼奉、谷永等人的文章成为两汉鸿文的主体。刘师培说:"若贾生作论(《过秦论》之类),史迁报书,刘向、匡衡之献疏,虽记事记言,昭书简册,不欲操斛率尔,或加润饰之功,然大抵皆单行之语,不杂骈俪之词;或出

---

① 《汉书·五行志下》。

语雄奇(如史迁、贾生之文史,出于《韩非子》者也),或行文平实(如晁错、刘向之文是,出于《吕氏春秋》者也)。咸能抑扬顿挫,以期语意之简明。"①郭预衡先生说:"这时(元成以后)儒者写的文章是宣讲天人感应,阴阳灾异,引经据典,雍容谈吐,这就比较彻底地改变了战国遗留的那种纵横驰骋的文风。这时由于思想很不活跃,文章也就不见异彩。可以说,汉文章在这段时期里最贫乏的,除了贡禹、谷永等人的奏疏尚能反映一些政治得失之外,简直没有什么可以称道的文学。"②就其文章的指归来说,我们应该看到自从元成之际孟派儒学的兴起,民本思想高涨,经学家奏疏虽以经学思想为依托进行论政,但因其附会灾异,已经大大偏离了正统思想的樊篱,并进而以此经世致用,对皇权进行限制,并非唯唯诺诺的应声虫。其文章也因作者不同而面目各异,如董仲舒的深醇,刘向的忠恳,匡衡的练达,谷永的肆怪。奏疏文章自有其固有的特性和发展规律,说它"没有什么可以称道的文字"显然有些过分。

第三,灾异奏疏在汉代散文发展史上是极为重要的一个阶段,他是董仲舒开创的汉家正统文风的确立和继续。灾异奏疏充分体现了汉儒对于国计民生的呼吁和努力。贯注着强烈的用世精神。汉代大一统六合同风,九州共贯,实行郡县制的君主专制集权,君主的权力极度膨胀,儒生们借灾异立论,以天变做依据对至高无上的君主进行劝诫。中国在西周时期,周公发展了"以德配天"的思想,认为天命决定人事以道德为准,天命靡常,唯德是辅。天一方面授予君主以统治权;另一方面也时刻监视着君主是否有失德的行为。《诗经·大雅·皇矣》说:"皇矣上帝,临下有赫,监观四方,求民之莫。"《尚书·无逸》:"周公曰:'呜呼,我闻曰,昔在殷王仲宗,严恭寅畏天命,自度,治民祗惧,不敢荒宁。'"

徐复观先生对于西汉中晚期的灾异奏疏更是给予了高度的评价:"儒学的发展对汉代的影响,并不仅是造就出大批儒官,更重要的是他可提升知识分子的信念与理想,以儒家经义来批判现实,进而创造出一个合理完美的社会。所以我在这里总的说一句,贾山《至言》、董仲舒天人三策以后,宣、元、成、哀各代经学的意义,是通过他们的奏议表现出

---

① 韩兆琦:《先秦两汉散文专题》,北京:高等教育出版社2002年版,第307页。

② 《中国散文史》(上),上海:上海古籍出版社1985年版,第194页。

来的。没有经学,便不能出现这些掷地有声的奏议。虽然其中多缘灾异以立言,但若稍稍落实地去了解,则灾异只是外衣,外衣里的现实政治社会的利弊是非,才是他们奏议中的实质。这正是由经学塑造而来。所以两汉经学,除死守章句的小儒外,乃是由竹帛进入到他们的生命,再由生命展现为奏议,展现为名节的经学。""经学在朝廷政治中的气氛一天浓厚一天,经元帝、成帝、哀帝而极盛。这主要表现在儒生的奏议方面。西汉文、景之盛,一般知识分子的活动主要表现在辞赋上,宣帝以后则主要表现为儒生的奏议,在这些奏议中,气象博大刚正,为人民做了沉痛的呼号,对弊政作了深刻的抨击,这都是由经学教养中所鼓铸而出,为以后各朝代所难及。"①汉儒从貌似荒诞的灾异思想出发,为国计民生营虑思谋,在这些言论中蕴集着可贵的用世精神。

第四节 元、成时期的奏疏

元帝刘奭(前 76～前 33),西汉第七位皇帝。汉宣帝长子,生于民间,母许平君。宣帝死后继位,在位 16 年。"崇尚儒术",从此真正开始了西汉儒学化时代。成帝刘骜于前 32 年即位,在位凡 25 年,元成在位前后达 42 年之久,两位皇帝都爱好儒术,知识和学问修养比较丰厚,但他们两个都耽于音乐和声色,班固说:"元帝多才艺,善史书。鼓琴瑟,吹洞箫,自度曲,被歌声,分忖节度,穷极要妙。少而好儒,及即位,征用儒生,委之以政,薛、贡、韦、匡迭为宰相。而上牵制文义,优游不断,孝宣之业衰矣。"②评价成帝曰:"成帝善修容仪,升车正立,不内顾,不疾言,不亲指,临朝渊默,尊严若神,可谓穆穆天子之容矣!博览古今,容受直辞。公卿称职,奏议可述。"③元成时期重要的奏议作家是御史大夫贡禹、待诏翼奉、宗正刘向、丞相匡衡,以及扬雄、刘歆、鲍宣等。

第一是贡禹。贡禹(公元前 124～前 44)字少翁,琅邪(今山东诸

---

① 《徐复观论经学史二种》,上海:上海书店出版社 2002 年版,第 176、177 页。
② 《汉书·元帝纪赞》。
③ 《汉书·成帝纪赞》。

城）人，"以明经洁行著闻"①。（《汉书·贡禹传》）与王吉相善，世称"王阳在位，贡公弹冠，言其趋舍同也"②。他是宣元之间的贤良博士，在儒林中是铁骨铮铮，史称他在位数言得失，书数十上，保存于汉书中的言论可知他思想言论和文风面貌，大体看来，在西汉后期儒生动辄言灾异并以此批判社会的时代文风中，贡禹不为时俗所染，他的奏疏继承汉初贾谊、晁错的论说传统，披肝沥胆直接以当代世事为说，表现出大胆无畏的批评意识，贡禹现存的文章有两篇比较著名，一是《奏宜仿古自节》；一是《赎罪》。

《汉书·贡禹传》记载，贡禹对汉文帝的人品和政令十分欣赏，而对汉武帝颇有微词，在他看来，只要皇帝首先做出表率，选举贤才辅助自己，接纳忠诚正直之人，诛杀奸诈之臣，流放奸佞小人，废除汉武帝歌功颂德的那些祭祀乐舞，禁止靡靡之音的郑国声乐，退掉浮华轻巧的物品，提倡节俭的风气，就可以把社会治理得像三王时期一样，甚至可与五帝时期媲美。而汉武帝好大喜功、不拘一格的人事制度、法律制度、财政举措就是西汉社会腐败之源。

贡禹尖锐地批判了汉武帝以来封建统治阶级的奢侈极乐。封建的滥费，造成人民的贫困。后世（即武帝以来）争为奢侈，转转益甚。如：

> 武帝时，又多取好女至数千人，以填后宫。及弃天下，昭帝幼弱，霍光专事，不知礼正，妄多臧（藏）金钱财物，鸟兽鱼鳖牛马虎豹生禽，凡百九十物，尽瘗臧（藏）之，又皆以后宫女置于园陵，大失礼，逆天心，又未必称武帝意也。昭帝晏驾，光复行之。至孝宣皇帝时，陛下恶有所言，群臣亦随故事，甚可痛也！故使天下承化，取（娶）女皆大过度，诸侯妻妾或至数百人，豪富吏民畜歌者至数十人，是以内多怨女，外多旷夫。及众庶葬埋，皆虚地上以实地下。其过自上生，皆在大臣循故事之罪也。

贡禹的这种社会政治批判是西汉中期《盐铁论》中以儒生为代表的社会政治批评的延续，但《盐铁论》指责国家政治之失误多多，且汗漫无边，没有中心，它从现实问题出发，针砭时弊，颇中要害，贡禹上疏几乎

---

①② 《汉书·贡禹传》。

都是围绕朝廷奢侈极乐而展开。

他批评当时的情况，把原因归为："今大夫僭诸侯，诸侯僭天子，天子过天道，其日久矣。承衰救乱，矫复古化，在于陛下。"他针对这种现实攻击的言论是大胆的，他说：

> 起武帝征服四夷，重赋于民，民产子三岁则出口钱，故民重困，至于生子辄杀，甚可悲痛！……今汉家铸钱及诸铁官皆置吏，卒徒攻山取铜铁，一岁功十万人已（以）上，中农食七人，是七十万人常受其饥也。凿地数百丈，……斩伐林木，亡有时禁，水旱之灾，未必不由此也。自五铢钱起已（以）来，七十余年，民坐盗铸钱被刑者众。富人积钱满室，犹亡厌足，民心动摇。商贾求利，东西南北，各用智巧，好衣美食，岁有十二之利，而不出租税。农夫父子暴露中野，不避寒暑，捽草耙土，手足胼胝，已奉谷租，又出稾税，乡部私求，不可胜供。故……贫民虽赐之田，犹贱卖以贾，穷则起为盗贼。……诸离宫及长乐宫卫，可减其太半，以宽繇役。又诸官奴婢十万余人，戏游亡事，税良民以给之，岁费五六钜万，宜免为庶人，……近臣自诸曹侍中以上家亡得私贩卖与民争利。……武帝……行一切之变，使犯法者赎罪，入谷者补吏，是以天下奢侈，官乱民贫，盗贼并起。

由于统治阶级的越礼行为造成社会风俗败坏："盗贼并起，亡命者众，郡国恐伏其诛，则择便巧史书习其计簿，能欺上府者，以为右职。奸轨不胜，则取勇猛能操切百姓以苛暴威服下者，使居大位。故亡义而有财者显于世，欺谩而善书者尊于朝，悖逆而勇猛者贵于官。故俗皆曰何以孝弟为？财多而光荣；何以礼义为？史书而仕宦；何以谨慎为？勇猛而临官。故黥劓而髡钳者，犹复攘臂为政于世，行虽犬彘，家富势足，目指气使，是为贤耳！故谓居官而置富者为雄桀，处奸而得利者为壮士。兄劝其弟，父勉其子，俗之坏败，乃至于是！"

贡禹这种为民生的刚健个性来源于《孟子》，《孟子·离娄上》说："惟大人为能格君心之非。"意谓对于"大人"来说，君主的用人之非、政事之失等等尚不足以进行批评，只有格（正）"君心之非"才是最重要的。

贡禹要求改良政治从内做起，儒家向来讲究内外之别，君对臣而言是内,臣是外;父对子而言,父是内,子是外。《公羊传·宣公十五年》解经文曰:"外平不书,此何以书?"是说臣子与臣子签订和平条约一般不记录,这个地方为什么要记录呢?显然是君内臣外的,而且君王的位置和责任更加重大,所谓:"天下兴亡,在余一人。""一人正,则天下正。"贡禹的改革措施既有经典依据,又是针对现实政治而发,事实上,在汉武统治的半个世纪里,中国社会的政治、经济、文化、制度等发生巨变,当时的司马迁就对此问题进行过认真的反思,此后,在霍光组织的盐铁会议上,在宣帝朝堂之上,批评之声不绝于耳,贡禹的奏疏承风而下。钱穆先生说:"盖汉初治尚恭俭,主无为,武帝始从事礼乐,以兴太平,而不免于奢侈。王、贡之徒乃以恭俭说礼乐。王吉不见用于宣帝,而元帝则尊信禹,遂开晚汉儒生复古一派。"又说:"汉武、宣用儒生,颇重文学,事粉饰。元、成以下,乃言礼制,追古昔,此为汉儒学风一大变。莽、歆亦自王、贡来。"①

从艺术表现手法上看,贡禹喜欢用古今对比的方法突出当代政治制度上的种种缺陷,如说:"古者宫室有制度,宫女不过九人,秣马不过八匹。墙涂而不雕,木磨而不刻,车服器物,皆不文画。苑囿不过数十里,与民共之。高祖孝文孝景皇帝,修古节俭。宫女不过十余人,厩马不过百余匹。后世转为奢侈,臣下亦相仿效。"再如。贡禹奏言。"古者民无赋算口钱,今民生子三岁则出口钱,故民重加困。产子辄不举,甚可痛之。宜令今儿生七岁去齿,乃出口钱,年二十乃算"。贡禹有时是从容不迫地说理,行文整齐而有变化,疏朗中又见细密,具有一定的表现力量。有时则是紧紧抓住对方论证的弱点,或以尖锐精密的语言猛击对方,或用生动的比喻以突出对方论证的鄙陋,都给人以较深刻的印象。并保持了前期政论文浑朴质实的特点。

特别需要说明的是贡禹文章没有丝毫的阴阳灾异思想,这在西汉后期奏疏中是很罕见的。贡禹的文章风骨凛然,元帝赞其"有伯夷之廉,史鱼之直,守经据古,不阿当世,孳孳于民"②。其人乃如其文一样不阿当世,同时又多有建树。他的文风遒劲,指责前代和当代政治之失,放言无弹,在古代奏议中是不多见的。

---

① 《两汉经学今古文平议》,北京:商务印书馆2001年版,第29页。
② 《汉书·贡禹传》。

第二是翼奉。翼奉字少君,东海下邳(今睢宁西北)人。专学不仕,好律历阴阳之占。治《齐诗》,与萧望之、匡衡同师。元帝之世,以石显、弘恭为代表的中书省宦者集团和以萧望之、周堪、刘向为代表的尚书省儒生集团进行了激烈的斗争。翼奉上《封事》时,萧望之已饮药自杀,周堪、刘向等被废弃。朝廷杂恶之人萃集,忠奸莫辨,翼奉认为知下之术在"六情十二律"。他认为人情有廉贞、宽大、公正、奸邪、阴贼、贪狼六种性情。这六种性情分别和四方上下六个方位搭配,根据当时方位情况推断人情忠奸,如说:"北方之情,好也;好行贪狼,申子主之。东方之情,怒也;怒行阴贼,亥卯主之。贪狼必待阴贼而后动,阴贼必待贪狼而后用,二阴并行,是以王者忌子卯也。……南方之情,恶也;恶行廉贞,寅午主之。西方之情,喜也;喜行宽大,巳酉主之。二阳并行,……上方之情,乐也;乐行奸邪,辰未主之。下方之情,哀也;哀行公正,戌丑主之。辰未属阴,戌丑属阳,万物各以其类应。"①

然后,翼奉又举例说:"正月癸未日加申,有暴风从西南来。未主奸邪,申主贪狼,风以大阴下抵建前,是人主左右邪臣之气也。"由此推断其中的当事人是否奸邪。翼奉的作法是否可行值得怀疑。

秋七月己酉。地震。诏举直言极谏之士。翼奉对曰:

> 臣闻之于师曰,天地设位,悬日月,布星辰,分阴阳,定四时,列五行,以视圣人,名之曰道。圣人见道,然后知王治之象,故画州土,建君臣,立律历,陈成败,以视贤者,名之曰经。贤者见经,然后知人道之务,则《诗》、《书》、《易》、《春秋》、《礼》、《乐》是也。《易》有阴阳,《诗》有五际,《春秋》有灾异,皆列终始,推得失,考天心,以言王道之安危。……臣奉窃学《齐诗》,闻五际之要《十月之交》篇,知日蚀地震之效昭然可明,犹巢居知风,穴处知雨,亦不足多,适所习耳。②

这里翼奉把天道——经典——政治——人性连接一体,但最后归结为"适所习耳",即为君王政治"积习"使然,积善习则得善政,积恶习则

---

① 《汉书·翼奉传》。
② 《汉书·翼奉传》。

得恶政，这才是翼奉论政的根本。

齐诗亡于魏，后人无从得知齐诗学的精义，清儒几经钩沉，王先谦撰《诗三家义集疏》是辑录三家诗说的集大成之作，特别是由陈乔枞疏证的《齐诗翼氏学》，使后人对翼奉的"诗学"意义有所了解，但其所言基本以上述文字为准。翼奉认为："有天地然后有圣人，有圣人然后有贤者。"对应的"道法自然（天地），经法道，然后六经备矣。"这种认识其实是《易经》所谓"天垂象，见吉凶"，"观乎天文，以察时变；观乎人文，以化成天下"的理论思维运行着并发展着。汉代的儒生对这套理论运用得十分精熟，它的目的是想左右政治而非其他。

翼奉所言的"五际"是五个时间关键点，就是社会政治发展变化的规律。亥、卯、午、酉、戌，是革命或变革的时刻；而与之相对应的《大明》、《天保》、《采芑》、《祈父》、《十月之交》五篇诗歌，则分别代表着革命或变革的意义。他以上古数术学作为知识背景，把天人感应的阴阳五行思想与《诗经》的篇目糅合起来，借以说明社会政治变革的规律或趋势。翼奉在这里单举《十月之交》篇来解释地震的根源，因为十月天寒，属阴，"日临中时接律而地大震，其后连月久阴，虽有大令，犹不能复，阴气盛矣"。接着，翼奉由此联系到当今政治，说：

> 古者朝廷必有同姓以明亲亲，必有异姓以明贤贤，此圣王之所以大通天下也。同姓亲而易进，异姓疏而难通，故同姓一，异姓五，乃为平均。……今左右亡同姓，独以舅后之家为亲，异姓之臣又疏。二后之党满朝，非特处位，势尤奢僭过度，吕、霍、上官足以卜之，甚非爱人之道，又非后嗣之长策也。阴气之甚，不亦宜乎！……臣又闻未央、建章、甘泉宫才人各以百数，皆不得天性。若杜陵园，其已御见者，臣子不敢有言，虽然，太皇太后之事也。及诸侯王园，与其后宫，宜为设员，出其过制者，此损阴气应天救邪之道也。今异至不应，灾将随之。①

翼奉把地震原因归结为外戚专权所致，在拐弯抹角、吞吞吐吐情势之下说出为文真意。这一论文模式除了受大一统专制政治影响外；另

---

① 《汉书·翼奉传》。

一个就是和"历象日月星辰,敬授人时"的文化思维有关,这一思维既包含有原始宗教和迷信,也包含有较原始的科学和艺术。基于这种文化由儒生集团所掌握和传授,它也就成为汉代的官方学术。

初元三年,翼奉上书请徙都洛阳。迁都之说,由来已久,据考古发现,夏商时代重要的都邑遗址有洛阳偃师二里头、偃师商城、郑州商城、安阳殷墟等。张衡《二京赋》也有"殷人屡迁,前八而后五"之说。周王朝的都城也不固定,公刘时"国于豳","古公亶父复修后稷公刘之业,……去豳,度漆、沮,逾梁山,止于岐下"①。最后国于镐京,平王之后,又东徙成周,说明自古王朝都无定址。西汉的翼奉上书徙都请求,有现实意义,迁都的一个主要目的是要改革京都奢侈浮华之风,所以说:"窃闻汉德隆盛,在于孝文皇帝躬行节俭,外省繇役。其时未有甘泉、建章及上林中诸离宫馆也。……孝文欲作一台,度用百金,重民之财,废而不为,其积土基,至今犹存。又下遗诏,不起山坟。故其时天下大和,百姓洽足,德流后嗣。"

不仅如此,京师的郊兆寝庙祭祀之礼多不应古,且积重难返,只有"迁都正本,众制皆定,亡复缮治宫馆不急之费"。最后,翼奉论述了洛阳地理形胜上的好处,其中说:"天道有常,王道亡常,亡常者所以应有常也。必有非常之主,然后能立非常之功。臣愿陛下徙都于成周,左据成皋,右阻渑池,前乡崧高,后介大河,建荥阳,扶河东,南北千里以为关,而入敖仓;地方百里者八九,足以自娱;东厌诸侯之权,西远羌胡之难,陛下共己亡为,按成周之居,兼盘庚之德,万岁之后,长为高宗。"②

在东汉初,汉王朝统治内部,一直存在着定都长安或是洛阳之争论,留下的文章代表作有杜笃的《论都赋》,它是主张定都长安的,而班固的《两都赋》和张衡的《二京赋》则比较两者山川、地理、政治、文化上的优越,一致认为,西都长于形盛,东都优于礼制。正所谓"天时不如地利,地利不如人和"的儒家格言祖训。而作为生活于西汉元帝时期的著名齐诗学者,他上疏希望皇帝改良政治弊端的目的超过了其在都城文化理论上的论究,所以,他坚持认为:"愿陛下因天变而徙都,所谓与天下更始者也。天道终而复始,穷则反本,故能延长而亡穷也。今汉道未

---

① 《史记·周本纪》。
② 《汉书·翼奉传》。

终,陛下本而始之,於以永世延祚,不亦优乎! 如因丙子之孟夏,顺太阴以东行,到后七年之明岁,必有五年之余蓄,然后大行考室之礼,虽周之隆盛,亡以加此,惟陛下留神,详察万世之策。"①

翼奉的奏疏不以批评当朝政治和制度为目的,他的建言是富于理想性的,当时施行起来是有难度,在翼奉死后他的建言逐步得到落实。

第三是刘向。永光元年,刘向上《条灾异封事》,文章中心是抨击石显、弘恭等专权。奏疏首先回顾历史,讲到周朝的历史,引用《周颂》中《清庙》、《邕》、《执竞》、《思文》等诗,以说明西周政通人和,获得天助;而后又引《小雅》中的《角弓》、《小旻》、《十月之交》、《正月》等篇,以证幽、厉时期朝政失和,引发灾异。讲到东周以降,又引《春秋》为证:"至乎平王末年,鲁隐之始即位也,周大夫祭伯乖离不和,出奔于鲁,而《春秋》为讳,不言来奔,伤其祸殃自此始也。是后尹氏世卿而专恣,诸侯背畔而不朝,周室卑微。二百四十二年之间,日食三十六,地震五,山陵崩阤二,彗星三见⋯⋯"在详细罗列了《春秋》记载的各项灾异之后,又说:"当是时,祸乱辄应,弑君三十六,亡国五十二,诸侯奔走,不得保其社稷者,不可胜数也。周室多祸⋯⋯遂至陵夷不能复兴。"至此,又总结道:"由此观之,和气致祥,乖气致异,祥多者其国安,异众者其国危,天地之常经,古今之通义也。"

孟子说:"王者之迹熄而诗亡,诗亡然后《春秋》作。"②他把《诗经》和《春秋》看作前后继起的两个时代。的确,刘向用《诗》秉承家学,多同鲁义。幽、厉之上,朝廷秉承文、武、周公之德,"诸侯和于下,天应报于上","以和致和,获天助也"。幽、厉之下,"朝廷不和,转相非怨,诗人疾而忧之"。"此皆不和,贤不肖易位之所致也"。所以,刘向倡导"和"的理论,不仅是指朝廷人事之和,还指自然界和人类社会生活相和谐统一的道理。他的推理方法已超过了汉儒天人相类的基本论证模式,而是从历史眼见的事实描述上,认为"和"才是万事万物的根本。

接着,刘向笔锋一转,就当朝形势论起,此时的朝廷已鸟集了一群儒生如杨兴、辞赋家华龙等巧狯奸邪之徒,"夫乘权借势之人,子弟鳞集于朝,羽翼阴附者众,辐凑于前,毁与将必用,以终乖离之咎"。由于他们

---

① 《汉书·翼奉传》。
② 《孟子·离娄下》。

鸟集一起,所以搞得"日月无光,雪霜夏陨,海水沸出,陵谷易处,列星失行"。接着刘向通过古今对比,指出初元以来的六年的"灾异稠密"远胜于《春秋》的六年。根源就在于当今"谗邪并进也"。谗邪之所以并进,是由于皇帝多疑心,由于皇帝"执狐疑之心",才招徕"谗贼之口";(皇帝)"持不断之意",遂开"群枉之门"。认为忠奸不两立,"小人道长,君子道消,君子道消,则政日乱"。最后刘向表现出对群小的极端愤怒,要求元帝大胆仿效古人刑罚罪人。说:"自古明圣,未有无诛而治者也,故舜有四放之罚,而孔子有两观之诛,……臣幸得托肺腑,诚见阴阳不调,不敢不通所闻。窃推《春秋》灾异,以救今事一二,条其所以,不宜宣泄。臣谨重封昧死上。"

刘向这篇《条灾异封事》完全是依托经典而讲述历史,其中渗透着西汉经学家的解经观点。经过这样反复征引儒家典籍,最后才转到汉代外戚、宦官专权的话题。而讲到现实,并非纯粹议论现实而是以经为据,运用对比说明现实朝廷群小蔽贤和危害。经学家认为政治法则体现于儒家的经书当中。刘向的奏议往往通过引用经典而揭示这个法则,用以指导和纠正君主的行为。另外,在西汉散文中,引《诗经》文句如此繁密罕有其匹,刘向期望以儒家醇厚的义理打动人君。林希元曰:"一篇文字递递援引许多典故,末只以此数句收尾,结果意思殆尽,所谓片言有万钧之势,真文章宗匠手段。"[①]

史载元帝自幼好儒,其师傅多达十几位,元帝以后的中国政治完全走上了经学治国,社会文化生活中的经学气氛日渐浓烈,刘向此文堪称以儒术治国和以儒学总结历史的第一篇。顾锡畴《秦汉鸿文》引陈明卿语评《条灾异封事》曰:"引《诗》、《书》、《春秋》、《易》、《论语》,凡二十二,绝无架迭之病,绝有法度之文。"刘熙载《艺概·文概》云:"贾长沙、太史公、淮南子三家文皆有先秦遗意,若董江都、刘中垒,乃汉文本色也。""刘向文足继董仲舒。仲舒治《公羊》,向治《谷梁》"。仲舒对策,向上封事,引《春秋》并言"天地之常经,古今之通议,亦可见所学之务乎其

---

① 韩兆琦:《先秦两汉散文专题》,北京:高等教育出版社2002年版,第307页。

大，不似经生习气，靛靛置辩丁细故之异同也。"①

汉成帝刘骜建始元年（前32年）嗣位，在位二十五年。即位之初，就拜其舅王凤（王政君之兄）为大司马大将军。接着，封舅王崇为安成侯，舅谭、商、立、根、逢时五人为关内侯。皇帝封诸舅，从此倒向外戚的怀抱，和元帝宠信宦官石显、弘恭外表不同，但实质一样。终成帝一世，政权都掌握在王氏兄弟手中。这让身为皇室宗亲的刘向十分担忧。《极谏用外戚封事》作于阳朔元年，背景是朝廷骨鲠大臣王章见杀，王凤依太后之力在朝廷左右勾结，朝政日非的情况下上疏，刘向曰：

易曰。观乎天文以察时变。……今日蚀奎娄。星孛东井摄提。炎及紫宫。有识长老。莫不振动。此变之大也。今同姓疏远。母党专政。禄去公室。权在外家。非所以强汉之宗。保守社稷。安固后嗣也。其事难一二而记。臣谨案图上。犹须口说。愿赐清闲之宴。指图陈状。

今王氏一姓，而朱轮华毂者二十三人，青紫貂蝉，充牣宇内，鱼鳞左右。大将军秉事用权，五侯骄奢僭盛，并作威福，出入不待报命，击断自恣，尚书九卿，州牧郡守，皆出其门。管执枢机，朋党比周，行污而寄治，身私而讬公。称举者登进，忤恨者中伤，游谈者为之说，执政者为之言。排擯宗室，孤弱公族。数称燕王盖主以疑上心，避讳吕霍而不肯道，内有管蔡之萌，外假周公之论，兄弟据重，宗族盘牙，历自上古以来，未有其比。

物盛则必有非常之变，先见其征象。今王氏先祖坟墓在济南者，其梓柱生枝叶，扶疏出上屋，根插地中。虽孝昭立石起柳之异，无以过此之明也。夫事势不两大，刘氏王氏亦不并立。陛下为人子孙，守持宗庙，而令国祚移于外亲，降为皂隶，纵不为身，奈宗庙何？妇人外夫家而内父母家，此亦非皇太后之福也。夫明者起福于无形，消祸于未然，宜发明诏，吐德音，援近宗室，黜远外戚，皆罢令就第，使王氏永存，保其爵位，刘氏长安，不失社稷。所以袭睦内外，子子孙孙为无疆之计也。如不行此，则田氏复起于今，六卿复起于

---

① 韩兆琦：《先秦两汉散文专题》，北京：高等教育出版社2002年版，第307页。

汉不可不深图,不可不早虑,机事不密则害成矣。

刘向早年得《枕中鸿宝苑秘书》,"书中言神仙使鬼物为金之术及邹衍重道延命方"①,深受神秘思想的影响。继又参与石渠阁的五经讲论,濡染于今文经学活动。他后来论历代兴革、国政得失,就拿出了今文学者的理念,以阴阳五行、天人感应作为论证的依据。上文引成帝时上封事,论宗周以来大臣操持国柄之危国,借"王氏外祖坟墓在济南者,其梓柱生枝叶、扶疏上出屋"之异,申言"事势不两大,王氏与刘氏亦且不并立"。刘向依靠这种神学思想期望引起皇帝的惊惧,他甚至抛开《春秋》"讥世卿"之义,直接点名道姓说出王氏对汉王朝的威胁,可见其忠勇之诚,《汉书·刘向传》说:"灾异如此,而外家日盛,其渐必危刘氏。吾幸同姓末属,累世蒙国厚恩,身为宗室遗老,历事三主,上以我为先帝旧臣,常优礼吾,吾不言,谁当言者?"这篇奏疏是以"封事"的形式写出来递给皇帝,是希望成帝向经典低头,向圣人低头,相信灾异所昭示出的某种力量,从而坚定信念,亲信贤臣,远离小人。班固对刘向这种忠于王朝、嫉恨王氏的精神赞赏有加,在《汉书·刘向传》末尾特别提到:"(向)居列大夫官前后三十余年,年七十二卒,卒后十三年而王氏代汉。"

建昭三年春,刘向上疏颂甘延寿、陈汤。元帝时,甘、陈矫制发西域诸国兵,攻杀郅支单于,其功可嘉,但因石显等的排挤,二人未获封赏,反而几乎判罪。向为之上疏,甘、陈因此得以封侯。《理甘延寿陈汤疏》是他仗义执言,为甘、陈二将鸣不平之作。文中写甘、陈扬汉威于西域之功,笔力遒劲,气势不凡。其中云:

> 延寿、汤承圣旨,倚神灵,总百蛮之军,揽城郭之兵,出万死之计,入绝域之地,遂陷康居,屠五重城。搴翕侯之旗,斩郅支之首,悬旌万里之外,扬威昆山之西,而扫谷吉之耻,立昭明之功。蛮夷率服,稽首来宾,群臣之功,莫有大焉。
>
> 昔周大夫方叔尹吉甫,为宣王诛猃狁。而百蛮从之。其诗曰:"䭽䭽㘓㘓。如霆如雷。显允方叔。征伐猃狁。蛮荆来威。"易曰:"有嘉折首,获非其丑。"今延寿、汤所诛,威振天下,虽《易》之折首,

---

① 《汉书·刘向传》。

《诗》之雷霆,不能及也。吉甫之归,周厚赐之。其诗曰:"吉甫燕喜,既多受祉。来归自镐,我行永久。"千里之镐,犹以为远,况万里之外。齐桓先有匡周之功,后有灭项之罪,君子计功补过。近事贰师李广利,损五万之众,糜亿万之费,经四年之劳,而仅获骏马四十匹,虽获宛王之首,不足复费,而私罪甚众。孝武以为万里之伐,不录其过,厚加封赏。今康居之国,盛于大宛,郅支之号,重于宛王。杀汉使,甚于留马,延寿、汤不烦汉使,不费斗储,比于贰师,功德相百倍。且常惠随欲击之乌孙,郑吉迎自来之日逐,犹皆列土受爵,故言威武勤劳,则大于方叔、吉甫。列功覆过,则优于齐桓、贰师,近事之功。则高于长罗、安远,大功未著,小恶数布。臣窃痛之。

甘延寿、陈汤虽有大功而朝廷不能封赏,主要是由于他们矫制出兵,矫制用事在武帝和元帝朝都发生过,据《汉书·终军传》记载,元鼎年间,博士徐偃出使考察风俗,假传王命,"使胶东、鲁国鼓铸盐铁"。武帝拟徐偃迁为太常丞,但御史大夫张汤"劾偃矫制大害,法至死"。徐偃辩解道:"以为《春秋》之义,大夫出疆,有可以安社稷、存万民,专之可也。"但儒生终军又驳诘徐偃道:"古者诸侯国异俗分,百里不通,时有聘会之事,安危之势,呼吸成变,故有不受辞造命颛己之宜。今天下为一,万里同风,故《春秋》'王者无外'。偃巡封域之中,称以出疆,何也?"

按终军首先强调的是汉代天下一统,与春秋时列国并存的形势不同,他同样依据的是《春秋》经义,这经义就是"王者无外",在君主专制进一步强化的汉代,"王者无外"之类的经义当然要比"大夫得专"之类的经义更受统治者的欢迎。徐偃是在"封域之中",自然不会允许他矫制擅权。又据《汉书·冯奉世传》记载,冯奉世出使西域,擅自做主,进击莎车,平定叛乱,立下大功。汉宣帝对此本来是很满意的,打算封冯奉世为侯,但大臣们的意见并不一致:丞相、将军皆曰:"《春秋》之义,大夫出疆,有可以安国家,则专之可也。奉世功效尤著,宜加爵土之赏。"少府萧望之独以"奉世奉使有指,而擅矫制违命,发诸国兵,虽有功效,不可以为后法。即封奉世,开后奉使者利,以奉世为比,争逐发兵,要功万里之外,为国家生事于夷狄,渐不可长。奉世不宜受封"。最后宣帝采纳了萧望之的意见。

关于大夫在外是否可以"专制"的问题,刘向在《说苑·奉使》中云:

"公子遂擅生事,《春秋》讥之,以为僖公无危事也。故君有危而不专救,是不忠也。若无危而擅生事,是不臣也。传曰:'《诗》无通诂,《易》无通吉,《春秋》无通义。'此之谓也。"关于大夫出疆是否专制的问题,刘向的观点不迂腐。就本文来说,刘向的上疏非常生动,我们今天读之还有如临战场的感觉。刘向此文不是论述儒家义理,行文气势磅礴,虽为代言,但可见刘向一腔愤怒无由喷发,有似司马迁《报任安书》中写李陵奋臂一呼,士卒皆所向披靡的场景,司马迁之文和本文一样气势凌厉,发扬蹈奋,本文假以诗经文句,典雅而不失范,气势如虹。文章直写胸臆,尽情发挥,激情滚滚,带有长歌当哭的特点;同时也体现了作者坚忍顽强的进取意志和不屈不挠的抗争精神。虽然沉痛,但并不消沉,给人以崇高的审美感受。

永始元年刘向上著名的奏议《论起昌陵疏》。汉成帝最初为自己修建延陵,后来又改修昌陵,因昌陵地势低洼,劳民伤财,数年不成,于是又重新大修延陵,极其奢靡。刘向因此上疏劝谏。文章开头指出:

> 臣闻《易》曰:"安不忘危,存不忘亡,是以身安而国家可保也。"故贤圣之君,博观终始,穷极事情,而是非分明。王者必通三统,明天命所授者博,非独一姓也。孔子论《诗》,至于"殷士肤敏,祼将于京",喟然叹曰:"大哉天命!善不可不传于子孙,是以富贵无常,不如是,则王公其何以戒惧,民萌何以劝勉?"盖伤微子之事周,而痛殷之亡也。虽有尧舜之圣,不能化丹朱之子;虽有禹汤之德,不能训末孙之桀纣。自古及今,未有不亡之国也。昔高皇帝既灭秦,……遂徙都关中,依周之德,因秦之阻。世之长短,以德为效,故常战栗,不敢讳亡。孔子所谓"富贵无常",盖谓此也。

这里不仅引经据典,而且以"三统说"为据,说明天命无常,"自古及今,未有不亡之国",这就把问题上升到关乎国家生死存亡的高度。在此基础上,他又用前代君王正反两方面的例子,告诫成帝借鉴历史教训,戒奢崇俭,然后指出:

> 是故德弥厚者葬弥薄,知愈深者葬愈微。无德寡知,其葬愈厚,丘陇弥高,宫庙甚丽,发掘必速。由是观之,明暗之效,葬之吉凶,

昭然可见矣……陛下即位，躬亲节俭，始营初陵，其制约小，天下莫不称贤明。及徙昌陵，增埤为高，积土为山，发民坟墓，积以万数，营起邑居，期日近卒，功费大百万余。死者恨于下，生者愁于上，怨气感动阴阳，因之以饥馑，物故流离以十万数，臣甚愍焉。以死者为有知，发人之墓，其害多矣；若其无知，又安用大？谋之贤知则不说，以示众庶则苦之；若苟以说愚夫淫侈之人，又何为哉！陛下慈仁笃美甚厚，聪明疏达盖世，宜弘汉家之德，崇刘氏之美，光昭五帝三王，而顾与暴秦乱君竞为奢侈，比方丘陇，说愚夫之目，隆一时之观，违贤知之心，亡万世之安，臣窃为陛下羞之。

文中对营建昌陵的危害作了大胆的揭露，对汉成帝的批评也非常尖锐，竟说他"与暴秦乱君竞为奢侈"，表示"窃为陛下羞之"，可谓披肝沥胆。但更大胆的是文中所说的"天命所授者博，非独一姓也"。不少经学之士都曾在奏疏中表达这种公天下的思想，要求皇帝改良弊政。刘向在文中援引这种思想，证以历史的经验教训，发而为文，便能高屋建瓴，深切著名。明代茅坤称此书为"西京第一书疏"。刘向除了多闻博学之外，还具有谅、直之德，因而才担当得起社稷之臣的称誉。东汉王充将当时儒学之士分为四等，即：儒生、通人、文人、鸿儒，认为："能说一经者为儒生，博览古今者为通人，采掇传书以上书奏记者为文人，能精思著文连结篇章者为鸿儒。"并且认为："儒生过俗人，通人胜儒生，文人逾通人，鸿儒超文人。"（《论衡·超奇》）桓谭这样评价说："余见新进丽文，美而无采；及见刘扬言辞，常辄有得。"[1]曾国藩《求阙斋读书录》卷三《汉书·刘向传》曰："奏疏惟西汉之文冠绝古今，西汉前推贾、晁，后推匡、刘。贾、晁以才胜，匡、刘以学胜。……（刘向）宅心平实，指事确凿，皆本忠爱二字，弥纶周浃而出。吾辈欲师其文章，先师其心术。根本固则枝叶自茂矣。"

刘向的奏疏是古代政论文章的典范。史家称刘向"为人简易无威仪，廉靖乐道，不交接世俗，专积思于经术，昼诵书传，夜观星宿，或不寐达旦"[2]。他的奏疏借鉴历史，剖析灾异，察微知著，而引经据典之中，又

---

[1] 《文心雕龙·定势》。
[2] 《汉书·刘向传》。

充满执著诚挚的情感与宏博冷静的见解。刘知幾在《史通》卷五《载文》中说:"刘向、谷永之上疏,晁错、李固之对策,荀伯子之弹文,山巨源之启事,此皆言成轨则,为世龟镜。"宋代高似孙《子略》卷四云:"向以区区宗臣,老于文学,穷经之苦,崛出诸儒,炯炯丹心,在汉社稷,奏篇每上,无言不危。吁,亦非以其遭时遇主者如是与?"

第四是匡衡。匡衡字稚圭,东海承(今山东峄县西北)人。通《齐诗》,父辈务农,自学经书,"诸儒为之语曰:'无说《诗》,匡鼎来;匡语《诗》,解人颐'"①。宣帝时射策甲科,除为太常掌故,调补平原文学。元成时代,先后拜光禄勋、御史大夫、丞相等职。元帝临政伊始,多次下诏赦免罪人。身为御史大夫的匡衡认为不妥,永光二年上疏曰:"臣闻五帝不同礼,三王各异教,民俗殊务,所遇之时异也。陛下躬圣德,开太平之路,闵愚吏民触法抵禁,比年大赦,使百姓得改行自新,天下幸甚。臣窃见大赦之后,奸邪不为衰止,今日大赦,明日犯法,相随入狱,此殆导之未得其务也。"

首段提出论点,接着说明当今天下情况,说:"今天下俗,贪财贱义,好声色,上侈靡,廉耻之节薄,淫辟之意纵,纲纪失序,疏者逾内,亲戚之恩薄,婚姻之党隆,苟合徼幸,以身设利。不改其原,虽岁赦之,刑犹难使错而不用也。"

然后指出解决问题的办法,说:"朝廷者,天下之桢干也。公卿大夫相与循礼恭让,则民不争;好仁乐施,则民不暴;上义高节,则民兴行;宽柔和惠,则众相爱。四者,明王之所以不严而成化也。……今俗吏之治,皆不本礼让,而上克暴,或忮害好陷人于罪,贪财而慕势,故犯法者众,奸邪不止,虽严刑峻法,犹不为变。此非其天性,有由然也。"

最后说明教化由内向外的重要性。"臣窃考《国风》之诗,《周南》、《召南》被贤圣之化深,故笃于行而廉于色。郑伯好勇,而国人暴虎;秦穆贵信,而士多从死;陈夫人好巫,而民淫祀;晋侯好俭,而民畜聚;太王躬仁,举国贵恕。由此观之,治天下者,审所上而已。……道德之行,由内及外,自近者始,……此教化之原本,风俗之枢机,宜先正者也"。

这篇奏疏的逻辑性强,提出问题解决问题一目了然。匡衡认为治国的根本在于礼让,这也是汉初贾谊谆谆教导的内容,匡衡在此基础上进

---

① 《汉书·匡衡传》。

一步发挥,认为礼让治国需要朝廷作出表率,而朝廷的表率又是皇帝本人和后宫,这符合儒家人士所谓"修身齐家治国平天下"的政治理念。

汉元帝"好儒术文辞,颇改宣帝之政,言事者多进见"。于是匡衡上疏《言治性正家》一文,其中说:

> 臣闻治乱安危之机,在乎审所用心,盖受命之王,务在创业垂统,传之无穷,继体之君,心存于承宣先王之德而襃大其功。昔者成王之嗣位,思述文武之道以养其心,休烈盛美,皆归之二后而不敢专其名,是以上天歆享,鬼神荐焉。其《诗》曰:"念我皇祖,陟降廷止。"言成王常思祖考之业,而鬼神颇助其治也。
>
> 陛下圣德天覆,子爱海内,然阴阳未和,奸邪未禁者,殆论议者未丕扬先帝之盛功,争言制度不可用也,务变更之,所更或不可行,而复复之,是以群下更相是非,吏民无所信。臣窃恨国家释乐成之业,而虚为此纷纷也。愿陛下详览统业之事,留神于遵制扬功,以定群下之心。《大雅》曰:"无念尔祖,聿修厥德。"孔子著之《孝经》首章,盖至德之本也。传曰:"审好恶,理情性,而王道毕矣。"能尽其性,然后能尽人物之性;能尽人物之性,可以赞天地之化。治性之道,必审己之所有余,而强其所不足。盖聪明疏通者戒于大察,寡闻少见者戒于雍蔽,勇猛刚强者戒于大暴,仁爱温良者戒于无断,湛静安舒者戒于后时,广心浩大者戒于遗忘。必审己之所当戒,而齐之以义,然后中和之化应,而巧伪之徒不敢比周而望进。唯陛下戒所以崇圣德。①

除了引经据典成为特色之外,儒家的思想也渗透到奏疏中去,修身,为政无不本经义立论,仁政德治思想洋溢于其中,从正身,正左右,正后宫等处出发,叙述为政的道理,几乎可以看做儒家"修身齐家治国平天下"学说的推衍,真西山评以为"颇得大学遗意"。

匡衡奏疏大都引经据典,层层分析,不急不迫,反复论述,雍容和缓,循循善诱,深切著明,将为政之道,从学之理,匡时之急,救弊之情娓娓道来,既从容平易,又深沉厚重。它们之于审美文化的意义,在于建

---

① 《汉书·匡衡传》。

立了一种不同于西汉前期那种议论纵横,激切慷慨,豪迈雄放风格的新的论说方式。这种论说方式在深沉浑厚,舒缓典雅中仍不失壮美风采,但终究有些内敛婉约,心平气和。刘熙载说:"刘向、匡衡文皆本经术。向倾吐肝胆,诚恳悱恻,说经却转有多次大意处;衡则说经较细,然觉志不逮矣。"①由此可见二人奏疏之异同。

元帝崩,成帝即位,赵飞燕姊妹专宠荒淫,匡衡上疏,劝皇帝戒妃匹、劝经学威仪之则,其中说:

> 臣又闻之师曰:"匹配之际,生民之始,万福之原。"婚姻之礼正,然后品物遂而天命全。孔子论《诗》,以《关雎》为始,言太上者,民之父母,后夫人之行,不侔乎天地,则无以奉神灵之统,而理万物之宜。故《诗》曰:"窈窕淑女,君子好逑。"言能致其贞淑,不贰其操,情欲之感,无介乎容仪,宴私之意,不形乎动静,夫然后可以配至尊,而为宗庙主,此纲纪之首,王教之端也。
>
> 自上世已来,三代兴废,未有不由此者也。愿陛下详览得失盛衰之效,以定大基,采有德,戒声色,近严敬,远技能。窃见圣德纯茂,专精《诗》、《书》,好乐无厌。臣衡材驽,无以辅相善义,宣扬德音。
>
> 臣闻《六经》者,圣人所以统天地之心,著善恶之归,明吉凶之分,通人道之正,使不悖于其本性者也。故审六艺之指,则天人之理,可得而和,草木昆虫,可得而育,此永永不易之道也。及《论语》、《孝经》,圣人言行之要,宜究其意。臣又闻圣王之自为动静周旋,奉天承亲,临朝享臣,物有节文,以章人伦。盖钦翼祗栗,事天之容也;温恭敬逊,承亲之礼也;正躬严恪,临众之仪也;嘉惠和说,饫下之颜也。举错动作,物遵其仪,故形为仁义,动为法则。②

这段议论完全围绕对《关雎》的说解而展开,从《关雎》作为《诗经》首篇的地位,到"窈窕淑女,君子好逑"两句的含义,都是当时《齐诗》学派的师说。把说经的文字大段地写入奏疏,正是经学之文的特色。借

---

① 《刘熙载文集》,南京:江苏古籍出版社2001年版,第66页。
② 《汉书·匡衡传》。

说经而谏,如同对皇帝进行教诲。因此,这类奏疏不再追求纵横驰骋的议论和铺张扬厉的辞采,而代之以苦口婆心的劝导和反复叮咛的说教。经学文章的博雅醇厚,即由此而来。

在西汉奏疏文字中,匡衡奏疏最合"风人之旨",《礼记·经解》云:"孔子曰:'入其国,其教可知也。其为人也。温柔敦厚,《诗》教也。'"孔颖达疏曰:"温为颜色温润,柔谓性情和柔,《诗》依违讽谏,不指切事情,故云温柔敦厚,是《诗》教也。"匡衡长于诗学,故对诗学有独到见解,发而为文,自然能得性情之正。清人潘德舆云:"凡作讽刺诗,尤要蕴藉,发露尖颖,皆非诗人敦厚之教。"(《养一斋诗话》)李兆洛《骈体文钞》中评曰:"稚圭深于《礼》,故其辞尤粹美。"真德秀也说:"衡之奏对,本于经术,故在汉儒中议论最为近理。"

第五是谷永。谷永(?～前10)本名并,字子云,长安(今属陕西省)人,博通经典,官至大司农。治《京氏易》,喜言灾异,前后所上四十余事,言颇切直,他的《灾异对》针对当时屡屡出现的灾异,杂引《诗》、《书》、《易》、《论语》,批评时政。其中又特别指出:"天生烝民,不能相治,为立王者以统理之,方制海内非为天子,列土封疆非为诸侯,皆以为民也。垂三统,列三正,去无道,开有德,不私一姓,明天下乃天下之天下,非一人之天下也。"在此基础上,他具体指出成帝的种种失道之处,要求他改正。这样的文章,也和刘向的奏疏一样,带有汉代经学家的理想和无畏的批判精神。

谷永上书,班固说他"专攻上身与后宫"。① 汉成帝以荒淫好色著称,谷永思有以匡正,建始三年秋,关中大水,冬十二月,地震未央宫中,于是谷永对策认为:"凡灾异之发,各象过失,以类告人。"接着引述古事,说明"修后宫之政,明尊卑之序",修后宫之政是关系着治国安邦的。"治远自近始,习善在左右。"治理天下应该"尊贤考功",在上者还要"德厚恩深",才能"无怨于下也"。

再如,成帝鸿嘉、永始之间,皇帝好民间冶游,谷永坚决反对,上疏曰:"今陛下弃万乘之至贵,乐家人之贱事。厌高美之尊称,好匹夫之卑字。崇聚票轻无谊之人,以为私客。置私田于民间,畜私奴车马于北宫。数去南面之尊,离深宫之固,挺身独与小人晨夜相随,乌集醉饱吏

---

① 《汉书·谷永传》。

民之家,乱服共坐,溷肴亡别,闵勉遁乐,昼夜在路。典门户奉宿卫之臣执干戈守空宫,公卿百寮不知陛下所在,积数年矣。昔虢公为无道,有神降曰'赐尔土田',言将以庶人受土田也。诸侯梦得土田,为失国祥,而况王者畜私田财物,为庶人之事乎。"①

谷永这个奏疏指责人君,义正词刚,铁面无私,如匕首锋芒般使人无法躲避,之所以这样做,班固认为是"附党王氏"的原因,因为有后台,所以敢说敢为。我们认为班固这个批评不合常理,因为这个奏疏中有言"庶人受土田"事,当时刘向等经学家都认为这个"庶人"很可能就是王氏,谷永既然"附党王氏",他安敢出卖自己的主子?所以我们认为谷永是个有气节的人物,他以天下为念,并非以王氏为念。依托王氏,乃不得已而为。

《汉书·谷永杜邺传赞》曰:"孝成之世,委政外家,诸舅持权,重于丁、傅在孝哀时。故杜邺敢讥丁、傅,而钦、永不敢言王氏,其势然也。……永陈三七之戒,斯为忠焉,至其引申伯以阿凤,隙平阿于车骑,指金火以求合,可谓谅不足而谈有余者。孔子称'友多闻',三人(杜邺、杜钦、谷永)近之矣。"这里"谅":信实。谈:空谈。意思是谷永"空谈有余而信实不足","友多闻"出自《论语·季氏篇》称孔子曰:"友直,友谅,友多闻,益矣。"这里班书只肯定杜邺、杜钦、谷永三人"多闻"(见闻广博),弦外之音是缺直(正直)、谅(信实)之德。实际上班固对谷永的态度是矛盾的,他既然批评谷永"谅不足而谈有余",可在《汉书》中录谷永文章超多。《容斋五笔》卷六有"汉书多叙谷永条",云:"予亡弟景何,少时读书甚精勤,昼夜不释卷,不幸有心疾,以至夭逝。尝见梁弘夫诵《汉书》,即云:'唯谷永一人,无处不有。'……薛宣为少府,御史大夫缺,永言宣简在两府。谏大夫刘辅系狱,永同中朝臣上书救之。光禄大夫郑宽中卒,永乞以师傅恩加其礼谥。陈汤下狱,永上疏讼其功。鸿嘉河决,永言当观水势,然后顺天心而图之。成帝好鬼神方术,永言皆妄人惑众,挟左道以欺罔世主,宜距绝此类。梁王为有司奏禽兽行,永上疏谏止勿治。淳于长初封,下朝臣议,永言长当封。段会宗复为西域都护,永怜其老复远出,手书戒之。建昭雨雪,燕多死,永请皇后就宫,令众妾人人更进。建始星孛营室,永言为后宫怀妒之象,彗星加之,将有绝继嗣者。

---

① 《汉书·五行志》。

永始日食,永以《易》占对,言酒亡节之所致。次年又食,永言民愁怨之所致。星陨如雨,永言王者失道,下将叛去,故星叛天而陨,以见其象。《楼护传》言:'谷子云之笔札。'《叙传》述其论许、班事。《许皇后传》云:'上采永所言以答书。'其载于史者详复如此。本传云:'永善言灾异,前后所上四十余事。'盖谓是云。"可见谷永的奏疏均为事实而发,仗义执言,依靠经典而辨明是非,以"汉家拥护论"的意见,谷永或许有"失节"之处。

谷永的文名在当时和以后就备受通儒们推崇,当时就有"谷子云笔札"的称誉,东汉王充说:"观谷永之陈说,唐林之宜言,刘向切议,以知为本,笔墨之文,将而送之,岂徒雕文饰辞,苟为华叶之言哉!"①至刘勰《文心雕龙》,将西汉前后期的散文加以分别,《才略》云:"刘向奏议,旨切而调缓……然自卿(司马相如)、渊(王褒)以前,多俊才而不课学;雄向以后,颇引书以助文,此取与之大际,其分不可乱者也。"重学是汉代经学传统的涵养所致,在这样的时代风气影响下,政论文章摆脱了战国纵横雄辩,剖析利害的气息,转向表现作者的思想学术修养和对家国的忠诚与道义。这种充沛着宇宙、道德意识和学养文采的美学境界为后世的批评家们所欣赏。谷永的奏议和刘向、匡衡一样成为当时散文的典范之作。

第五节 哀、平时期的奏疏

汉哀帝刘欣于绥和二年甲寅(公元前 7 年)四月继位称帝,翌年改年号为"建平"。史称汉哀帝少年时原本不好声色,是个熟读经书、精于刑典的有才之君。他认识到身为皇帝,必须政由己出,决不能像汉成帝那样大权旁落,任人摆布。即位初期,把王氏家族人陆续外放,任用师丹做大司马大将军,颁布限田令、限奴婢令的一些改革措施,但哀帝的采用师丹的革新政策受到大贵族官僚的反对而失败,特别是丁、傅太后的干政,以及宠信董贤,使朝风日坏。哀帝在位 6 年,他死后,刘衍即位,

---

① 《论衡·超奇篇》。

就是汉平帝，在平帝统治时期，王莽把持国政，西汉王朝几乎灭亡了。哀平时期，由于社会危机日深，在今文经学继续受到尊奉的同时，古文经学兴起，这种思想变化反映到散文写作上，反思怀古之风渐盛，出现古文经学与今文经学的对抗，奏疏出现了一些新情况，哀平时期，除了杜邺还沿用传统灾异方式进谏说理外，其他人放弃了这种作法，出现了一批纯粹议论和总结性的散文，著名的有刘歆《孝武庙不毁议》、扬雄《谏不受单于朝书》、鲍宣《谏哀帝书》、王嘉《上疏荐养材》等散文。出现这种情况的原因，除了古文经学更注重实证因素外，还有就是一批灾异论家的相继谢世，如刘向死于前8年，谷永死于前6年，这种时期谶纬兴起，谶纬直接拿来说事，不需要灾异那样的拐弯抹角说理，所以灾异论相对较弱。

第一是杜邺。杜邺字子夏，本魏郡繁阳人也。邺少孤好学，其母是当时著名文字学家张敞的女儿。以孝廉为郎，与车骑将军王音善。哀帝时，"帝祖母定陶傅太后称皇太太后，帝母丁姬称帝太后，而皇后即傅太后从弟子也。傅氏侯者三人，丁氏侯者二人。又封傅太后同母弟子郑业为阳信侯。傅太后尤与政专权"。于是杜邺上书曰：

> 臣闻禽息忧国，碎首不恨。卞和献宝，刖足愿之。臣幸得奉直言之诏，无二者之危，敢不极陈。臣闻阳尊阴卑，卑者随尊，尊者兼卑，天之道也。是以男虽贱，各为其家阳。女虽贵，犹为其国阴。故礼明三从之义，虽有文母之德，必系于子。《春秋》不书纪侯之母，阴义杀也。昔郑伯随姜氏之欲，终有叔段篡国之祸。周襄王内迫惠后之难，而遭居郑之危，汉兴，吕太后权私亲属，又以外孙为孝惠后，是时继嗣不明，凡事多晻，昼昏冬雷之变，不可胜载。①

杜邺这个奏疏在继续沿袭刘向、谷永文章引经据典，称说天命的一贯作风外，本文的另外一个特点就是辞情恳切，曲折周详，文章句式渐趋整齐。

第二是刘歆。刘歆（前53~23）字子骏，后改名刘秀，字颖叔，是学者刘向之子。刘歆博通经典，尤好古文经学，他主张将古文经典《左

---

① 《汉书·杜邺传》。

传》、《毛诗》、《逸礼》和古文《尚书》立于学官,遭到今文博士的反对,他要求与对方辩论,对方拒不理睬。为此,他作了《移书让太常博士》一文。刘歆在文中以大量事实论证《尚书》等几部古籍的价值,指出今文经学家迷信师说,"抱残守缺"的弊病,揭露他们为学派私利而排斥异己,拒绝真理的本质。文章具有重要的史料价值,更有可贵的思想价值,它暴露了由于独尊儒术而引起的僵化迷信和士风堕落,其中包含着一种历史的要求,即恢复先秦儒家守道正身,独立思考,追求真理的传统。由于作者带着强烈的愤慨而作,文章也就写得酣畅而犀利,刘勰称其"辞刚而义辩"①由于它不是奏疏,故议论从略,刘歆著名的奏疏是《孝武庙不毁议》

宗庙制度是祖先崇拜的产物。人们在阳间为亡灵建立的寄居所即宗庙。帝王的宗庙制是天子七庙,由于春秋战国时期社会变动以及思想观念的变迁,以往的传统礼仪制度逐渐散佚、消失。西汉建国后,采取比较自由无为的统治措施,国家祭祀体系杂糅无章。汉元帝之前皇帝宗庙大致可以分为京庙、陵庙、郡国庙三种类型,上述三种类型宗庙庙数总计为 206 所,皇帝宗庙庙数远远超过了天子七庙的古礼规定。元成之世,贡禹提议应正定宗庙礼数,此后,韦玄成主持庙议,韦玄成死后,匡衡主持,由于各种原因,宗庙时毁时立,无由定所,特别是帝王庙宇中"亲"和"功"的矛盾无法解决,这个问题在汉哀帝时再被提起,如丞相孔光、大司空何武等五十三人认为从祖宗以下的皇位超过五代都应毁弃,后代虽然有贤明的君主,也不能与祖宗并列。汉武帝虽然功绩卓著,但亲子孙死光了祭庙就应该毁弃。但刘歆力排众议,作孝武庙不毁议,他认为:

> 《礼记·王制》及《春秋谷梁传》,天子七庙,诸侯五,大夫三,士二。德厚者流光,德薄者流卑。《春秋左氏传》曰:"名位不同,礼亦异数。"……七者,其正法数,可常数者也。宗不在此数中。宗,变也,……然则所以劝帝者之功德博矣。以七庙言之,孝武皇帝未宜毁。以所宗言之,则不可谓无功德。……迭毁之礼自有常法,无殊功异德,固以亲疏相推及。至祖宗之序,多少之数,经传无明文,至

---

① 《文心雕龙·移檄》。

尊至重，难以疑文虚说定也。孝宣皇帝举公卿之议，用众儒之谋，既以为世宗之庙，建之万世，宣布天下。臣愚以为孝武皇帝功烈如彼，孝宣皇帝崇立之如此，不宜毁。

文章首先详尽历数了汉武帝功业以及汉宣帝尊崇立庙的原因，次引古代礼制为证，又多方面加以论辩，本文逻辑严密，气势恢宏，用词掷地有声，是议论文中的佳作。吴讷曰："战国、两汉间，若乐生、若司马子长、若刘歆诸书，敷陈明白，辩难恳到，诚可以为修辞之助。"①西汉自宣帝以来，对汉武皇帝的功勋颇有訾议，无论汉武帝的过失有多少多大，都不能与他的功业相比，武帝庙的祭祀立废不但是祭祀礼制之争，实质是汉武帝治国思想这面旗帜立废的激烈争辩。

第三是鲍宣。鲍宣（？～3）西汉大夫，字子都，渤海高城（今河北盐山东南）人。哀帝时为豫州牧，征为谏大夫，对哀帝宠信外戚子弟及幸臣董贤等，谏争甚切，其言少文多实。后拜司隶，因摧辱丞相，下狱，博士弟子王威等千余人上书营救，得减死髡钳。王莽秉政，因宣不附己，以事逮之入狱，自杀。

  凡民有七亡：阴阳不和，水旱为灾，一亡也；县官重责更赋租税，二亡也；贪吏并公，受取不已，三亡也；豪强大姓蚕食亡厌，四亡也；苛吏徭役，失农桑时，五亡也；部落鼓鸣，男女遮列，六亡也；盗贼劫略，取民财物，七亡也。七亡尚可，又有七死：酷吏殴杀，一死也；治狱深刻，二死也；冤陷亡辜，三死也；盗贼横发，四死也；怨仇相残，五死也；岁恶饥饿，六死也；时气疾疫，七死也。民有七亡而无一得，欲望国安，诚难；民有七死而无一生，欲望刑措，诚难。②

这篇奏疏在写法上继承《韩非子》文论政风格，直接明快，一针见血，文中列举的七种情况正是西汉末年的真实写照。《汉书评林》鲍宣《谏哀帝书》曰："元成时失政积弊，实是如此。子都此书，所谓直写胸中

---

① 韩兆琦：《先秦两汉散文专题》，北京：高等教育出版社2002年版，第314页。
② 《汉书·鲍宣传》。

所见，而非有意于为文者也。"复引胡思泉语评之曰："宣论字字入人情，诸论贤疏中，当以此为第一。"

第四是扬雄。建平四年（公元前 3 年），匈奴单于上书愿朝五年，公卿以为虚费府帑，"可且勿许"，但时任黄门郎的扬雄认为这是"大事"，倘"不许而辞之"，则"汉与匈奴从此隙矣"。因此力排众议，上此书劝谏。

文章以"六经之治，贵于未乱"的议论起篇，中间夹叙夹议，旁征博引，紧扣主旨，最后仍以"未乱未战"收尾，一气呵成，开合圆润，有理有据，语言流畅。顾锡畴《秦汉鸿文》评扬雄《谏不受单于朝书》曰："篇长而无复调，法严而无章句，与淮南论兵事疏皆长篇之圣。"又曰："序述中时带风神""序事又集议论悠扬，精彩百倍。""句句流走，句句爽逸。"如其中云：

> 臣闻《六经》之治，贵于未乱；兵家之胜，贵于未战。二者皆微，然而大事之本，不可不察也。今单于上书求朝，国家不许而辞之，臣愚以为汉与匈奴从此隙矣。本北地之狄，五帝所不能臣，三王所不能制，其不可使隙甚明。臣不敢远称，请引秦以来明之。①

接着，扬雄论述秦汉以来和匈奴的交战，文辞顺畅，夹带风雷。其中云：

> 孝武即位，设马邑之权，欲诱匈奴，使韩安国将三十万众徼于便地，匈奴觉之而去，徒费财劳师，一虏不可得见，况单于之面乎！其后深惟社稷之计，规恢万载之策，乃大兴师数十万，使卫青、霍去病操兵，前后十余年。于是浮西河，绝大幕，破置颜，袭王庭，穷极其地，追奔逐北，封狼居胥山，禅于姑衍，以临翰海，虏名王贵人以百数。自是之后，匈奴震怖，益求和亲，然而未肯称臣也。……逮至元康、神爵之间，大化神明，鸿恩溥洽，而匈奴内乱，五单于争立，日逐、呼韩邪携国归化，扶伏称臣，然尚羁縻之，计不顿制。自此之后，欲朝者不距，不欲者不强。

---

① 《汉书·匈奴传》。

从古到今,责难汉武帝穷兵黩武的非议大多是目光短浅、片面夸大过失灾难的菲薄之辞。对此责难,扬雄的上书作了有力批驳。可谓言之凿凿,说理透辟,条分缕析,气势酣畅。最后再指明形势,剖析利害,将劝谏之意和盘托出:"今单于归义,怀款诚之心,欲离其庭,陈见于前,此乃上世之遗策,神灵之所想望,国家虽费,不得已者也。……夫百年劳之,一日失之,费十而爱一,臣窃为国不安也。唯陛下少留意于未乱未战,以遏边萌之祸。"统观全篇,内容充实,语言朴茂,笔力劲健,不仅继承了汉初政论的长处,也充分显示了赋家宏壮的声势,在汉末文坛独领风骚,是难得的佳作。

第五是王嘉。王嘉字公仲,平陵人也。以明经射策甲科为郎,建平三年代平当为丞相,嘉为人刚直严毅有威重,上甚敬之。哀帝初立,欲匡成帝之政,多所变动,王嘉因时上奏,《全汉文》所举王嘉文章都不议灾异,而是以汉朝人事立论,显得更为直接,这种散文作风主要继承汉初贾谊、晁错等人的议论特点,但王嘉散文没有纵横气息,而是在温婉细说中袒露胸襟,这在西汉后期比较罕见,如《上疏荐养材》云:

> 昔魏尚坐事系,文帝感冯唐之言,遣使持节赦其罪,拜为云中太守,匈奴忌之。武帝擢韩安国于徒中,拜为梁内史,骨肉以安。张敞为京兆尹,有罪当免,黠吏知而犯敞,敞收杀之,其家自冤,使者覆狱,劾敞贼杀人,上逮捕不下,会免,亡命数十日,宣帝征敞拜为冀州刺史,卒获其用。前世非私此三人,贪其材器有益于公家也。
>
> 孝文时,吏居官者或长子孙,以官为氏,仓氏、库氏则仓库吏之后也。其二千石长吏亦安官乐职,然后上下相望,莫有苟且之意。其后稍稍变易,……孝宣皇帝爱其良民吏,有章劾,事留中,会赦壹解。……今诸大夫有材能者甚少,宜豫畜养可成就者,则士赴难不爱其死。临事仓卒乃求,非所以明朝廷也。

即使因发生日食,王嘉奏疏也仍旧如此,如《因日食举直言复奏封事》,文章先从咎繇戒帝舜治国应该"兢兢业业,一日二日万机"起。接着讲汉朝历史,说:

> 孝文皇帝备行此道,海内蒙恩,为汉太宗。孝宣皇帝赏罚信明,施与有节,记人之功,忽于小过,以致治平。孝元皇帝奉承大业,温恭少欲,都内钱四十万万,水衡钱二十五万万,少府钱十八万万。尝幸上林,后宫冯贵人从临兽圈,猛兽惊出,贵人前当之,元帝嘉美其义,赐钱五万。掖庭见亲,有加赏赐,属其人勿众谢。示平恶偏,重失人心,赏赐节约。是时外戚赀千万者少耳,故少府水衡见钱多也。虽遭初元、永光凶年饥馑,加有西羌之变,外奉师旅,内振贫民,终无倾危之忧,以府臧内充实也。孝成皇帝时,谏臣多言燕出之害,及女宠专爱,耽于酒色,损德伤年,其言甚切,然终不怨怒也。宠臣淳于长、张放、史育,育数贬退,家赀不满千万,放斥逐就国,长榜死于狱。不以私爱害公义,故虽多内讥,朝廷安平,传业陛下。

最后直接议论现实,批评董贤奢侈非法,说:"陛下在国之时,好《诗》、《书》,上俭节,征来所过道上称诵德美,此天下所以回心也。……贤家有宾婚及见亲,诸官并共,赐及仓头奴婢,人十万钱。使者护视,发取市物,百贾震动,道路谨哗,群臣惶惑。诏书罢苑,而以赐贤二千余顷,均田之制从此堕坏。"

王嘉可谓忠勇,在后来的《谏益封董贤等封事》中,王嘉说:"往古以来,贵臣未尝有此,流闻四方,皆同怨之。"还认为董贤的行为是"千人所指,无病而死"。看了这封奏事后,丧心病狂的汉哀帝便把王嘉投进了监狱。王嘉在狱中伤心裂肺,绝食二十余日,呕血而死。王嘉只就高祖武帝事实议论,已经彻底摆脱了灾异说的影响,这是西汉后期奏疏的一个明显变化。

第五章 论《列女传》、《新序》、《说苑》

第一节 《列女传》、《新序》、《说苑》的写作背景

刘向（约前77～前6）原名更生，字子政。沛县（今属江苏）人。楚元王刘交的玄孙。他主要生活在西汉宣帝、元帝和成帝时期。宣帝时刘向因炼金丹不成下狱，出狱后为谏大夫。元帝即位，刘向真正开始了其政治生涯，元帝信儒，由刘向、萧望之、周堪和外戚史高同心辅政，由于外戚许氏、史氏放纵无度，宦官弘恭、石显弄权，所以一向正直的刘向、周堪等很不遂意，结果萧望之被迫自杀，周堪与刘向被贬为庶人，刘向也因此废退达十年之久。成帝即位，显等伏诛，刘向复得进用，诏拜中郎，迁光禄大夫。这时刘更生改名为刘向，大有"致君尧舜"的雄心，但成帝一上台就倒向母舅王氏的怀抱，王凤家族独揽大权，公卿郡守莫不出其门，刘向为刘家政权的未来担忧，多次上疏或以封事形式指陈"王氏和刘氏不两立"的危险局面，可惜天子并不在意。河平三年，成帝也许是出于保护刘向的用心，把刘向调离政治中枢，任中垒校尉，负责点校和整理皇家藏书。刘向每校一书，辄撰叙录，各种叙录汇集在一起成《别录》，《别录》为中国目录学之祖。这期间，他除直接上书皇帝外，还利用校书过程中积累的材料，同时也有目的地摘取史传、经传和诸子

书中的材料,写成《列女传》、《新序》、《说苑》三书,为当时的统治者提供鉴戒。期望成帝通过阅读这些比类而辑的材料,改善帝王素质,改善后宫,特别是提防王氏篡位的野心。刘向这样做完全是出于对汉家政权的真心爱护。在屈原以下的一批汉代文人眼里,惟天子才能代表国家,天子是"天之子",代表天统治人民,天子政治素质和道德素养好坏直接影响着国家的兴亡,刘向对天子的宠信程度无以复加,他的所有上疏几乎都是围绕着"为天子"而展开,因为在他看来,"王教由内及外,自近者始"。就汉成帝本身而言,他有如下性格特点。

第一,爱好学术,精于《诗》、《书》。《汉书·谷永传》说:"成帝性宽而好文辞。"匡衡上疏说:"窃见圣德纯茂,专精诗书,好乐无匹。"①《汉书·艺文志》云:"至成帝时,以书颇散亡,使谒者陈农求遗书于天下。"他喜欢招延儒士讲学,如:《汉书·叙传》说:"大将军王凤荐伯宜劝学,召见宴昵殿,容貌甚丽,诵说有法,拜为中常侍。时上方乡学,郑宽中、张禹朝夕入说《尚书》、《论语》于金华殿中,诏伯受焉。"《叙传》又云:"伯既通大义,又讲异于许商,迁奉车都尉。数年,金华之业绝。"说明这种召见臣子讲论宫殿之上是常有之事。成帝河平年间,刘向领校图书,个中原因就是出于成帝对学术的爱好。鲍宣是成帝时期有名的丞相,但由于"儒术经浅",故"不堪甚用"②。上面这些正面反面例子说明成帝爱好经术是确凿无疑的事实。

第二,汉成帝是喜欢酒色、散乱不修的皇帝。从鸿嘉元年开始,成帝"始为微行出",《资治通鉴》卷三十一:"上始为微行,从其门郎或私奴十余人,或乘小车,或皆骑,出入市里郊野,远至旁县甘泉、长杨、五柞,斗鸡、走马,常自称富平侯家人。"成帝贪爱美色,原本孝成许皇后乃前车骑将军平恩侯许嘉之女,元帝选以为亲,"后聪慧,善史书",但许皇后企图使皇帝独爱其一身,"自为妃至即位,常宠于上,后宫喜得进见"。更主要的是许后久无继嗣,时数有灾异,刘向、谷永等上言"陈其咎在后宫","久之,皇后宠亦衰"。"后宫多新爱"。谷永批评汉成帝曰:"陛下委弃不纳,而更使方正对策,背可惧之大异,问不急之常论,废承天之至

---

① 《汉书·匡衡传》。
② 《汉书·鲍宣传》。

言,角无用之虚文,欲末杀灾异,满谰诬天。"①《汉书·成帝纪》赞曰:"(成帝)湛于酒色,赵氏乱内。"当是实情。

第三,汉成帝在灾异思想日渐深入的西汉后期,他内心的灾异思想是相当稀薄的。尽管他在阳朔二年下诏说:"今公卿大夫或不信阴阳,薄而小之,所奏请多违时政。传以不知,周行天下,而欲望阴阳和调,岂不谬哉?"②但从他行事来看,他恰恰是带头不相信阴阳灾异的,如从他即位伊始,直到永始四年这中间十八年没有举行过皇家祭祀大典,刘向多次利用已发生的灾变事件向他劝告及早剥夺王氏大权,但成帝并不在意。特别是鸿嘉二年,博士行大射礼,"有飞雉集于庭,历阶登堂而雊。后雉又集太常、宗正、丞相、御史大夫、大司马车骑将军之府,又集未央宫承明殿屋上"。大司马车骑将军王音上言:"天地之气,以类相应,谴告人君,甚微而著。雉者听察,先闻雷声,故《月令》以纪气。经载高宗雊雉之异,以明转祸为福之验。今雉以博士行礼之日大众聚会,飞集于庭,历阶登堂,万众睢睢,惊怪连日。径历三公之府,太常宗正典宗庙骨肉之官,然后入宫。其宿留告晓人,具备深切,虽人道相戒,何以过是!"③这件事引起王音极度恐慌,然而汉成帝丝毫不介意,这件事充分说明,汉成帝对所谓的灾异阴阳等思想并不热心,唯乎此,刘向逐渐改变了劝诫成帝的办法,他利用自己在中书常年校书的机会,梳理古籍,幻想利用其中的古人事迹而不是阴阳灾异思想感动皇帝,所以我们看到刘向三书中阴阳灾异思想几乎没有表达,他表达的主要是礼制思想、尊贤问题、君主个人的品德问题等。这是刘向编订三书的心理因素。

---

① 《汉书·谷永传》。
② 《汉书·成帝纪》。
③ 《汉书·五行志》。

第二节 《列女传》论略

一、汉代宫中妇女的出身、家庭地位和《列女传》成书原因

汉代礼教未严,这和中国宋明以后对妇女的严格约束是不可同日而语的。汉代女子婚姻比较自由,女子不满意丈夫就可以改嫁,甚至在外找相好,社会风气也不以为耻。如汉武帝的姑母馆陶公主寡居,宠幸董偃,一时"名称城中,号曰'董君'"。他建议馆陶公主把长门苑献汉武帝。汉武帝大悦,这种"败男女之化,而论婚姻之礼,伤王制"的不合礼法的关系经由皇帝的承认而得到合法化。"其后公主贵人多逾礼制,自董偃始"。① 汉昭帝的姐姐鄂邑盖公主"内行不修,近幸河间丁外人"。骠骑将军上官桀按照汉家制度"欲为外人求封",遭到拒绝后,又为外人求光禄大夫之职,丝毫不以为这是不光彩的行为。② 汉代皇帝的妻室很多也像赵飞燕一样并非高贵出身。史书记载:"孝武卫皇后字子夫,生微也,子夫为平阳主讴者","孝武李夫人,本以倡进"③。孝武赵婕妤,昭帝母也,"家在河间,武帝巡守河间,望气者言此有奇女,天子急使召之。既至,女两手皆拳,上自披之,手既时伸,由是得幸"④。孝宣许皇后,元帝母也,"起微贱"。孝成许皇后,"大司马车骑将军平恩侯嘉女也。元帝悼伤母恭哀后居位日浅而遭霍氏之辜,故选嘉女以配皇太子"⑤。但许皇后相当专权,"后宫希得进见",许皇后又不能给成帝生出一子,时天下又数有灾异,于是刘向、谷永上书皆归咎后宫。汉成帝采择刘向、谷永之言斥责许皇后,许皇后受宠日衰,立十四年而见废,接班的就是同样起自微贱的赵飞燕。

皇宫里的情况如此,宫外的社会伦理和贞操观念更为稀薄,司马相如回成都后,敢于"琴挑"新寡的卓文君,此后两人结为夫妻。汉朝丞相

---

① 《汉书·东方朔传》。
②③④ 《汉书·外戚传》。
⑤ 《汉书·外戚传》。

陈平的妻子是嫁了五次最后才到了陈平手上的,《汉书·张耳陈余传》记载张耳妻原是个强悍之女,嫁人后"庸奴其夫",后来她逃到她父亲的"宾客"那里住下来,宾客说:"一定给你找个贤夫,嫁给张耳吧。"女子听从了,而且要求赶快出嫁。朱买臣"不治产业",其妻不堪贫困生活而"求去","买臣不能留,即听去"①。《苏建传》也记载了苏武被匈奴扣押,其妻改嫁的事实。《易林》卷五"蛊"说:"长女三嫁,进退步羞",步是通假字,同"不",说明大女儿嫁了三次,出门进退不以为羞,《孔雀东南飞》中的女子刘兰芝被休回娘家不久,就有两户官宦人家前去求亲,说明当时对女子贞节并没有多少要求,女子改嫁也是普遍现象。究其原因,在于当时贞操观念淡薄,并无后世那样严格的"礼教"束缚。

《汉书·王吉传》的王吉宣称:"汉家列侯尚公主,诸侯国则国人承翁主。"他认为,"使事女,夫诎于妇,逆阴阳之位,故多女乱"。他将现实生活中的女乱即妇女专权现象,归结为社会生活中女子得到格外尊贵的影响。而女子格外得到尊贵是由于"汉家列侯尚公主,诸侯国则国人承翁主"的缘故,即女方家地位较高,所以造成丈夫屈服于女子。王吉主要是从家庭地位上说明这种现象产生的原因,但"列侯尚公主,诸侯国则国人承翁主"现象的产生也许有古代婚礼传统的影响,《周易·咸卦·象传》云:"咸,感也。柔上而刚下,二气感应以相与,止而说,男下女,是以亨利贞,取女吉也。"这是说男方到女方娶亲,男子要侍服女子,则娶女吉利,这是古代婚礼的场面。进入父权制社会以来,女子地位稍显下降,唯有婚礼"男下女"的仪式至今保留着,如男亲至女家迎亲,女子待车,男子授绥。女子乘车,男子御车等。儒家一方面承认这些礼仪;另一方面认为这样未必有利于家庭和睦,而是主张女应侍服男,以男子为中心,《白虎通·三纲六纪》说"夫为妻纲"。但到底没有《周易·家人卦·象传》讲得明白彻底,其中云:"女正位乎内,男正位乎外。男女正,天地之大义也,家人而有严君焉,父母之谓也。父父子子,兄兄弟弟,夫夫妇妇,而家道正,正家而天下定矣。"

就妇女和政治关系而言,《诗经》中,除了许多男女慕怨的诗篇外,已经不止一次地提到妇女和政治的关系。《关雎》言"后妃之德。"《尚书·牧誓》载武王誓词历数商纣恶德曰:"牝鸡无晨。牝鸡之晨,惟家之

---

① 《汉书·朱买臣传》。

索。"《史记·外戚世家》云:"自古受命帝王及继体守文之君,非独内德茂也,盖亦有外戚之助焉。夏之兴也以涂山,而桀之放也以末喜。殷之兴也以有娀,纣之杀也嬖妲己。周之兴也以姜原及大任,而幽王之禽也淫于褒姒。故《易》基乾坤,《诗》始关雎,《书》美釐降,《春秋》讥不亲迎。夫妇之际,人道之大伦也。礼之用,唯婚姻为兢兢。"上述这种正反事例说明妇女在国家政治生活中地位比较重要。《汉书·刘向传》记载《列女传》编写的直接原因是:"向睹俗弥奢淫,而赵、卫之属起微贱,逾礼制。向以为王教由内及外,自近者始。故采取《诗》、《书》所载贤妃贞妇,兴国显家可法则,及孽嬖乱亡者,序次为《列女传》,凡八篇,以戒天子。"按照班固的说法,《列女传》是具体针对赵飞燕之属而发。事实上刘向对赵飞燕升任皇后并不置可否,他只是希望新皇后能以古代列女为榜样,树立妇德,母仪天下。同时也想借此把妇女的品质和性情作一合理规定,有利于社会的安定,同时期的班婕妤作《女诫》也是出于同样目的,这就是《列女传》的写作缘起。

二、《列女传》的"颂"、"图"和思想内容

《列女传》是中国第一部女性传记,今本共七卷,收有一百零四篇传记,以类相从,分为母仪传、贤明传、仁智传、贞顺传、节义传、辩通传、孽嬖传七类,每类一卷,共七卷。后又附《续列女传》一卷,有传记二十篇,为后人所增,作者不详。《列女传》选取的故事体现了儒家对妇女的看法,其中有一些所赞扬的内容在现在看来是对妇女不公平的。《列女传》对后世影响很大。有一些故事流传至今,如"孟母三迁"的故事即出自该书。后来,中国的史书多有专门篇章记叙各朝妇女事迹,随着妇女观的变化,各朝侧重记叙表彰的妇女德行也有所不同。

刘向、刘歆父子在编校的基础上加上了颂、图,故《艺文志》称《列女传颂图》,由此历来对它的卷数认定有所分歧。古代有些典籍是又有文字又有图的,古《山海经》原有图,毕沅《山海经新校正·篇目考》云:"《山海经》有古图,有汉所传图,有梁长僧鹞等图十三篇。"晋人郭璞和张骏有图赞,陶渊明云:"泛览周王传,流观山海图"①。看来《山海经》

---

① 《文选卷三十·咏贫士》。

是有图的,而《山海经》原本是由刘歆校理的,因此,很可能《列女传》上的图出自刘歆之手。在《列女传》文本中,事迹为七卷,颂为一卷。故《楚元王传》言《列女传》为八卷,《别录》言《列女传》为七卷。至于《隋志》著录,言《列女传》的颂、图为刘歆撰,合为九卷,其中《传》七、《颂》一、《图》一。此后诸多著录卷帙不一,然皆以《传》为七(或分为十四),或分《颂》、《图》为二,或合为一。

第一,《列女传》的"颂"。"颂"乃《诗经》"六义"之一,《诗经》有"三颂",即《周颂》、《鲁颂》和《商颂》。《毛诗序》云:"颂者,容也,美盛德以形容也。"显然是以歌颂功德为主的。从形式来看,《列女传》每篇最后的"颂"无一例外地都是用四言诗句写成,这是继承《诗经》的文学样式。在西汉,诗歌并不发达,现在可见的四言诗主要有邹人韦孟的《谏戊王诗》、《在邹诗》,韦玄成的《自劾诗》、《戒子孙诗》,东方朔的《戒子诗》等,另外有学者还把《焦氏易林》看作四言诗的。刘向饱读《诗经》、《春秋》,《诗经》中不止一次地提到妇女与家庭甚至与政治的关系,《春秋》中也有不少贤不肖妇女德行的记录。许学夷云:"风人之诗,虽正变不同,而皆出乎性情之正。"①因此每篇最后刘向以四言诗句做结,符合儒家温柔敦厚的传统诗学风范。《列女传》的颂在总结传主事迹时有歌颂之义,如《有虞二妃》颂云:"元始二妃,帝尧之女,嫔列有虞,承舜于下,以尊事卑,终能劳苦,瞽叟和宁,卒享福祐。"《卫姑定姜》颂曰:"卫姑定姜,送妇作诗,恩爱慈惠,泣而望之。数谏献公,得其罪尤。聪明远识,丽于文辞。"《孙叔敖母》颂云:"臧孙之母,刺子好威,必且遇害,使援所依,既厚三家,果拘于齐,母说其书,子遂得归。"显然,刘向用"颂"结尾让读者感到韵味悠长,同时又简明扼要地标示中心,起到总结作用。

第二,《列女传》的"图"。在中国文字产生之前的文学叙述活动中,图画叙事或说理是古人最重要的选择。画图始于观察,《易经·系辞下》云:"古者庖牺氏之王天下也,仰则观象于天,俯则观法于地,观鸟兽之文与地之宜,近取诸身,远取诸物,于是始作八卦,以通神明之德,以类万物之情。"既然"鸟兽之文"能代表形形色色的鸟兽,那么为什么不能通过人为的绘画来指代它们呢?中国古代图画的产生主要来源于楚国,例如关于屈原《天问》的缘起,王逸《天问序》云:"屈原放逐,忧心愁

---

① 《诗源辩体》卷一。

悴,彷徨山泽,经历陵陆,嗟号昊天,仰天叹息。见楚有先王之庙及公卿祠堂,图画天地、山川、神灵,琦玮谲诡,及古贤圣、怪物行事,周流罢倦,休息其下,仰见图画,因书其壁,呵而问之,以渫愤懑,舒泻愁思。"可见,《天问》本依图画而作。不过屈原所见的先王祠庙,究竟在南郢何处,无法确定。苏轼《屈原庙赋》云:"浮扁舟以适楚兮,过屈原之遗宫,览江上之重山兮,曰惟子之故乡。伊昔放逐兮,渡江涛而南迁。去家千里兮,生无所归而死无以为坟。"东坡所见的屈原庙是在夔州,俗传秭归县北百余里有屈原古宅。东汉南阳亦有屈原庙,延笃死后,乡里图其形于屈原之庙。① 延笃为南阳人。则说明南阳也有屈原之庙,是否有古代先王图画不可得知。

楚人好壁画,目前发掘的楚国帛画更多,帛画中的人物画像特别突出,如《九章·愁思》云:"望三五以为像兮。"《橘颂》云:"行比伯夷,置以为像兮。"可见屈原的时候,三后、五伯及伯夷等,都已有了图画。《招魂》云:"像设君室,静闲安些。"说明楚俗于招魂时亦置像。《殷本纪》伊尹对汤言素王及九主之事,裴骃《集解》引刘向《别录》云:"九主者,有法君、专君、授君、劳君、等君、寄君、破君、国君、三岁社君,凡九品,图画其形。"九主帛画已散佚,观刘向之语,应是战国以来借助图画以存鉴戒目的,所以曹植《画赞》序云:"观画者见三皇五帝,莫不仰戴,见三季异主,莫不悲惋,见篡臣贼嗣,莫不切齿,见高节妙士,莫不忘食。……是知存乎鉴戒者,图画也。"图画具有政教作用。

汉高祖为楚人,好楚歌舞,汉代宫廷里楚风流行,楚歌蔓延,楚国的灵堂壁画、帛画等艺术也被完全继承下来,西汉鲁恭王灵光殿壁画,东汉王延寿见而赋之,《九歌》礼赞太一及诸鬼神,西汉时即被作为绘画的题材,用来致祭。《史记·封禅书》记述汉武帝时方士李少翁云:"上即欲与神通,公室被服非象神,神物不至。乃作画云气车。……又作甘泉宫中为台室,画天地、太一、诸鬼神,而置祭具以致天神。"可见太一本来有图,在祭祀时候悬挂出。致鬼神往往在图画绘上云气飞龙,使神仙可以驾雾升天和降临下土。《楚辞·招魂》云:"仰观刻桷,画龙蛇些。"出土汉墓中有的墓葬主人室内云气缥缈,《太平经》卷九十九有乘云驾龙图,可见迎神之状。《汉书·艺文志》著录有刘子成望军气六篇图三卷。

---

① 《后汉书·延笃传》。

汉代图画不仅画云气神仙,也画现实人物,如《西京杂记》曰:"元帝后宫既多,不得常见,乃使画工图其形,案图召幸。宫人皆赂画工,多者十万,少者亦不减五万。昭君自恃容貌,独不肯与。工人乃丑图之,遂不得见。后匈奴入朝,求美人为阏氏,帝按图以昭君行。"这是王昭君出塞的原因,说明图画在宫廷已经很巧妙地使用。汉宣帝遴选十二位汉代社稷之臣图像画于麒麟阁,《汉书·赵充国传》云:(赵充国)"以功德与霍光等列,画未央宫。成帝时,西羌尝有警,上思将帅之臣,追美充国,乃诏黄门郎扬雄即充国图画而颂之。"

不仅画现实人物,有些经书也开始附会有图画,严彭祖是宣帝时人,公羊大师。《隋书·经籍志》有《春秋左传图》十卷,汉太子太傅严彭祖撰,新旧《唐书》志皆有严彭祖《春秋图》七卷。说明当时对经籍作画图不在少数。

西汉后期以来盛行墓葬画像,内容涉及农桑、射猎、歌舞、星图、瑞兽、历史故事、忠孝节义等内容,说明汉代画像成风。汉宫廷有壁画屏风的建筑称"画室"、"画堂"。《霍光传》云:"光止画室中。"《成帝纪》云:"孝成皇帝,元帝太子也。母曰王皇后。元帝在太子宫生甲观画堂,为世嫡皇孙。宣帝爱之,字曰太孙,常置左右。"师古注引应劭曰:"甲观在太子宫甲地,主用乳生也。画堂画九子母。"引如淳曰:"甲观,观名。画堂,堂名。"甲观画堂为太子妃生育哺乳之所,故壁画天下母仪以为楷模。九子母故事,即鲁九子寡母故事,见于《列女传·母仪传》。又《外戚传》载成帝欲与班婕妤同辇,婕妤辞曰:"观古图画,贤圣之君皆有名臣在侧,三代末主,有嬖女,今欲同辇,得无近似之乎?"太后闻之,喜曰:"古有樊姬,今有班婕妤。"樊姬即楚庄王樊姬故事,见于《列女传·贤明传》。班婕妤所云三代末主乃有嬖女故事,当亦有与《列女传·孽嬖传》相同者。《外戚传》又载班婕妤"诵《诗》及《窈窕》、《德象》、《女师》之篇,每进见上疏,依则古礼。"作赋自悼曰:"陈女图以镜鉴兮,顾女史而问《诗》。"这说明壁画、屏风乃至帛画中的列女故事图与《诗经》、《窈窕》、《德象》、《女师》等都是宫廷后妃的伦理教材。再如《汉书·叙录》载成帝与侍中等设宴饮之会,皆引满举白,谈笑大噱。时乘舆幄坐张画屏风,画纣醉踞妲己作长夜之乐,上以问侍中班伯(班婕妤之兄):"纣为无道,至于是乎?"所以画室之画,不仅仅是装饰,更主要是借鉴历史垂鉴作用。在刘向勒刊《列女传》的同时,有班婕妤作《女诫》之篇,也是期望成为后妃道德教育的素材。

第三,《列女传》的思想内容。从儒家传统来看,先秦儒家倡言修齐治平之说,实始于男女夫妇之伦理,以此为基础推衍开来。故《汉书·外戚传》云:"自古受命帝王继体守文之君,非独内德茂也,盖亦有外戚之助焉。"汉儒特重此义,故刘向《列女传》标举《诗》义,既言女性的楷模,所谓"兴国显家可法则"者,又言女性的败德行为,所谓"孽嬖乱亡者"。其目的一方面为古代妇女作传记;另一方面作为教科书为帝王作为镜鉴,刘向认为"王教由内及外,自近者始"①。刘向目睹当时统治阶级骄奢淫逸,尤其看到赵皇后、赵昭仪、卫婕妤等人的行为,已经僭越了礼仪之制,并和外戚的专权密切相关。于是他从《诗经》、《尚书》、《左传》、《国语》等古代典籍中辑录了"贤妃贞妇,兴国显家可以为法则,及孽嬖乱亡者",编成了《列女传》一书。此书是从传统的儒家伦理观念出发把三从四德,夫死不嫁,从一而终作为妇女信守的道德规范,这都不可避免地会对妇女的精神有严重束缚。但此书也有许多值得肯定的东西,有其积极的一面,进步的一面。它承认了妇女在政治生活中占有重要的地位,以及在教育中所发挥的巨大作用,记述了一些有才能智慧、有政治见解的古代优秀女性,她们在中华民族历史中产生了深刻的影响。许多故事今天我们也可以从中受到启发。其中如:为教导孟子而三迁的孟母;善于劝谏而使齐威王翻然悔悟的虞姬;力陈要进用贤人而使楚国强大的楚庄樊姬;教导儿子为将应与士兵同甘共苦的楚子发母等等,今天读来仍然很有趣味,很有教益的。长期以来中国的史书主要记载男性,而此书专记女性,可以说开了我国写史的一个先例,极为难能可贵,不仅为研究我国妇女史具有重要的价值,而且对以后修史记述妇女也产生了深远的影响。故《明史·列女传序》云:"刘向《列女传》,取行事系为鉴戒,不存一操。范氏宗之,亦采才行秀高者,非独贵节烈也。魏晋以降,史家乃多取患难颠沛、杀身殉义之事。"

《列女传》于传主事迹的最后,皆引《诗》、《易》、《论语》之句为证,多以"此之谓也"作结。如"有虞二妃"末云:"二妃死于江湘之间,俗谓之湘君。君子曰:二妃德纯而行笃。《诗》云:'丕显惟德,百辟其刑之'。此之谓也。"其中引《诗》最多,甚至文中也引。引《论语》作结三条;引

---

① 《汉书·刘向传》。

《易》作结两条。这样的体例与《韩诗外传》非常近似。这种引诗劝谏的事例其实在《春秋》时期就开始了,如《国语·楚语》记载:公元前535年楚灵王耗费巨资修建章华之台,大夫伍举引用《大雅·灵台》中的诗句"经始灵台,经之营之。庶民攻之,不日成之"。进行劝谏。又如:公元前528年白公子张引用《小雅·节南山》中的诗句"弗躬弗亲,庶民弗信"劝说灵王不要失信于民,两人都直说《周诗》,而不称之为"大雅"、"小雅",这也是引用《诗经》的例证。

三、《列女传》的影响

《列女传》成书之后,立即在社会上流行。1993年在江苏尹湾村出土西汉后期简牍,约四万余字,包括《东海郡吏员簿》、《历谱》、《神乌赋》、《列女传》、《楚相内史对》、《弟子职》、《六甲阴阳书》等,据《文物》1996年第8期所刊《江苏东海县尹湾汉墓发掘报告》,墓主师饶在成帝时任东海郡功曹史。其下葬的年代为元延三年(前10年),《列女传》是墓主所读之书,书分为《母仪》、《贤明》、《仁智》、《贞顺》、《节义》、《辩通》、《孽嬖》各章。陈直《汉书新证》曰:"敦煌简校文一零二页,有'□□分列女传'志残简文",说明《列女传》成书之后,马上在社会上流传。在东汉画像中,如梁武祠画像,有"梁节姑姊"、"齐义继母"、"京师节女"、"钟离春"、"梁高行"、"鲁秋胡"、"齐姑姊"、"楚昭贞姜"、"王陵母"九章,皆本于刘向《列女传》。又如《后汉书·宋弘传》载光武宴见弘,御坐新屏风图画列女。帝数顾视之,弘正容曰:"未见好德如好色者。"《列女传》图的传统也被后世所继承。如东晋顾恺之绢本《列女图》共八变。悉取《仁智传》(楚武邓曼、许穆夫人、曹僖氏妻、孙叔敖母、晋宗伯妻、灵夫人、鲁漆室女、晋羊叔姬),此图现藏故宫博物院。

《列女传》树立的妇德典型为后世所继承,如《南史·孝义传》载"卫敬瑜妻王氏"。王氏嫁于卫敬瑜为妻,年十六而亡夫,父母姑舅劝他改嫁,她发誓守节。《列女传》也大大拓展了后世史书的传主范围,从《后汉书》开始,许多史书都有专门的妇女传记,尽管每个时代对妇德、妇容的评价标准不同,但在儒家伦理道德观念指导下基本的善恶美丑标准是一定的,从这个意义上说,刘向《列女传》分类标准具有示范意义。

《列女传》中一些妇女形象成为后世文人歌咏的对象,为诗歌创作提供了很多素材,前引曹植的《画赞诗》就是很明显的例子。再如,乐府诗中的《河激歌》:"升彼阿兮而观清,水扬波兮杳冥冥。祷求福兮醉不醒,诛将加兮妾心惊。罚既释兮渎乃清。妾持楫兮操其维,蛟龙助兮主将归,浮来棹兮行勿疑。"《乐府诗集》在题解中注道:《列女传》曰:"女娟者,赵河津吏之女也。简子南击楚,津吏醉卧,不能渡简子。简子怒,召欲杀之。娟惧,持楫走前曰:'愿以微躯易父之死。'简子遂释不诛。将渡,用楫者少一人。娟攘拳操楫而请,简子遂与渡,中流,为简子发《河激之歌》。简子归,纳为夫人。"女娟的机智善辩,博得赵简子的赞赏,也刻画了一个个性鲜明的青春少女形象。

再如:《秋胡行》系列,曹操、曹丕、傅玄、陆机、颜延之等都歌咏过,关于这个诗歌的本事,《列女传》曰:"鲁秋洁妇者,鲁秋胡之妻也。既纳之五日去,而宦于陈,五年乃归。未至其家,见路傍有美妇人,方采桑而说之。下车谓曰:'……力田不如逢丰年,力桑不如见国卿。吾有金,愿以与夫人。'妇曰:'嘻。采桑力作,纺绩织纴以供衣食,奉二亲养。夫子已矣,吾不愿金。'秋胡子遂去。至家,奉金遗母,使人呼其妇。至,乃乡采桑者也。……遂去而东走,投于河而死。"《列女传》赞颂了秋胡妻的妇德品行,但这个故事令人唏嘘悲怆。

《楚妃怨》系列是歌咏楚庄王妇楚姬德,刘向《列女传》曰:"楚姬,楚庄王夫人也。庄王好狩猎毕弋,樊姬谏不止,乃不食禽兽之肉。王尝与虞丘子语,以为贤。樊姬笑之,王曰:'何笑也?'对曰:'虞丘子贤矣,未忠也。妾充后宫十一年,而所进者九人,贤于妾者二人,与妾同列者七人。虞丘子相楚十年,而所荐者非其子孙,则族昆弟,未闻进贤退不肖也。妾之笑不亦宜乎?'王于是以孙叔敖为令尹,治楚三年而庄王以霸。"楚姬的贤惠佐助庄王成就霸业,这个典型的贤内助形象在战国和汉代广为传诵,后世诗歌中也有咏吟此题的,如《乐府解题》曰:"陆机《吴趋行》云,'楚妃且勿叹'",谢希逸《琴论》有《楚妃叹》七拍等。

第三节 《新序》的编辑特色和主要内容

《新序》一书,案班固《汉书·艺文志》,"刘向所序六十七篇,《新序》、《说苑》、《世说》、《列女传颂图》也"。不言卷数。《隋书·经籍志》称《新序》三十卷,《新唐书·艺文志》,其卷目亦相同。这个三十卷书的来源应该是根据《汉书·刘向传》称"向采传记行使著《新序》、《说苑》凡五十篇奏之"。既然《说苑》凡二十篇,那么《新序》自然是三十篇。但宋代以后,此书残缺"严重",曾巩校定此书,著录为十卷,十卷本和三十卷本相比,似乎损失达三分之二。对此,《四库全书简明目录》说法慎重,认为"为合并、为残缺也"的原因。今人有认为残缺严重,有认为"残缺达二十卷的可能性不大。"如李中华先生根据各家所搜集逸文不出今十卷本的范围,又根据今本第六、第八两卷篇幅甚至不足其他各卷的三分之一的比例,认为:"以这两卷的篇幅为准,把今本十卷析为三十卷,也不是不可能的。"①我们认为,在没有找到三十卷本充分证据之前,尊重从宋代以来流行的十卷本,并参照其它辑佚材料来研究《新序》是可取的。

一、《新序》的编辑特色和原则

今本《新序》共十卷,此十卷本分别是《杂事》五卷,《刺奢》一卷,《节士》一卷,《义勇》一卷,《善谋》二卷。这十卷书的编排体例不同,历来受到不少人的责难,我们认为责难不成立。

首先,就思想内容所展现的逻辑思路来说。尽管《新序》中的许多故事采自诸子史传,但就其材料取舍、思想内容来看,无疑体现了刘向本人的社会政治思想。今本《新序》实际由三个部分构成,《杂事》五卷主要围绕"为君之道"展开,这包括为德治仁政思想、贤人治国思想、民本思想、从善纳谏思想诸方面。《刺奢》、《节士》、《义勇》三卷主要是讲修身,培养正确的操守和品行的,《善谋》二卷主要是讲修身成为君子后如何行使和建立功业的。上述三个层面构成大小不等的三个同心圆,最核心的一层是君王,其次是修身,最后落实到治国平天下上,这种安排方法符合儒家"修齐治平"的政治理想,同时也要看到刘向主张"王教由内及外,自近者始"的政治逻辑。

其次,《刺奢》一卷共十一条,作者围绕"刺奢"这个中心,认为君主

---

① 《新序全译》,贵阳:贵州人民出版社1994年版,第12页。

当先正其身，才能改变朝臣习气和社会不良风俗，还认为君王要施行仁政，如关心民间疾苦、使民以时、减轻赋税等，最后对君主奢侈、淫乱、滥用酷刑提出了尖锐的批评。就思想内容来看，本篇也主要围绕"君王"展开，如果说《杂事》五卷主要属正面规谏的话，那么《刺奢》篇是从反面提出批评，这样文章有破有立。

再次，就古代和《新序》、《说苑》密切相关的部分著作的篇名编辑来看。徐复观先生说："《新序》、《说苑》之作，盖承《韩传》(《韩诗外传》)之统绪而有所发展。"① 而《韩诗外传》全无篇名，以卷一、卷二、卷三等分别标之，《新序》半有篇名(无篇名者暂取为《杂言》)，《说苑》全有篇名，如《君道》、《臣术》等。再往前查，今本《荀子》三十二篇是经刘向之手整理的，其中的最后六篇一般认为是出自荀子弟子之手，这六篇和《韩诗外传》、《新序》、《说苑》一样也是以故事的形式连缀成篇，其取篇名的方式是选取本篇首句的某两个字做篇名，基本是无篇名之作，所以就这一时期散文篇名命名发展来看，《新序》中的《杂言》部分是处在《荀子》、《韩诗外传》和《说苑》中间这个环节的一个过渡。

最后，《新序》的编选故事大体按历史时间的先后顺序展开，它始于《杂事》卷一中的三代之圣王"舜"，终于《善谋》(下)的孝武皇帝时。《善谋》(上)共十一则，其中春秋时事七则，战国事四则，《善谋》(下)全录汉代史事，时间顺序井然。这种情况可能是刘向刚开始编书时没有以主题相类，而是以时间先后相次的缘故，是编书思路还不够成熟的一种表现。

二、《新序·杂事》思想论略

"为君之道"是《杂事》的中心思想，就《杂事》篇整体而言，它有内在严密的逻辑思路和儒家思想规范。《杂事》卷一开篇讲了四个故事。

第一则借舜言孝道。舜是儒家理想化了的大孝子，《尚书》中只记载舜的政绩，如巡守、流四凶于四荒，"在璇玑玉衡，以齐七政"等，舜作为孝子故事的流传开始于《孟子》，司马迁把完整的孝子舜的故事写进《五帝本纪》。刘向《新序》进一步把舜的故事精炼，则舜的形象呼之欲出，

---

① 《两汉思想史》卷三，武汉：华中师范大学出版社2001年版，第47页。

如说:"昔者,舜自耕稼陶渔而躬孝友,父瞽瞍顽,母嚚,及弟象傲,皆下愚不移。舜尽孝道,以供养瞽瞍。瞽瞍与象,为浚井涂廪之谋,欲以杀舜,舜孝益笃。出田则号泣,年五十犹婴儿慕,可谓至孝矣。"由于躬行孝道,所以能够风化天下,天下恭服,"故耕于历山,历山之耕者让畔;陶于河滨,河滨之陶者,器不苦窳;渔于雷泽,雷泽之渔者分均。及立为天子,天下化之,蛮夷率服。北发渠搜,南抚交址,莫不慕义,麟凤在郊"。这样把一个古代仁德的君王形象描绘出来。

第二则写孔子"在州里,笃行孝道",结果"居于阙党,阙党之子弟畋渔,分有亲者多,孝以化之也"。"七十二子,自远方至,服从其德"。鲁国有沈犹氏、公慎氏、慎溃氏等,或以欺市人,或有妻而淫,或奢侈骄逸。孔子为鲁司寇后,沈犹氏、公慎氏、慎溃氏等改邪悔过,齐国人也归还了原来所侵占的鲁国的土地。《论语·学而》:"为人也孝悌,仁之本与。"孝道发自内心,躬孝之人心地纯善,仁慈恭俭,居官也能笃行敦厚于天下,这也正是儒家言"修身、齐家、治国、平天下"原则的体现,所以第三则借孙叔敖说明事理:"孙叔敖为婴儿之时,出游,见两头蛇,杀而埋之。归而泣,其母问其故,叔敖对曰:'吾闻见两头之蛇者死,向者吾见之,恐去母而死也。'其母曰:'蛇今安在?'曰:'恐他人又见,杀而埋之矣。'其母曰:'吾闻有阴德者,天报之以福,汝不死也。'及长,为楚令尹,未治,而国人信其仁也。"

以上三则故事正体现了儒家"内圣外王"之道,但仅有此还不行,治国譬如治家,家有贤内助也是必需的,司马迁说:"自古受命帝王及继体守文之君,非独内德茂也,盖亦有外戚之助焉。"①因此,接下来的第四则写君主内助的重要性,刘向从典型的历史事件写起,最后借樊姬助楚庄王以兴霸业,内中隐含讽刺成帝耽于酒色,宠幸飞燕的事实,其中说:"禹之兴也,以涂山;桀之亡也,以妹喜。汤之兴也,以有莘;纣之亡也,以妲己。文武之兴也,以任姒;幽王之亡也,以褒姒。是以诗正《关雎》,而春秋褒伯姬也。"在做共性的面上叙述之后,又重点讲了"樊姬"事,做到点面结合。樊姬,是楚庄王的夫人,一次罢朝之后,庄王称虞丘子为国之贤相,樊姬说:"虞丘子为相十数年,未尝进一贤,知而不进,是不忠也;不知,是不智也。不忠不智,安得为贤?"于是虞丘子辞位,而进孙叔

---

① 《史记·外戚世家》。

敖为相,国富兵强,楚庄王得以称霸。

上述四个故事所蕴涵的道理构成《杂事》篇的主轴。

《杂事》卷二开篇不叙述历史故事,而是用名人典故说明贤人对于君王的重要性。如说:"唐虞崇举九贤","商汤用伊尹","周文王用太公闳夭","周成王任周召","齐桓公得管仲","秦缪公用百里奚而霸","吴阖庐用伍子胥而霸"。"秦不用叔孙通,项王不用陈平、韩信而皆灭"等自古流传的典型事例震撼人心,说明用贤而霸,不用贤而亡的道理。那么应该用怎样的心胸容纳贤人呢?刘向讲了三个关键点。

1. 用贤就要坚定意见和信心,做到矢志不移,不要轻易为别人议论所动摇。为了表明这个道理,作者连用"三人成虎"、"曾子杀人"、"狐假虎威"、"宓子贱为单父宰"四个故事从正反两面加以说明。

2. 用贤就要能容忍贤人说话带刺,所谓"苦口良药利于病",应该从善如流。如"梁君出猎,见白雁群,梁君下车,彀弓欲射之。道有行者,梁君谓行者止,行者不止,白雁群骇"。梁君大怒,想箭射行者,这时,君王的驾车人公孙袭告诉他说,君王要"有德于天而惠于民"的道理,甚至批评他"以白雁之故而欲射人……无异于虎狼"。于是梁君拉着公孙袭的手上车,曰:"幸哉今日也。他人猎,皆得禽兽,吾猎得善言而归。"

3. 用贤就要求君王有广阔的视野,而不必计较其出身贵贱。晋文公是春秋赫赫有名的五霸之一,有一次在野外逐麋,但麋跑得无影无踪,于是晋文公得一名叫"老古"农夫的问道:"吾麋何在?"老古曰:"不意人君如此也,虎豹之居也,厌闲而近人,故得;鱼鳖之居也,厌深而之浅,故得;诸侯之居也,厌众而远游,故亡其国。"文公曰:"善。"还载老古,与俱归。

接下来,作者借"扁鹊见齐桓侯"之事譬喻,说明君王包括每一个人有病应及时医治,否则将有死亡之险,意在说明国家政治制度和用人体制方面也需要改进,决不能仅仅信任身边的几个小人,为了耸君王耳目,提高视听,刘向用了"庄辛谏襄王"的故事说明危害程度。

考虑到当时成帝"政委王氏",内地郡守"皆出其门",这让刘向一直耿耿于怀,他之前曾作上疏和封事,极言"王氏和刘氏不两立"的道理。总之《杂事》二刘向多用寓言或者隐语,写作方法上的异常使我们感到这其中一定另有隐情,不便直接说出。

《杂事》三共有七条,主要是发挥君王能与民同乐,用兵之术也在于得民心。君臣关系的基础是"感于心,合于行",君王要"亲贤人,远小人"等。第一则故事采用《孟子·梁惠王下》第五章和第三章,说明"王若好色,与百姓同之,民唯恐王之不好色也"的道理。第二则故事采自《荀子·议兵》说明"仁义之师无敌于天下"的道理。第三则故事说明善于辞令者也能匡扶国难,临危授命,证明贤人的力量。第四则故事借助燕昭王千金市骨得到郭隗报仇雪恨的故事说明人才的重要,第五和第六则用乐毅的故事说明人才在则国家安,人才去则国家危的道理。第七则全文引用汉代邹阳《狱中上梁王书》,此文大量用典,典故往往能借助以往事件影射当今事实,因此实际上此文是对古往今来大量忠臣贤人蒙冤受屈遭遇不平的激烈抗诉。在刘向的这几年中,他亲眼目睹了京兆尹王章见杀,宗亲刘辅入狱,陈汤有大功于西域而不能得封的事实,所以这一则意在告诫成帝希望他能够辨明是非,分清善恶。

《杂事》四共二十八条,还是围绕为君之道展开,服人以德为重点,包括居安思危、知而能行、知人、尊贤、守信、重义、纳谏等多方面的内容。如第一则讲"管仲能知人,桓公能任贤",所以能"九合诸侯,一匡天下"的事实。第二则故事说明有贤才在则万事易,无贤才佐则万事疲的道理,用刘向的话说就是:"故王者劳于求人,佚于得贤。舜举众贤在位,垂衣裳,恭己无为,而天下治。汤文用伊、吕,成王用周、邵,而刑措不用,兵偃而不动,用众贤也。"用齐桓公之话说就是:"吾未得仲父则难,已得仲父,曷为其不易也。"第八则引用"晋文公伐原"的故事说明君王守信的重要性,其中说:"晋文公伐原,与大夫期五日,五日而原不降,文公令去之。军吏曰:'原不过三日,将降矣,君不待之?'君曰:'得原失信,吾不为也。'原人闻之曰:'有君义若此,不可不降也。'遂降,温人闻之,亦请降。故曰:'伐原而温降。'此之谓也。"于是诸侯归之,遂侵曹伐卫,为践土之会,温之盟后南破强楚,尊事周室,遂成霸功,上次齐桓,本信由伐原也。第九则故事强调义气的重要,说明"君子不乘人于利,不迫人于险"就可得到天下的信服。第十九则用"桓公田,见麦丘邑人"载之以归,第二十一则写"齐桓公出游于野"赏野人。以下用晋文公能够"乐纳善言"终成霸业。

《杂事》五共三十二条,涉及两个主题:第一是君主必须学习,明白古道,才能保国安民。如第一则鲁哀公问子夏曰:"必学而后可以安国保民乎?"子夏曰:"臣闻黄帝学乎大真,颛顼学乎绿图,帝喾学乎赤松子,尧学乎尹寿,舜学乎务成跗,禹学乎西王国,汤学乎威子伯,文王学乎铰时子斯,武王学乎郭叔,周公学乎太公,仲尼学乎老聃。此十一圣人,未遭此师,则功业不著乎天下,名号不传乎千世。"最后刘向总结说:"夫不学不明古道,而能安国者,未之有也。"第二则阐明善学的意义:"且夫天生人而使其耳可以闻,不学其闻则不若聋;使其目可以见,不学,其见则不若盲;使其口可以言,不学其言则不若喑;使其心可以智,不学,其智则不若狂,故凡学非能益之也,违天性也,能全天之所生而勿败之,可谓善学者矣。"这则故事来源于"吕子论学"①,说明刘向所举的这些故事都是朝廷或民间习见的故事,他把它提炼出来谆谆教诲,期望以此改善帝王的素养。

第二是君主必须行仁政,去苛政。如第三则写商汤"网开一面"罗鸟的故事,第四则借周文王埋葬"死人骨"的故事。第六则作者评论到:"明主任计不任怒,阇主任怒不任计。计胜怒者强,怒胜计者亡。"做到"任计不任怒"则需要一颗仁心做基础。最后借孔子之言批评"苛政猛于虎"的道理。

从以上分析可见,《杂事》部分都是围绕"为君之道"展开,这其中讲了君主的品德修养、善学、行仁政、与民同乐等等道理,其中占了大量的篇幅是讲君王如何识贤和用贤,改善君王的政治素质。其它的《刺奢》、《节士》、《义勇》、《善谋》各篇都围绕各自篇名展开,反复举事实,讲道理,正说反说,耳提面命,以期政治清明。宋代高似孙曾评价说:"先秦古书甫脱烬劫,一人向笔,采撷不遗。至其正纪纲、迪教化、辨邪正、黜异端,以为汉规监者,尽在此书,兹《说苑》、《新序》之旨也。"②向宗鲁说刘向把它当做"谏书"用的,③也正是《新序》的宗旨所在。总之,《新序》是刘向采集舜禹以至汉代史实,分类编撰而成的一部书。刘向生于动荡的西汉后期,是继孔子、荀子之后对中国的文献整理和流传做出重大贡献的学者。由于他敢于直言进谏,议论批评时政得失,《新序》一书是刘向针砭时弊的力作。

---

① 洪迈:《容斋随笔》,长春:吉林文史出版社1994年版,第515页。
② 《史略子略》。
③ 《说苑校正·序言》,北京:中华书局1987年版。

第四节 《说苑》思想论略

一、《说苑》成书和内在逻辑体系

《说苑·叙录》云:"护左都水使者光禄大夫臣向言,所校中书《说苑杂事》,及臣向书民间书校雠。其事类众多,章句相溷,或上下谬乱,难分别次序,除去与《新序》复重者,其余者浅薄不中义理,别集以为百家后,令以类相从,一一条别篇目,更以造新事十万言以上,凡二十篇七百八十四章,号曰《新苑》,皆可观。臣向昧死。"①

这段话说明,《说苑》当时有个底本名《说苑杂事》,这个底本存放在中秘书(皇家图书馆),底本的特点是:"其事类众多,章句相溷,或上下谬乱,难分别次序。"另外还有一堆材料即民间所献之书,民间书的杂乱程度和官方书相比有过之而无不及。刘向把这些书分别次序,校勘文字,精心选材,因为这些书有"可观"的"义理"在,他首先编成《新序》,然后把所谓"浅薄不中义理"的另集为《百家》,最后主要依据"中书《说苑杂事》"为底本整理出《新苑》,这个《新苑》就是《说苑》无疑。取一新字,是为了和以前未整理过的书相分别,比如未经整理的散乱在中秘书的《荀子》经过刘向整理后取名为《荀卿新书》。汉朝人多喜欢把自己的著作标一"新"字,如陆贾《新语》、贾谊《新书》、桓谭《新论》之类。《说苑》以类相从,条别篇目,各篇以围绕一个主题词展开,这个主题词就成为各篇的篇名。这种命名方法比《新序》以时间先后次序为经显然是个进步,因为刘向把这些书"昧死"呈上,就是希望成帝能够一目了然,知道各类故事要点所在。《说苑》按类编辑了先秦至西汉的一些历史故事和传说,并夹有作者的议论,借题发挥儒家的政治思想和道德观念,带有一定的哲理性。

---

① 严可均:《全上古三代秦汉三国六朝文》(一),北京:中华书局1958年版,第334页。

《说苑》全书计二十卷,每卷一类,共分二十个主题,依序是:《君道》卷一,《臣术》卷二,《建本》卷三,《立节》卷四,《贵德》卷五,《复恩》卷六,《政理》卷七,《尊贤》卷八,《正谏》卷九,《敬慎》卷十,《善说》卷十一,《奉使》卷十二,《权谋》卷十三,《至公》卷十四,《指武》卷十五,《谈丛》卷十六,《杂言》卷十七,《辨物》卷十八,《修文》卷十九,《反质》卷二十。关于这二十篇文章的编排次序,历史上少有探索。徐兴无先生认为它们是两两一组,即"相邻的类名义项接近"罗列于下:第一组义项(论君臣之道):《君道》(卷一)臣术(卷二);第二组义项(论君子立身之本):建本(卷三)立节(卷四);第三组义项(论君主臣民以德相感召):贵德(卷五)复恩(卷六);第四组义项(论王霸之政及尊贤成功之理):政理(卷七)尊贤(卷八);第五组义项(论进谏敬慎,存身全国之道):正谏(卷九)敬慎(卷十);第六组义项(论知言善说及行人之辞):善说(卷十一)奉使(卷十二);第七组义项(论权谋公正,慎兵备战之道):权谋(卷十三)至公(卷十四);第八组义项(汇纂修身治国之言):指武(卷十五)谈丛(卷十六);第九组义项(论辨物达性,文质相用之道):《杂言》卷十七,辨物(卷十八);第十组义项(修文反质)修文(卷十九)反质(卷二十)。① 认为刘向"《说苑》二十个主题可以略分为三大概念群:一到六卷为一组,七到十五卷为一组,十六卷以下又自为一组;这三大概念群乃由人到事,由原理到细则,由抽象到具体,由初步到完成的有机结构"。特别是第一组,"那种思想的架构,观念之形成,显然与大学八德目具有深厚的渊源"②。

我认为上述讲法各有道理,如"相邻义项"并观的编辑体例确实存在,特别是像《君道》、《臣术》、《修文》、《反质》等两两错列,互相映衬,也符合传统文化中阴阳对立互补的观念。认为那种"思想的架构,观念之形成,显然与大学八德目具有深厚的渊源",对我亦有很大启发。我以为理解刘向《说苑》的编排体例,离不开《新序》的编书体例,上节我们了解到,《新序》的《杂事》部分是对君主言,《刺奢》、《节士》、《义勇》三篇是就修身言,《善谋》(上、下)是就社会功业言,也就是围绕儒家"修齐

---

① 《刘向评传》,南京:南京大学出版社 2005 年。
② 赖哲信:《说说说苑——有关说苑的思想内容、编辑体例和思想》,见台湾《中山女高学报》2001 年第 1 期。

治平"的人文理想和逻辑顺序展开。在《说苑》中,刘向编书的这个基本路数没有动摇,我们看到:《君道》篇相当于《新序》的《杂事》,《臣术》作为《君道》的补充,在君臣关系中,君是内,臣是外,君臣关系构成封建政权体制的主轴,这是和《中庸·哀公》论政类似的作法。既是如此,《君道》仍然是最主要的,是统领下列各篇的,也成为全书的中心,两汉时期的经学著述往往以首章为全书的中心。

《建本》(卷三)建立基础,《立节》(卷四)维护节操,《贵德》(卷五)重视品德,《复恩》(卷六)感恩图报,这四篇是讲士君子的修养,也就是士君子出官为宰的道德素养,如勤学、忠孝、贞节、意气、节义等,其目的在仁民爱物,在施德布泽。这是全书的第二个层次。相当于《新序》中的"《节士》、《义勇》",属于修身部分。

《政理》(卷七)施政原则,《尊贤》(卷八)礼敬贤士,《正谏》(卷九)忠直敢谏,《敬慎》(卷十)谨慎小心,《善说》(卷十一)善于说理,《奉使》(卷十二)出使典范,《权谋》(卷十三)谋略计策,《至公》(卷十四)大公无私,《指武》(卷十五)用兵论战。以上九篇涉及邦国、外交、军事等重要道理,这是第三个层次,是具体的行政技能,这个行政技能既有原则也有技术方法,由朝廷最终到达边陲。这几篇相当于《新序》中的"《善谋》(上下)",属于平天下和建立功业的部分。

《谈丛》(卷十六)是就一般立身处世之道而言,《杂言》(卷十七)则多就艰危变动之际的立身处世而言,《辨物》(卷十八)辨析事物,《修文》(卷十九)制礼作乐,《反质》(卷二十)崇尚质朴。这四篇是第四个层次,就社会政治生活和社会人生的方方面面,包括各种格言、逸事、趣闻、析理等,等到一切行政都上轨道,便用礼乐治国,实现修文反质,而且最终实现大治的终极理想。以上大小四个层次好比四个大小不等的同心圆,最终围绕着《君道》这个中心运转。虽然上述思路不能和儒家《大学》"八德目"契然全合,但大致层次相去不远。

二、《君道》的特点和思想意义

《君道》是全书的中心,《说苑》是写给皇帝看的书,开篇明理,说明为君之道。中国古代,教化君王有一贯的传统,《国语·周语上》云:"使公卿至于列士献诗,瞽献曲,史献书,师箴,瞍赋矇诵,百工谏,庶人传语,近臣尽规,亲戚补察,瞽史教诲,耆艾修之,而后王斟酌焉。"《国语·楚语上》云:"教之《语》,使明其德"等,说明古代君王既需要大臣的忠贞劝谏,也用属下编做的各种实用手册或教科书,以明成败之道。战国时代这个古老传统没有废弃,乐毅对燕昭王说:"臣闻贤明之君,功立而不废,故著于《春秋》,蚤知之,名成而不毁,故称于后世"(《燕策二》);进入汉代,《史记·太史公自序》云:"故有国者不可以不知《春秋》,前有谗而弗见,后有贼而不知。为人臣者不可以不知《春秋》,守经事而不知其宜,遭变事而不知其权。为人君父而不通于《春秋》之义者,必蒙首恶之名。为人臣子而不通于《春秋》之义者,必陷篡弑之诛,死罪之名。"这里的《春秋》不单单指所谓五经之一的《春秋》,还包括各种《传》,如《公羊》、《谷梁》、《左传》等。而《春秋》经传不是把思想诉诸抽象性概念性的语言,而是借助历史故事的形式写出,如《史记·自序》引董生之言"我欲载之空言,不如见之于行事之深切著明也"。《新序》、《说苑》正是两部有着系统故事分类的王教政典。《君道》(卷一)乃为君之道,《臣术》(卷二)乃为臣之方,显然它们是全篇的主轴,《汉书·魏相丙吉传》赞曰:"古之制名,必由象类,远取诸物,近取诸身。故经谓君为元首,臣为股肱,明其一体,相待而成也。是故君臣相配,古今常道,自然之势也。"君臣相谐一直是古代政治的理想所在。《汉书·魏相丙吉传》又曰:"相(魏相)明《易经》,有师法,好观汉故事及便宜章奏,以为古今异制,方今务在奉行故事而已经。数条汉兴以来国家便宜行事,及贤臣贾谊、晁错、董仲舒等所言,奏请施行之。"魏相所奏宣帝故事今不可见,但刘向所奏成帝故事就是《新序》、《说苑》、《列女传》等。

  刘向是汉高祖刘邦同父异母弟楚元王刘交的四世孙,他因祖荫得以封国和侯爵,进入仕途后,不幸两度入狱,但刘向忠于王朝的拳拳爱国拥君之心不减,他曾对陈汤言:"吾而不言,孰当言之?"[1]这种舍我其谁的诤臣心态使刘向具有一往无前的拼争精神,《说苑》、《新序》、《列女传》在某种程度上,刘向是想把它看作"谏书"用的,他陈古讽今,夹叙夹议,正说反说,集腋成裘而成皇皇巨著。《说苑》等书的编纂,一方面体现了刘向对古代贤人志士通达智慧的无限怀念,对佞臣罪人祸国殃民行为的无比愤怒;另一方面他是期望对古代事迹进行条分缕析,对众多

---

[1] 《汉书·刘向传》。

历史事件和古人嘉言善谋提纲挈领,归纳出几个要领和关键词,成为指导王教、敦斥朝纲的治国宝典。更希望孝成皇帝读后真正振作起来,加强王权,摈退王氏,这样国家政治才能稳固。

因为身为宗室产生的强烈爱国心,使刘向纂述《说苑》时刻意以政治为叙述重心,《君道》计四十四章,而首章云:晋平公问于师旷曰:"人君之道,如何?"对曰:"人君之道,清净无为,务在博爱,趋在任贤,广开耳目,以察万方。不溺溺于流俗,不拘系于左右,廓然远见,焯然独立,屡省考绩,以临臣下,此人君之操也。"平公曰:"善!"

短短几句话说明君主要清静执政,以仁爱立心,以任贤分忧,以明察行法。这构成《君道》乃至全书的中心。接着讲君主的政治责任,要有以一身肩荷天下人安危的雄心在。如:禹出见罪人,下车问而泣之,左右曰:"夫罪人不顺道,故使然焉,君王何为痛之至于此也?"禹曰:"尧舜之人,皆以尧舜之心为心;今寡人为君也,百姓各自以其心为心,是以痛之。书曰:'百姓有罪,在予一人。'"

君王需要贤人辅佐,举贤是实现政治目标的关键。如汤问伊尹:

"三公九卿,二十七大夫,八十一元士,知之有道乎?"伊尹对曰:"昔者尧见人而知,舜任人然后知,禹以成功举之。夫三君之举贤,皆异道而成功,然尚有失者,况无法度而任己,直意用人,必大失矣。故君使臣自贡其能,则万一之不失矣,王者何?以选贤。夫王者得贤材以自辅,然后治也。"

用贤就要尊重他们,和他们结成师友。郭隗对燕昭王说:"帝者之臣,其名,臣也,其实,师也;王者之臣,其名,臣也,其实,友也;霸者之臣,其名,臣也,其实,宾也;危国之臣,其名,臣也,其实,虏也。"

治国需要施行仁政,仁政以教化为先,刑罚为辅,戒奢戒躁,以民为本,所以《君道》谆谆告诫人君曰:"夫天之生人也,盖非为君也;天之立君也,盖非为位也。夫人君,行其私欲而不顾其人,是不承天意,忘其位之所以宜事也。"

在《君道》的末尾,刘向流露出对王家势力日渐膨胀和对刘氏命运的担忧。这也是《说苑》的"微言"所在。他说:"尊君卑臣者,以势使之也。夫势失则权倾,故天子失道,则诸侯尊矣;诸侯失政,则大夫起矣;大夫失官，则庶人兴矣。……人君不可不察而大盛其臣下，此私门盛而公家毁也，人君不察焉，则国家危殆矣。"又引用管子的话说："权不两错，政不二门。"又引用民谣："胫大于股者难以步，指大于臂者难以把。"这样的谆谆告诫使我们清楚地看到刘向编书的用心。接下来他间接地告诉成帝对付王氏的办法——刘向借司城子罕的话说："国家之危定，百姓之治乱，在君行之赏罚也。"言外之意对付王氏的办法只能是刑罚，那么怎样刑罚呢？刘向说："夫赏赐让与者，人之所好也，君自行之；刑罚杀戮者，人之所恶也，臣请当之。"这里刘向忠贞之态溢于言表，他敢于勇赴国难的精神可敬可畏。最后他用老子"鱼不可脱于渊，国之利器，不可以借人"的话告诫成帝，委国政以外戚是十分危险的。

从以上简单分析看到，《君道》篇简单勾勒出全书的要点，特别是最后几章清楚表现刘向的担忧所在，具有现实意义和深远意义。所以《君道》是全书中心的中心。《臣术》篇是对《君道》的必要补充，《臣术》开篇讲臣子的"六正六邪"，旨在说明做人臣的道理，人臣必须具备的行政素质，人臣必须担当其各自的责任，做君王"扶手"。如汤问伊尹曰：

"三公九卿大夫列士，其相去何如？"伊尹对曰："三公者，知通于大道，应变而不穷，辩于万物之情，通于天道者也；其言足以调阴阳，正四时，节风雨，如是者举以为三公，故三公之事，常在于道也。九卿者，不失四时通于沟渠，修堤防，树五谷，通于地理者也；能通不能通，能利不能利，如此者举以为九卿，故九卿之事，常在于德也。大夫者，出入与民同众，取去与民同利，通于人事，行犹举绳，不伤于言，言之于世，不害于身，通于关梁，实于府库，如是者举以为大夫，故大夫之事常在于仁也。列士者，知义而不失其心，事功而不独专其赏，忠政强谏而无有奸诈，去私立公而言有法度，如是者举以为列士，故列士之事，常在于义也。"

这里刘向结合封建官僚系统和行政分工具体论述"道德仁义"的内涵，比起过去儒家抽象谈论道德仁义要深刻得多，也具有可操作性。接着刘向说明臣子有义务向皇帝举荐贤者，举贤者受赏，举不肖者受罚，这也是董仲舒以来的老生常谈，最后引用荀子的话说明大臣应安于臣子的地位，不能有任何疑心，其实也是针对王氏而发的。刘向首先纂成

《君道》、《臣术》，借用君臣这两大政治主轴展开说理，只要这两者做得好，差不多就能保证政治目标的实现，在下面的叙述中，刘向几乎围绕着善断、尊贤、劝谏、教化、刑罚、戒奢、修身、权变、用兵等科目展开，这些治国科目大多数是《君道》、《臣术》思想的进一步延伸。故从略。

三、《说苑》以儒家统理各家的思想特色

《艺文志》把《说苑》归"儒家类"，主要阐明儒家的政治思想和伦理观念。《说苑》反复表达的内容如仁爱教化、礼敬贤士、忠贞可信、进德修业、进谏纳谏、谨慎修命、善说应对、奉命出使、先公后私、振兵诛伐等也都是儒家常常论及，其他《谈丛》谈政治人生，《杂言》、《辨物》以儒学诠释各种自然现象，《修文》论礼仪和制度，《反质》论回归素朴，戒奢去躁，等等，这些观点也是《论语》、《孟子》、《荀子》、《礼记》等书所反复唠叨的，因此《说苑》的基本思想为儒家。刘向思想以儒家思想为主，但他不是一个陈腐的儒生，对于其他各家知识有所汲取。

如对于道家，《君道》里讲："人君之道，清净无为，务在博爱，趋在任贤，广开耳目以察万方，不溷溺于流俗，不拘系于左右，廓然远见，踔然独立，屡省考绩，以临臣下，此人君之操也。"这里的"清净无为"，不是纯粹老庄式的"清净无为"，而是生活上的节俭朴素以及儒家主张的仁爱、宽恕、任贤、慎独的品质，这些意见把道家的"清净无为"和儒家的"仁义礼智信"等观念合并，乍看之下总有几分道家的影子，但主题是仁爱、任贤、纳谏等。

《敬慎云》："常摐有疾，老子往问焉，曰：'先生疾甚矣，无遗教可以语诸弟子者乎？'常摐曰：'子虽不问，吾将语子。'常摐曰：'过故乡而下车之乎？'老子曰：'过故乡而下车，非谓其不忘故耶？'常摐曰：'嘻，是已。'常摐曰：子知'过乔木而趋，子知之乎？'老子曰：'过乔木而趋，非谓敬老耶？'常摐曰：'嘻，是已。'"

这个故事借老子之言为说，老子反对仁义、孝悌等儒家观念，但这里的"不忘故"、"敬老"等思想都是儒家提倡的，刘向把道家的老子打扮成儒家模样，就像庄子《外篇》和《杂篇》中把孔子、颜回打扮成道家模样一样，其实这是典型的以儒统道思想的体现。

《杂言》云："天下失道，而后仁义生焉，国家不治，而后孝子生焉，民

争不分,而后慈惠生焉,道逆时反,而后权谋生焉。凡善之生也,皆学之所由。一室之中,必有主道焉,父母之谓也;故君正则百姓治,父母正则子孙孝慈。"此章首言几乎同于《老子》章,接着转向儒家劝学,最后用"正人先正己"作结。

《反质》云:"鲁有俭者,瓦鬲煮食,食之而美,盛之土铏之器,以进孔子。孔子受之,欢然而悦,如受太牢之馈。弟子曰:'瓦甋,陋器也;煮食,薄膳也。而先生何喜如此乎?'孔子曰:'吾闻好谏者思其君,食美者念其亲,吾非以馔为厚也,以其食美而思我亲也'。"尚俭去奢为道家和墨家所提倡,不过,这里刘向借孔子之言为说,而且和儒家忠孝观念联系起来,这样道家墨家的"尚质"和儒家的"仁者,孝之本"相去不远。

对于法家,《君道》云:"当尧之时,舜为司徒,契为司马,禹为司空,后稷为田畴,夔为乐正,倕为工师,伯夷为秩宗,皋陶为大理,益掌驱禽,尧体力便巧不能为一焉,尧为君而九子为臣,其何故也?尧知九职之事,使九子者各受其事,皆胜其任以成九功,尧遂成厥功以王天下,是故知人者,王道也,知事者,臣道也,王道知人,臣道知事,毋乱旧法而天下治矣。"这些表达乍看下去有些法家"主逸臣劳"的影子,但实际是对古代君臣相谐场景的憧憬,有时他把法家的一些"治术"加以转换,去掉其阴狠毒辣的一面,而变成用手段去体察下情,如《君道》又说:"周公践天子之位,布德施惠,远而逾明。十二牧,方三人,出举远方之民,有饥寒不得衣食者,有狱讼而失职者,有贤才而不举者,以入告乎天子。天子于其君之朝也,揖而进之曰:'意朕之政教有不者欤?何所临之民有饥寒而不得衣食者,有狱讼而失职者,有贤才而不举者也。'其君归也,乃召其国大夫告用天子之言。百姓闻之皆喜曰:'此诚天子也,何居之深而见我之明也,岂可欺哉!'"虽以察知为主题,但这和韩非的循名责实完全不同,韩非主张"法"、"术"、"势"的结合,防范身边的人,纠察臣下及后宫不轨之举,然而在刘向变成体察民间疾苦了。

《臣术》载:齐侯问于晏子曰:"忠臣之事其君若何?"对曰:"有难不死,出亡不送。"君曰:"裂地而封之,疏爵而贵之,吾有难不死,出亡不送,可谓忠乎?"对曰:"言而见用,终身不亡,臣何送焉。若言不见用,有难而死之,是妄死也;谏而不见从,出亡而送之,是诈为也,故忠臣者,能纳言于君,而不能与君陷难者也。"本来"裂地而封之,疏爵而贵之",则大臣毫无选择替君主卖命,这是法家政治的基本要求,但这里刘向加入

《孟子》的一些思想中正直等人格因素。

《臣术》又载:"子路为蒲令,备水灾,与民春修沟渎,为人烦苦,故予人一箪食,一壶浆,孔子闻之,使子贡复之,子路忿然不悦,往见夫子曰:'由也以暴雨将至,恐有水灾,故与人修沟渎以备之,而民多匮于食,故与人一箪食一壶浆,而夫子使赐止之,何也?夫子止由之行仁也,夫子以仁教而禁其行仁也,由也不受。'子曰:'尔以民为饿,何不告于君,发仓廪以给食之;而以尔私馈之,是汝不明君之惠,见汝之德义也,速已则可矣,否则尔之受罪不久矣。'子路心服而退也。"有功尽归于君,有过尽归于己,这也是法家政治的基本要求,但这里作为《臣术》篇的末章,显然蕴涵刘向"尊君抑臣"的思想。

对于纵横家,刘向《战国策》叙录:"战国之时,君德浅薄,为之谋策者,不得不因势而为资,据时而为。故其辩,扶急持倾,为一切之权,虽不可以临国教化,兵革救急之势也。皆高才秀士,度时君之所能行,出奇策异智,转危为安,运亡为存,亦可喜,皆可观。"《说苑》中录战国故事很多,许多内容都体现了"扶急持倾,为一切之权",刘向处在社会已经麻木、迟滞和毫无生气的西汉后期,特别是王氏家族独揽朝政大权,刘氏政权岌岌可危,刘向有时也希望有一些劝变的办法改变萎靡不振的朝纲,刘向主张儒家"常"与"变"的对立统一,灵活运用可以收到理想效果。

可见刘向《说苑》以儒家思想为主,同时兼采道、法、墨、纵横家等思想,他或者是对其他思想加以改造,以儒统之,或者是直接采进其他思想为我所用,刘向这样做有时代思想的影响,也有他自身的学养因素。

虽然西汉从武帝时起就开始罢黜百家、独尊儒术,但依靠行政力量并非一定能阻止其他学问的传播。事实上,其他各家思想在罢黜百家后仍然有不少学者,如修"黄老之术"的杨王孙、刘德、严遵、安丘生(《圣贤高士传》《太平御览》510卷引)等。嵇康《圣贤高士传》曰:"安丘望之字仲都,京兆长陵人。少持《老子经》,恬净不求进官,号曰安丘丈人。成帝闻,欲见之,望之辞不肯见,为巫医于人间。"《汉书·扬雄传》云:"雄见诸子各以其知(智)舛驰,大氐诋訾圣人,即为怪迂,析辩诡辞,以挠世事,虽小辩,终破大道而或(惑)众,使溺于所闻而不自知其非也。及太史公记六国,历楚汉,讫麟止,不与圣人同,是非颇谬于经。故人时有问雄者,常用法应之,撰以为十三卷。象《论语》,号曰《法言》。"可见在西汉后期的思想界,在各家思想的激流勇进中,儒家思想占主导优势,其他各家思想是潜流暗流发展着。《说苑》一书体现了那个时代的思想特色。刘向知识广博,常年校理天下图书,不可能不受其他各家思想影响。他的家族是西汉著名的文化世家,先祖楚元王刘交"好《诗》,诸子皆读《诗》,申公始为《诗》传,号《鲁诗》"。祖父刘辟疆"亦好读诗,能属文"。父亲刘德"修黄老术,有智略"①。刘向家庭中以背诵《左传》自娱。《汉书·艺文志》有"说老子四篇"。可见刘向思想中,道家因素是不容忽视的一支。

《说苑》大量引进其他各家特别是道、法二家的观点,但所论几乎不离忠孝仁义等主题,《说苑》的儒家倾向至为明显。其实儒家中正平和,本来就是最容易为大众所接受,何况刘向的时代距离汉武帝不远,独尊儒术又是汉武帝定下来的文化指导方针。《说苑》大量采择孔子言行,融各家以入儒,以儒术为根本作为他的思想特质,这并不奇怪。余嘉锡《四库提要辨证》《新序》云:"夫一书有一书之宗旨,向固儒者,其书亦儒家者流,但求其合乎儒术无悖于义理足矣,至于其中事迹皆采自古书,苟可以发明其意,虽有违失,固所不废。譬之赋诗,断章取义,要在读者不以文害辞,不以辞害志耳。"②朱一新《无邪堂答问》卷四:"诸子发虑己意,往往借古事以申其说,刘子政作《新序》、《说苑》,冀以感悟时君,取足达意而止,亦不复计事实之舛误。盖文章体制不同议论之文,源出于子,自成一家,不妨有此。若纪事之文出于史,考证之文出于经,则固不得如此也。"③

四、尊贤问题

《新序》自始至终都在讲贤人兴邦的故事,《说苑》也是这样,主要原因是刘向希望皇帝能用一些拔俗之士来震撼一下本来已经十分平庸的社会现实。王船山说:"元帝诏四科取士,即以此第郎官之殿最。一曰质朴、二曰敦厚、三曰逊让、四曰有行。盖羼主佞臣,惩萧(望之)周(堪)

---

① 《汉书·楚元王传》。
②③ 《新序全译》,贵阳:贵州人民出版社1994年版,第402页。

张（猛）刘（向）之骨鲠，而以柔惰销天下之气节。"①在元帝这一套四科取士的制度几十年运行中，整个社会日渐麻木而腐烂。班固于《匡张孔马传赞》中说："自孝武兴学，公孙弘以儒相，其后蔡义、韦贤、玄成、匡衡、张禹、翟方进、孔光、平当、马宫及当子晏咸以儒宗居宰相位，服儒衣冠，传先王语，其醞藉可也，然皆持禄保位，被阿谀之讥。彼以古人之迹见绳，乌能胜其任乎！"刘向面对这样的社会环境，他是希望皇帝能够重视那些真正有才之士，这就是刘向反复强调用贤的真正原因。

汉建国之初，贾谊就谆谆告诫："故无常安之国，无宜治之民，得贤者显昌，失贤者危亡，自古及今未有不然者也。"汉刘邦曾发诏书曰："盖闻王者莫高于周文，伯者莫高于齐桓，皆待贤人而成名。今天下贤者智能岂特古之人乎？患在人主不交故也，士奚由进？今吾以天之灵，贤士大夫定有天下，以为一家，欲其长久世世奉宗庙亡绝也。贤人以与我共平之矣。"②《汉书·元帝纪》永光元年诏曰："五帝、三王任贤使能，以登至平，而今不治者，岂斯民异哉？"《汉书·成帝纪》河平四年"举淳厚有行，能直言之士"。《汉书·成帝纪》鸿嘉二年诏曰："古之选贤，傅（敷）纳以言，明试以功，故官无废事，下无逸民，教化流行，风雨和时，百谷用成，众庶乐业，咸以康宁。"纵观汉代论述"尊贤问题"，只有刘向论述最为充分，他反复举例申说，目的在于启发统治者认识到贤人于国家和治国安邦的重要性。在这个问题上，刘向冒着不敬的罪名大胆使用战国才人志士的事迹告诫君王，我们知道战国士人的种种做法不适应于汉代政治形势，所谓"士贵耳，王者不贵"。

在《说苑》的二十个文章主题中，几乎每个主题下都有数段讲尊贤故事。但作者不以此为满足，又单立《尊贤》一章，历数贤人政治的重要性。在刘向看来，贤人往往拔起于民野之中，如邹子说梁王曰：

> 伊尹故有莘氏之媵臣也，汤立以为三公，天下之治太平。管仲故成阴之狗盗也，天下之庸夫也，齐桓公得之以为仲父。百里奚道之于路，传卖五羊之皮，秦穆公委之以政。宁戚故将车人也，叩辕行

---

① 王夫之：《读通鉴论·元帝》，北京：中华书局1975年版，第91、92页。
② 严可均：《全上古三代秦汉三国六朝文》，北京：中华书局1958年版，第130页。

歌于康之衢,桓公任以国。司马喜膑脚于宋,而卒相中山。范雎折胁拉齿于魏而后为应侯。太公望故老妇之出夫也,朝歌之屠佐也,棘津迎客之舍人也,年七十而相周,九十而封齐。

尊贤则要能够甄别贤与不肖之徒,如:

> 子路问于孔子曰:"治国何如?"孔子曰:"在于尊贤而贱不肖。"子路曰:"范中行氏尊贤而贱不肖,其亡何也?"曰:"范中行氏尊贤而不能用也,贱不肖而不能去也;贤者知其不己用而怨之,不肖者知其贱己而仇之。贤者怨之,不肖者仇之;怨仇并前,中行氏虽欲无亡,得乎?"

贤人越多,则国家越稳固,如《尊贤》再云:"周公摄天子位七年,布衣之士,执贽所师见者十二人,穷巷白屋所见者四十九人,时进善者百人,教士者千人,官朝者万人。当此之时,诚使周公骄而且吝,则天下贤士至者寡矣,苟有至者,则必贪而尸禄者也,尸禄之臣,不能存君矣。"

另外,刘向有《杖铭》一篇,把贤人比作手杖,以此强调贤人的作用。其中云:"历危乘险,臣杖不行。年耆力竭,匪杖不强。有杖不任,颠跌谁怨。有士不用,害何足言。都蔗虽甘,殆不可杖。佞人悦己,亦不可相。杖必取便,不必用味。士必任贤,何必取贵。"①

第五节 《说苑》的史料价值和文学价值

一、史料价值

《说苑》是刘向采集古书,另作修纂而成的书籍。由于是采自古书,

---

① 《艺文类聚》六十九。

而且引用材料广泛,给人们探讨历史提供了许多便利之处。书中记载的史事,有的可与现存典籍互相印证;有的记事与《史记》、《左传》、《国语》、《战国策》、《荀子》、《韩非子》、《管子》、《晏子春秋》、《韩诗外传》、《吕氏春秋》、《淮南子》等书相出入,对考寻历史者足资参考。如晏子和孔子同时而略早,在治国论政方面都很强调"礼乐"的作用,也讲究"仁"。《说苑》中有关孔子故事众多,仅摘录《善说》就有"子贡见太宰嚭";"赵简子问子贡曰孔子为人何如";"齐景公谓子贡曰子谁师";"赵襄子谓仲尼曰";"子路问于孔子曰"等。有关晏子故事,仅《奉使》篇有"晏子使吴"两章;"晏子使楚"两章;"晏子将使荆"一章。《臣术》篇有五章,分别是:"晏子侍于景公";"齐侯问于晏子曰";"晏子朝,乘敝车,驾驽马,景公见之曰";"景公饮酒,陈桓子侍";"晏子方食,君之使者至,分食而食之,晏子不饱"。可见晏子和孔子是西汉以上社会如雷贯耳的名人,孔子故事后来有《孔子家语》,晏子故事有《晏子春秋》,虽然他们未必都是"实录",但后世通过爬梳也许能找出一些有价值的论题。

有些古籍已经散佚,《说苑》却保存一二,吉光片羽,尤为可贵。如《君道》篇载师旷言云:"人君之道,清净无为,务在博爱,趋在任贤,广开耳目,以察万方,不固溺于流欲,不拘系于左右,廓然远见,踔然独立,屡省考绩,以临臣下。此人君之操也。"《汉书·艺文志》小说家类有《师旷》六篇,早已散佚,师旷的这段议论,疑即出自《师旷》六篇。又如:河间献王刘德是景武时代著名的学者,他学识渊博,著述深广,高似孙《子略》卷四云:"河间王大雅文献,为然风流,崇经尚文,殚极礼乐,而所尚醇正,言议彬彬,何其雍容不群如此也,三代以下,一人而已,抑其时所遭者然与。磐石之宗,莫可及之者。"[①]河间献王刘德言行在《说苑》中保存一些。

如《君道》篇录河间献王一则曰:"尧存心于天下,加志于穷民,痛万姓之罹罪,忧众生之不遂也。有一民饥,则曰此我饥之也;有一人寒,则曰此我寒之也;一民有罪,则曰此我陷之也。仁昭而义立,德博而化广;故不赏而民劝,不罚而民治。先恕而后教,是尧道也。"再则曰:"禹称民无食,则我不能使也;功成而不利于人,则我不能劝也;故疏河以导之,凿江通于九派,洒五湖而定东海,民亦劳矣,然而不怨者,利归于民也。"

---

① 《史略子略》。

《建本》篇录河间献王一则曰:"汤称学圣王之道者,譬如日焉;静居独思,譬如火焉。夫舍学圣王之道,若舍日之光,何乃独思火之明也;可以见小耳,未可用大知,惟学问可以广明德慧也。"再则曰:"'管子称仓廪实,知礼节;衣食足,知荣辱。'夫谷者,国家所以昌炽,士女所以姣好,礼义所以行,而人心所以安也。尚书五福以富为始,子贡问为政,孔子曰:'富之,既富乃教之也,此治国之本也。'"

总之,《说苑》于考古史料研究有一定价值。

二、文学价值

1. 比类相从,各有条目

先秦两汉书籍各有不同的编写方法,《春秋》、《左传》是编年体,以时间为经,编事件于其中,《诗经·国风》、《国语》、《战国策》是国别体,分国叙事,以空间顺序即国名展开,稍后出现的《吕氏春秋》把材料分属编排在春夏秋冬四季的架构内,例如春季以讲生为主,夏季以论乐为主,秋季以言兵为主,冬季以谈死为主。《说苑》则不然,刘向编定《说苑》、《新序》时前人已积累了一定的编辑经验,《汉书·魏相丙吉传》:"(魏)相明《易经》,有师法,好观汉故事及便宜章奏,以为古今异制,方今务在奉行故事而已。数条汉兴以来国家便宜行事,及贤臣贾谊、晁错、董仲舒等所言,奏请施行之。"魏相如何"观汉故事及便宜章奏",如何"条汉兴以来国家便宜行事"后世不可得知,推测起来是以事件为主,可能如《新序》"杂事"一样,这种作法会对刘向有所影响,《汉书·楚元王传》:"成帝即位,……诏向领校中《五经》秘书。向见《尚书·洪范》,箕子为武王陈五行阴阳休咎之应。向乃集合上古以来历春秋六国至秦汉符瑞灾异之记,推迹行事,连传祸福,著其占验,比类相从,各有条目,凡十一篇,号曰《洪范五行传论》。"所谓"比类相从,各有条目",从《说苑》二十篇的篇名规定就看得清楚。

除了以类相从的编辑架构以外,《说苑》还有一个总体写法,就是先总说后分论,而且总说一般以议论形式表述,分论则以故事形式陈说。试举《说苑》卷三《建本》篇为例作说明,《建本》篇开篇便连引孔子、《诗经》、《易经》的话语,作出"是故君子建本而重立始"的结论,然后有"子路子欲养而亲不待"、"曾子大杖逃小仗受"、"孔鲤学诗学礼"等三十则古事例系附。再举卷四《立节》为例：立节卷首有"杀身以成仁，触害以立义"的议论，这是总说。其后则有"申生死孝"，"胡突死忠"等二十余条故事系附，这是故事的部分。再如《政理》政有三品："王者之政化之，霸者之政威之，强者之政胁之"为总说，下文举文王以下特别是春秋时代众多故事反复说明上述道理。

其他各章架构大体都是这种模式，所以我们以为这是《说苑》的著书特色，即使《说苑》书中偶也有些只有故事而无总说的篇章，如《君道》篇，那可能是《说苑》散佚之后，曾巩辑收不够完整所致。有时候对同一个主题，刘向不厌其烦地反复申说，如《建本》云"君子务本"的道理，刘向先以韵语形式写出："夫本不正者末必倚，始不盛者终必衰。"接着举出董仲舒以来的惯用语，"本立而道生，春秋之义；有正春者无乱秋，有正君者无危国"。最后引用《周易》说："建其本而万物理，失之毫厘，差以千里"。但本有多重，什么是"元年之本"呢？刘向举"魏武侯问元年于吴子"来说明，吴子对曰："言国君必慎始也。""慎始奈何？"曰："正之"，"正之奈何？"曰："明智，智不明，何以见正，多闻而择焉，所以明智也。是故古者君始听治，大夫而一言，士而一见，庶人有谒必达，公族请问必语，四方至者勿拒，可谓不壅蔽矣；分禄必及，用刑必中，君心必仁，思君之利，除民之害，可谓不失民众矣；君身必正，近臣必选，大夫不兼官，执民柄者不在一族，可谓不权势矣。此皆春秋之意，而元年之本也。"这样既比类相从，又层次递进，使问题得到深化。

2.《说苑》长于对话的形式，属于记言著作。《君道》云："言行，人之枢纽也。"本来这也是与中国古老的文史传统相联系的，《汉书·艺文志》云："古之王者世有史官，君举必书。""左史记言，右史记事"。从《尚书》开始就有许多贤人君子善言嘉谋的记载，《诗经》和《离骚》中有很多精彩的对话。记言的艺术在《国语》、《左传》、《战国策》中得到高度发展，子书如《论语》、《庄子》、《孟子》、《战国策》中颇多对话的佳作。

汉兴以来，对话体艺术获得高度发展，对话属于叙事文学的组成部分，汉代乐府叙事，史书叙事的成就人们有目共睹，《说苑》除少数总说部分以议论形式写出外，其他部分几乎全是对话，《说苑》对话并不枯燥，有时作者有意加入一些说话人的动作、音容笑貌等使文章显得生动，有的对话本身很精彩，《说苑》不需要添枝加叶直接移植过来，如《说苑》卷二记问晏子"忠臣之事其君若何"，卷九叙"景公饮酒，移于晏子家",都几乎原封不动地移植《晏子春秋》。但有些篇章,刘向加入大量对话内容,如燕昭王向郭隗问"存社稷,保宗庙"之事,《史记·燕世家》中记载简略,《说苑》做了很大改动。如:

燕昭王问于郭隗曰:"寡人地狭人寡,齐人削取八城,匈奴驱驰楼烦之下,以孤之不肖,得承宗庙,恐危社稷,存之有道乎?"郭隗曰:"有,然恐王之不能用也。"昭王避席请闻之,郭隗曰:"帝者之臣,其名,臣也,其实,师也;王者之臣,其名,臣也,其实,友也;霸者之臣,其名,臣也,其实,宾也;危国之臣,其名,臣也,其实,虏也。今王将东面,目指气使以求臣,则厮役之材至矣;南面听朝,不失揖让之礼以求臣,则人臣之材至矣;西面等礼相亢,下之以色,不乘势以求臣,则朋友之材至矣;北面拘指,逡巡而退以求臣,则师傅之材至矣。如此则上可以王,下可以霸,唯王择焉。"燕王曰:"寡人愿学而无师。"郭隗曰:"王诚欲兴道,隗请为天下之士开路。"于是燕王常置郭隗上坐南面,居三年,苏子闻之,从周归燕;邹衍闻之,从齐归燕;乐毅闻之,从赵归燕;屈景闻之,从楚归燕。四子毕至,果以弱燕并强齐;夫燕齐非均权敌战之国也,所以然者,四子之力也。诗曰:"济济多士,文王以宁。"此之谓也。

郭隗答燕昭王话字节短促,铿锵有力,掷地有声,读来朗朗上口,并以东南西北四方为序,对人主待贤的不同效果和态度进行排比铺陈,句读之间频繁地使用语气虚词转换,这些虚词,抑扬顿挫地传达了对话语调,这样一个纵横家人士形象就跃然纸上。

再如:晋楚鄢陵之战是春秋著名战例,其中一个有关司马子反的饮酒细节很简略,《左传·成公十六年》云:"王闻之,召子反谋。谷阳竖献饮于子反,子反醉而不能见。王曰:'天败楚也夫,余不可以待。'乃宵遁。"只有短短的四十七个字,但在《说苑》中加入了对话,更加生动。《说苑·敬慎》云:

楚恭王与晋厉公战于鄢陵之时,司马子反渴而求饮,竖谷阳持酒而进之,子反曰:"退,酒也。"谷阳曰:"非酒也。"子反又曰:"退,酒也。"谷阳又曰:"非酒也。"子反受而饮之,醉而寝。恭王欲复战,使人召子反,子反辞以心疾,于是恭王驾往入幄,闻酒臭曰:"今日之战,所恃者司马,司马至醉如此,是亡吾国而不恤吾众也,吾无以复战矣!"于是乃诛子反以为戮,还师。夫谷阳之进酒也,非以妒子反忠,爱之而适足以杀之,故曰:"小忠,大忠之贼也;小利,大利之残也。好战之臣,不可不察也!"

总之,《说苑》长于对话是其艺术显著特点,这点看出刘向并非简单的"编",而是还有"著"的内容。

3. 以故事来说理

《说苑》是一部富有文学意味的历史文献,内容多哲理深刻的格言警句,为了吸引皇帝的阅读,刘向放弃了严整端庄,长篇大论的表述方式,却用平易近人的小故事来表达。叙事意蕴讽喻,文字简洁生动,清新隽永,有较高的文学欣赏价值,对魏晋乃至明清的笔记小说也有一定的影响。

如要说明学习应该趁早,只要发奋向学,学习是永不嫌迟的道理,刘向说了这么一段故事:晋平公问于师旷曰:"吾年七十,欲学,恐已暮矣!"师旷曰:"臣闻之,少而好学,如日出之阳;壮而好学,如日中之光;老而好学,如炳烛之明,炳烛之明,孰与昧行乎。"① 为了能说明君王正天下无不正的道理,刘向举出齐桓公的故事:

> 景公好妇人而丈夫饰者,国人尽服之,公使吏禁之曰:"女子而男子饰者,裂其衣,断其带。"裂衣断带相望而不止,晏子见,公曰:"寡人使吏禁女子而男子饰者,裂其衣,断其带,相望而不止者,何也?"对曰:"君使服之于内而禁之于外,犹悬牛首于门而求买马肉也;公胡不使内勿服,则外莫敢为也。"公曰:"善!"使内勿服,不旋月而国莫之服也。②

为了说明"无为而治"的好处,刘向用了对比的办法,一劳一逸,而成效截然不同。如《说苑·政理》云:

---

① 《说苑·建本》。
②③ 《说苑·善说》。

> 宓子贱治单父，弹鸣琴，身不下堂而单父治。巫马期亦治单父，以星出，以星入，日夜不出，以身亲之，而单父亦治。巫马期问其故于宓子贱，宓子贱曰："我之谓任人，子之谓任力；任力者固劳，任人者固佚。"人曰宓子贱，则君子矣，佚四肢，全耳目，平心气而百官治，任其数而已矣。巫马期则不然，弊性事情，劳烦教诏，虽治犹未至也。

有时候刘向放弃了严肃的说道，而是用譬喻的方式来陈述主题。例如为了强调反省必须深切，改过必须彻底，刘向借用禽言禽语，《说苑·谈丛》云："枭逢鸠，鸠曰：'子将安之？'枭曰：'我将东徙。'鸠曰：'何故？'枭曰：'乡人皆恶我鸣，以故东徙。'鸠曰：'子能更鸣可矣！不能更鸣，东徙，犹恶子之声！'"①为了能说明早立太子定天下的道理，刘向用满街人逮兔子来譬喻说明，显得十分幽默风趣。"夫一兔走于街，万人追之；一人得之，万人不复走。分未定，则一兔走，使万人扰；分已定，则虽贪夫知止。"③

再如吴王欲伐楚，舍人少孺子以"螳螂捕蝉，黄雀在后"的故事劝谏。赵简子欲攻齐，甲士公卢望讲了一则故事："邻家夫与妻俱之田，见桑中女，因往追之，不能得。还反，其妻怒而去之。"结果这个男子失去了他的妻子。从这个故事中，赵简子马上明白了伐齐不成还将失国的危险。

事实上也是刘向较早对譬喻定义的。客谓梁王曰："惠子之言事也善譬，王使无譬，则不能言矣。"王曰："诺。"明日见，谓惠子曰："愿先生言事则直言耳，无譬也。"惠子曰："今有人于此而不知弹者，曰：'弹之状何若？'应曰：'弹之状如弹。'谕乎？"王曰："未谕也。""于是更应曰：'弹之状如弓而以竹为弦。'则知乎？"王曰："可知矣。"惠子曰："夫说者固以其所知，谕其所不知，而使人知之。今王曰无譬则不可矣。"王曰："善。"②刘向对"譬喻"这个概念的定义不是抽象说出，而是以故事明之，给人印象深刻。

总之，《说苑》分类纂辑先秦至汉代史事传说，杂以议论，借以阐明

---

① 《说苑·谈丛》。
② 《说苑·善说》。

儒家的政治思想和伦理观念。它的对话性、故事性和编纂独具匠心给人留下深刻印象，《说苑》中的不少篇目富有小说的意味，它上承《韩非子》的《内外储说》、《说林》之体，下开六朝《世说新语》类小说之先河。

第六章　论西汉后期的文学批评

　　先秦时期,文学没有从史学(历史散文)、哲学(诸子)和其他艺术学科(音乐舞蹈)中独立出来,散见的文学理论和文学批评是伴随着人物评论、政治评论和道德评判而展开,如孔子曰:"《关雎》乐而不淫,哀而不伤。"①孔子曰:"有德者必有言,有言者不必有德。"②子曰:"小子何莫学夫诗?诗可以兴、可以观、可以群、可以怨。迩之事父,远之事君,多识于鸟兽草木之名。"③庄子曰:"寓言十九,重言十七,卮言日出,和以天倪。"④这些评论虽星星点点,但奠定了后世文论的基础。两汉时期,伴随着辞赋的崛起和政论与史传散文创作的日渐丰富,使文学批评向纵深处发展,《毛诗序》无疑是汉代文学批评的总纲,处于两汉之交的刘向、刘歆、扬雄等人的文学批评和文学观念具有承前启后的转折作用。当然汉代文学是否独立,今天的学者多有争论,我们倾向地认为文学还没有取得独立,那时的文学批评是伴随着文献目录学、对作家作品的整理以及学术性论著而出现的,几乎没有纯批评式的理论表达。

---

① 《论语·八佾》。
② 《论语·宪问》。
③ 《论语·阳货》。
④ 《庄子·寓言》。

第一节　赋之名谓

　　我们今天认为赋是一种文体，汉赋是汉代文学的代表，但西汉以上的文人未必这样认识，他们是怎么看待赋呢？为了解决这个问题，我们需要对"赋"的文化含义、发展演变和其他艺术种类的关系做一梳理，其中主要对赋的三重结构即赋的起源、赋的用途、赋的结构进行研究。

　　赋源于《诗》，这是汉代最通行的看法，班固《两都赋序》云"赋者古诗之流也"。赋被追源到诗，诗在汉代被尊称为"经"，这的确提高了赋的地位，但诗怎样演变为赋呢？

　　《周礼》中最早提出"赋"这个概念。《周礼·春官·大司乐》："大师……教六诗，曰风，曰赋，曰比，曰兴，曰雅，曰颂；以六德为之本，以六律为之音。"但《周礼》没有对"赋"的具体阐释。《国语·周语上》云："故天子听政，使公卿至于列士献诗，瞽献曲，史献书，师箴，瞍赋，矇诵。"《左传》屡屡有行人"赋诗言志"的记录，上述言"赋"均无含义说明。似乎在那个时代，赋是大家心知肚明不需要过多说明的东西。上古诗乐一体，从周代到春秋，政治历史文化发生巨变，诗和乐出现了某些分离，大体而言，《周礼》所云属于周代用乐系统，偏重乐教；《国语》和《左传》所云属于春秋用诗系统，偏重诗教；前者属于音乐教育，诉诸听觉，后者属于文字教育，诉诸视觉。

　　周代司乐人员众多。如"大师"与"大司乐"、"乐师"、"小师"、"瞽矇"等，但各自的专业职司并不完全相同。"大师"除"掌六律、六同"即有关音律谐和调配的功能外，还负责对下属乐师教授和指导"六诗"，"六诗"是六种不同诗歌体裁的创作特点与配乐原则。"赋"作为"六诗"中的一种是由专职人员负责。《墨子·公孟》云"诵诗三百，弦诗三百，歌诗三百，舞诗三百"，这样看来，古代的歌诗可以有四种表达方法，而"歌诗"和"舞诗"是纯粹的乐舞表演，和中国古代音乐史、舞蹈史关系密切，和文学上的"赋诗"联系不大，所以，就周代乐诗"赋诗"教育贵胄子弟来看，主要是两种："诵诗"和"弦诗"。

　　《礼记·文王世子》云："春诵夏弦，大师诏之。……登歌《清庙》，既歌而语，以成之也。"孙希旦《集解》云："诵，谓诵《诗》也；弦，以丝播其《诗》也。""春诵夏弦"是时间上的安排，诵是古代的诗朗诵。从记载上看，讽诵与弦歌形式固然有别，但诵诗不入乐，诵诗要求有抑扬顿挫、唏嘘感叹之节，弦歌则要求配乐，诗与其他政命箴谏之辞不同之处，就在于它是合乐的，敷布政命典章或许可以直诵其言，陈诗则不论是弦歌抑或讽诵，都必须配乐。

古诗三千，是否存在孔子删诗之说，今人多有争议。就今传"诗三百"来说，当时全是乐歌。《史记·孔子世家》云："三百五篇，孔子皆弦歌之，以求合韶武雅颂之音。"这里的"弦歌之"就是孙希旦《集解》所谓"弦，以丝播其《诗》也。"所以春秋时代还有个别人能"弦歌"，由于孔子对音乐的酷爱，以至"在齐闻韶，三月不知肉味"，①可见古代"弦歌"应是非常美妙的。

在周代用诗活动中，《墨子·公孟》所谓的四种表达方法都有人专门教育的，四种表达方法会因地因时因人而异，在不同时期人们的偏重兴趣或许不同，限于史料我们难以对它进一步论述。从后世人们对它接受的程度看，弦歌和诵歌无疑是两种常见的表达方式。但两者并非泾渭分明，艺术发生学的考察表明，在较早的年代，所有的朗诵都是吟唱的，因此歌唱与诗歌被看成同一回事。因此，后世所谓的"赋兼弦诵"的现象与其说是形态的含混，不如说是传统的延续。在逐渐严密起来的分类中，"弦"、"诵"才有了各自不同的定位，可以这样说，弦的取义仍然在歌，和唱有密切联系，而诵则以普通的语音为主导，或者近似于配乐朗诵，但作为背景的乐曲不会对听觉造成多大干扰。

进入春秋时代，赋诗蔚然成风，但这时的用诗和以前重"乐"明显不同，这时开始重"义"。细言之，它们一方面继承周代"诵诗"的传统进一步发展；另一方面也出现了"词自己作"的情形。不论是造作新篇还是敷诵旧章，均为宫廷廊庙之中，王公大臣之事。到东汉郑玄就有"凡赋诗者，或造篇，或诵古"②之说。可见在汉儒眼中，赋诗已经成为"朗诵"和"造篇"的共名了。

首先，就"诵诗"来说，这时一般用语改称"赋诗"，由"诵"到"赋"的

---

① 《论语·述而》。
② 《诗·小雅·常棣》孔颖达正义引《郑志》答赵商语。

转变,意味着一些变化,朱晓海说:"在《左传》中,歌诗和赋诗是不一样的,歌诗必待乐工,赋诗则不必。赋诗者可以根据需要自由地吟诵诗句,这种吟诵方法其实就是赋,按照春秋时赋诗仪式,甲对乙赋,乙需要答赋;诵则可纯为个人背述旧文,听者无需回答,而且《传》文所说的诵恐不同于一般的徒诵,乃特殊的悬诵。尤其按照今人对'诵'的揣想,那不是一种直声背诵文字,而属某种或固定,或因人、时、地而异,但确有抑扬声腔的韵诵,字词的疾徐都有相当的自由度,然而依悬而诵原先于声曲相合的诗辞,字词的快慢就需受旋律节拍的限制,原先占四拍子的某歌辞现在也要永言至相当时间;和三连音相配的字词则须促语,节奏则相去不大。"①

春秋时代,赋诗是国家大事,《左传》昭公十二年就有这样的记载:"宋华定来聘,公享之。为赋《蓼萧》,不知,又不答赋。叔孙昭子曰:'必亡。'"相反的情形则如果赋诗得体,合乎礼仪规范,主客双方均其乐融融,则邦国之交可以升进到一个新的层次。正因为如此,礼制上对赋诗的仪式必然有相应的规定。刘师培《论文杂记》中论之尤为详尽:"诗赋之学,亦出于行人之官……以《左氏传》证之:有行人相仪而赋诗者……有行人出聘而赋诗者……有行人乞援而赋诗者……有行人莅盟而赋诗者……有行人当宴会而赋诗者……有答饯送而赋诗者……是古诗每为行人所诵矣……故诗赋之根源,唯行人研寻最审。"②后世对赋的基本定义也是从其形态入手,这就是被学界奉为经典的"不歌而诵谓之赋"。

其次,就"造篇"来说,刘勰《文心雕龙·诠赋》篇曾举"郑庄之赋大隧,士之赋狐裘"两篇作为赋体早期形态的代表。二赋均见于《左传》。隐公元年传载郑庄公与母姜氏"隧而相见","公入而赋:'大隧之中,其乐也融融。'姜出而赋:'大隧之外,其乐也泄泄'"。刘勰所谓:"结言短韵,词自己作,虽合赋体,明而未融。"郑庄公与母亲姜氏的赋诗是语义空间的拓展。不过当时,造作新诗与铺陈旧篇有时并没有严格区别。《左传·隐公三年》:"卫庄公娶于齐东宫得臣之妹,曰庄姜,美而无子,卫人所为赋《硕人》也"。《左传·闵公二年》:"狄人……灭卫……许穆夫人赋《载驰》"。这里,赋《硕人》和赋《载驰》牵涉到谁是作者的问题,

---

① 《汉赋史略新证》,西安:陕西人民出版社2004年版,第205页。
② 刘师培:《刘师培辛亥前文选》,北京:三联书店1996年版,第388、339页。

孔颖达正义释《左传》隐公三年"卫人所为赋《硕人》也",说明是卫国人作《硕人》,"许穆夫人赋《载驰》"则说明《载驰》的作者是许穆夫人,可以反过来,我们又可以说是由于现实所困,卫国人受感动用以前的诗《硕人》咏怀,许穆夫人也是用以前的《载驰》咏怀,所以"造篇"和"诵古"有时真难以区分。

但无论如何,郑庄公和他母亲的相互赋诗传递出一个明显的信号,说明过去放之四海而皆准的诗歌现在跌入文化窘境,也说明以前的赋诗言志不能适应新的场合,毕竟历史已经向前发展了。"造篇"说继续向前发展,则真正文体意义上的赋就产生了,这是在战国时代。《汉书·艺文志·诗赋略》云:"传曰:不歌而诵谓之赋,登高能赋可以为大夫。……春秋之后,周道浸坏,聘问歌咏不行于列国,学《诗》之士逸在布衣,而贤人失志之赋作矣。大儒孙卿和楚臣屈原……汉兴,枚乘、司马相如,下及扬子云,竞为侈丽闳衍之词,没其风谕之义。"这里班固为我们描绘赋发展的历史情景,那就是春秋以前"登高能赋"和"聘问歌咏",这是属于"弦诵"阶段,主要感受乐的陶冶。春秋以后"贤人失志之赋作矣",这是属于"造篇"阶段,主要诉诸文字而不是声乐表达自己的思想感情。换句话说,赋诗本为言志,当赋诗者的身份是"大夫"时,赋是一种传达官方意志的政府行为,展现的是温柔含蓄、彬彬典雅的君子之风,但当赋诗者不具备这种身份时,赋变成了一种宣泄个体之志乃至愤世嫉俗情绪的文艺传播,从这里可以看出,官方性质的"聘问歌咏"被废止,一定会导致个体文艺创作的兴起——"贤人失志之赋作矣"。

战国时代赋家代表是大儒孙卿和楚臣屈原。现存《荀子》文本中,留有"赋"七篇,《荀赋》之文由《礼》、《知》、《云》、《蚕》、《箴》五篇"隐书"以及《诡诗》、《小歌》组成。然细研文本,"赋"之总名似为后人所加。考查荀"赋"之文体,结构和词语用法,则《荀子》中的这些"赋"与前文所谓的"造篇"明显不同:荀"赋"是一种自己设问、自己作答的新型结构,在某种程度上可以说是春秋以上主客赋诗言志活动的延续,甚至是一种自娱自乐的"辞人之作"。它虽继承了《诗经》的传统,但已与《诗经》有别。作为散韵相间、兼说兼唱之文体——赋,正是在新的历史条件下,冲破原先"史书"、"瞽曲"、"工诵"单一文体的局限,而于战国之际成熟确立的崭新事物。对于屈原,刘勰认为:"赋也者,受命于《诗》人,而拓宇于楚辞者也。"(《文心雕龙·诠赋》)同时他也明确了屈原作品与《诗》"赋"之关系与区别:"其《离骚》……文辞丽雅,为词赋之宗。"也就是说,以屈原为代表的"楚辞"虽源于《诗》人之"赋",但与《诗》中之"赋"相比,屈作独具艺术特色,对《诗》之"赋"进行了"拓宇",因而成为"辞赋之宗"。然后刘勰指出赋与《诗》的"四同四异",《辨骚》篇云:"故其陈尧舜之耿介,称汤武之祗敬,典诰之体也;讥桀纣之猖披,伤羿浇之颠陨,规讽之旨也;虬龙以喻君子,云蜺以譬谗邪,比兴之义也;每一顾而掩涕,叹君门之九重,忠恕之辞也:观兹四事,同于《风》、《雅》者也。至于托云龙,说迂怪,丰隆求宓妃,鸩鸟媒娀女,诡异之辞也;康回倾地,夷羿弹日,木夫九首,土伯三目,谲怪之谈也;依彭咸之遗则,从子胥以自适,狷狭之志也;士女杂坐,乱而不分,指以为乐,娱酒不废,沉湎日夜,举以为欢,荒淫之意也:摘此四事,异乎经典者也。"赋是介于诗、文之间的边缘文体。从主题上看,楚辞体作品主题较为单一,多为"悲士不遇"。而其形式也比较固定,都是仿效屈原作品体式,像屈原那样书写自己的不幸与愁思。屈原的《招魂》全篇的铺张夸饰,对汉大赋的影响不言而喻。骚体赋,多采用楚辞的"香草美人"的比兴手法,也常继用了楚辞的"引类譬喻"手法。《史记》中称屈原的作品为赋,《汉书》也称屈原等人的作品为赋。"赋"字用为文体的第一人应推司马迁。《史记·屈原贾生列传》云:"屈原既死之后,楚有宋玉、唐勒、景差之徒者,皆好辞而以赋见称。"但屈原的作品又往往只可诵读而不能歌唱,若用"歌"称也名不正言不顺。他还是倾向于把屈原的作品以"辞"来命名,而把宋玉、唐勒、景差等人作品称为"赋"。真正把自己作品称为赋的作家第一人是司马相如。而后,到西汉末年,文人们就常以"赋"名篇自己的作品了。

当赋从《诗经》中冲出,走向独立的时候,我们有必要对"赋体"结构和赋的功能加以认识。《毛诗序》云:"故诗有六义焉:一曰风,二曰赋,三曰比,四曰兴,五曰雅,六曰颂。"遗憾的是《毛诗序》只有对"风雅颂"的解释,而没有对"赋比兴"的解释。对"赋比兴"的讳言,意味着汉人已经朦胧意识到"赋比兴"可能是作为一种具有独特艺术特征而存在的,因为汉儒素来持儒家政教文学观念,对文学的美刺功能大力伸张其说,"风雅颂"以及"变风变雅"思想正好为儒家政教文学提供了理论张本。东汉末年,郑玄对"赋"这一重要文学概念加以解释,云:"赋之言铺,直铺陈今之政教善恶。"①郑玄注将"赋"与诗的关系定位于政教美刺,不过他说到赋的特点是"铺陈其事而直言之",和比兴采用比喻的办法不同,这是文学史上文学逐步自觉的一个显著标志,西晋的挚虞在《文章流别论》中批评说:"古诗之赋。以情义为主,以事类为佐;今之赋,以事形为本,以义正为助。"他所谓"今之赋"就是指汉代兴起的大赋。他认为它们"假象过大,则与类相远;逸词过壮,则与事相违;辩言过理,则与义相失;丽靡过美,则与情相悖"。挚虞对汉赋的社会作用以及艺术上的某些根本缺陷所作的批评,是切中要害的。此后刘勰云:"《诗》有六义,其二曰赋。赋者,铺也,铺采摛文,体物写志也。"与上述对辞赋功能性认识的同时,汉代一些有过辞赋创作实践的作家对辞赋结构有所思考,如司马迁说:"相如虽多虚辞滥说,然其要归引之节俭,此与《诗》之讽谏何异?"②西汉后期著名的文学家扬雄论赋曰:"雄以为赋者,将以风也,必推类而言,极丽靡之辞,闳侈钜衍,竞于使人不能加也,既乃归之于正,然览者已过矣。往时武帝好神仙,相如上《大人赋》,欲以风,帝反缥缥有陵云之志。由是言之,赋劝而不止,明矣。"③这是迄今为止见到的最早对赋定义的文字表达,扬雄对赋的权威评判影响了中国数千年之久。班固则说:"汉兴枚乘、司马相如,下及扬子云,竞为侈丽闳衍之词,没其风谕之义。"④这里"虚辞滥说"、"极丽靡之辞,闳侈钜衍"和"侈丽闳衍之词"都是对赋如何表现的理论总结,是汉代人对赋作法的权威表达。

　　赋之所以为赋,不仅因为"极声貌以穷文"与"遂客主以首引",它还有一个关键性特征,这就是卒章显志。卒章显志指作者在篇章之末披露襟怀,从幕后走出来进行述志与讽喻。观察荀子《赋篇》的卒章形态,《赋篇》最后的"佹诗"与"小歌"饱含讽喻,司马迁在批评相如赋的"虚辞滥说"后认为"此与《诗》之讽谏何异?"⑤扬雄曰:"……劝百讽一,赋劝不止也。"⑥此论代表了多数儒生对相如赋的看法,甚至也成为汉人对辞赋这种文体的通行看法,在他们眼中,赋与《诗经》同旨,以后,对于赋功

---

① 《周礼·春官·大师》。
② 《史记·司马相如列传》。
③ 《汉书·扬雄传》。
④ 《汉书·艺文志》。
⑤ 《史记·司马相如列传》。
⑥ 《汉书·扬雄传》。

能的认识,班固总结道:"抒下情以通讽喻,宣上德以尽忠孝。"①班固这样对辞赋功能性的定义实际上缩小了辞赋的表达范围,为政治和家国服务理念先行显示出批评家以经学眼光看待辞赋的时候,结果使赋成为文人桌面上的样品之作,这时候就转入了另一个方面。即劝谏和讽喻。

在西汉骚体赋和散体大赋创作持续高涨之时,还有一种我们今天称之为"俗赋"的赋体。俗赋深扎根于古老韵诵传统之中,它散韵相间、兼说兼唱,在先秦时已经成熟确立,有着中国历史本身进程的内在原因。胡士莹先生说:"这种讲说和唱诵结合的艺术形式,在秦汉时代可能就叫做赋,是民间的文艺,也就是今天称为民间赋的作品。而在汉代盛极一时的文人赋,主要就是采取了民间赋的形式和技巧,也吸取了前代各种文体的特点,融合而成的一种新的文学样式,所以它最接近于民间带说带唱的艺术形式。"②俗赋形式上与文人赋大体相似,除了语言俚俗、协韵宽泛与手法夸张之外,它还具有更强的故事性与诙谐性。俗赋是20世纪敦煌学的一大发现,敦煌写本《晏子赋》、《韩朋赋》和《燕子赋》等具有明显的表演艺术特征,容肇祖先生根据《韩朋赋》等唐代俗赋的存在,推断西汉时期已有这种易听易记、以韵语讲述故事的民间赋体。1993年连云港东海县出土西汉时期的《神乌赋》,其风格与敦煌俗赋如出一辙,完全证实了容先生的猜测。事实上,汉代王褒的《责髯奴文》、扬雄的《逐贫赋》、蔡邕的《短人赋》、西晋潘岳的《丑妇赋》、束皙的《饼赋》和左思的《白发赋》等,都比较接近俗赋的风格,可以看成文人对民间文艺的戏仿。如此一来,呈现在我们面前的是这样一幅画面:当文人赋在上层建筑内蔚为大观之时,俗赋所反映的韵诵活动也在民间和基层蓬勃开展。我国远在战国和汉代的文学中,就有过散韵夹杂的文学作品——赋。那时人们就能将韵文和散文结合着写物、叙事与抒情,并且有的赋又具有一定的故事性。

---

① 《汉书·艺文志》。
② 《话本小说概论》(上),北京:中华书局1980年版,第9页。

第二节　所谓辞赋家

《后汉书》首次在《儒林传》之外另立《文苑传》，表明文学和经学开始分家。但汉代史家不是这样处理，《史记》中司马迁专门为大文豪司马相如立传，《司马相如列传》是《史记》中少有的篇幅最长的人物单传之一，且其中保存了司马相如大量作品。这能否说明司马迁有模糊的"文人意识"？答案是否定的，史迁著述，诸子九流百家乃至日者商贾游侠莫不毕录，以说明推动历史前行者有来自方方面面的人物行事。班固撰写《汉书》，文人入传的作品更多，除了《司马相如传》之外，尚有《扬雄传》、《东方朔传》等，如果把范围扩广一点，尚有《贾谊传》、《贾邹枚路传》、《严朱吾丘主父徐严终王贾传》等，且收录传主作品更多，班固把文化创造看做历史前行的轨迹和推动力量之一，因而所录大量文人作品还不具备文学史的简单勾勒，这种情况表明汉代文学尚未独立。受汉代儒家诗教说的影响，"文学"从属于"儒学"，所谓文章主要是辞章，文学家主要是辞赋家，汉代属于文学家的基本都是辞赋客，《汉书·地理志》云："景、武间，文翁为蜀守，教民读书法令，未能笃信道德，反以好文刺讥，贵慕权势。及司马相如游宦京师诸侯，以文辞显于世，乡党慕循其迹。后有王褒、严遵、扬雄之徒，文章冠天下。由文翁倡其教，相如为之师。"文翁是西汉有名的循吏，以儒术立教，但司马相如却以善属文而声名显赫，引导了蜀地人们对辞赋的兴趣。班固这段话是对蜀地文学的简单概括，尽管司马相如、王褒、扬雄等辞赋成就卓越，但班固到底没有给这类属于"属文"的人士一个总的类名。

由汉降至魏晋，"文人"概念的建立有赖于对他们性情才能的认识，这个认识过程是漫长的。汉明帝永平十七年召见班固、贾逵、傅毅等人，询问《史记·秦始皇本纪》赞语是否允当时明确表示："司马相如洿行无节，但有浮华之词，不周于用。"①明帝诏书对以司马相如为代表的

---

①　韩兆琦：《先秦两汉散文专题》，北京：高等教育出版社2002年版，第189页。

文人特点做出指导性规定,不难看出,"人品放荡,但长于文辞"成为这类人士的总的特点,以后人们对文人的认识主要由此生发并建立起来。曹丕《与吴质书》云:"古今文人,类不护细行,鲜能以名节自立。"这里所谓的"古今文人",大概是指司马相如一类文人而言。"类不护细行"几乎同于"泞行无节"。曹丕《典论·论文》又指出:"文人相轻,自古而然。傅毅之于班固,伯仲之间耳……夫人善于自见,而文非一体,鲜能备善,是以各以所长,相轻所短。"这时文学史上首次对"文人"面貌做一简单素描,另外曹丕在《典论·论文》中给予文学以前所未有的崇高地位,赋予文学以情感审美特征,开创性地辨析文体特征,提出与作家风格和文学风格相联系的"文气说"等,这些都表明,建安时代,中国文学逐步进入文学的自觉时代。

既然"泞行无节"和"类不护细行"是文人的特点,那么在西汉时期就有这样一个活动人群,这种人自视为俳优,统治者也赐予它们以"俳优"地位,俳优和汉代辞赋家构成相衬相比的关系。

先看俳优:俳优起源很早,《礼记·王制》说:"喑、聋、跛、断者、侏儒、百工,各以其器食之。"俳优在汉代被名之为"滑稽",主要是指以诙谐的言辞和举止娱人的艺人。他们的言辞,除了我们所熟知的插科打诨、造为隐语和讲说笑话,还包括说唱具有一定篇幅、带有诙谐嘲戏性质的故事。俳优生活在宫廷,《韩非子·难三》:"而俳优侏儒固人主之所与燕也。"《淮南子·缪称训》云:"侏儒瞽师,人之困慰者也,人主以备乐。"汉代的司马相如《上林赋》:"俳优侏儒,狄鞮之倡,所以娱耳目乐心意者。"俳优作为宫廷弄臣,其职责是以歌舞谐谑对君主进行谏劝,即所谓优谏。

从汉画像中可以看到"滑稽者"的表演,他们手拿铜板、竹板、大鼓做各种滑稽逗人的说唱。如"南阳县草店汉墓中一幅舞乐百戏画像中的滑稽艺人,一手前伸于嘴边,一手后扶于臀部,腹凸臀伸,单腿跪地,长舌吐出,颇为可笑。再如郫县宋家林汉墓中一说唱俑,长裤欲坠,双腿弯曲,缩颈歪头,呲牙咧嘴,张口吐舌,情态怪诞。这些表演,必然是配合着故事内容而进行,在讲唱中穿插以种种滑稽可笑的动作神态,博得观众一笑"[①]。俳优的表演,除言语外,还包括了神态、行动等的模拟。

[①] 洪之渊:《俳优与〈庄子〉的文章风格》,见《文学遗产》2006年第1期。

《史记·滑稽列传》中的"优孟衣冠",便是优孟著孙叔敖衣冠,模仿其生前言谈举止讽谏楚庄王。由汉画及汉俑中滑稽艺人的形象来看,其造型大多举止夸张、神态生动。汉代俳优中最优秀者当属东方朔,扬雄说他是"滑稽之雄",《史记》之《樗里子甘茂列传》、《滑稽列传》中也有"滑稽"一词,司马贞《索隐》都解释为"酒器","以言俳优之人出口成章,词不穷竭,如滑稽之吐酒不已也"。从《滑稽列传》所记载的俳优之辞来看,多"出口成章,词不穷竭",可知这种说法大体无误。析而言之,则似为文辞赡丽,吐言不俗的赋体。如"优孟谏楚庄王葬马"、"淳于髡讽齐威王罢长夜之饮"等,刻画详尽,均逼似赋体。因此,我们看到,辞赋与滑稽者表演确实有类似之处。

下面我们再看辞赋家的自我表白:

司马迁云:"仆之先人,非有剖符丹书之功,文史星历,近乎卜祝之间,固主上所戏弄,倡优畜之,流俗之所轻也。"①

扬雄云:"雄以为赋者,将以风也,……又颇似俳优淳于髡、优孟之徒,非法度所存,贤人君子诗赋之正也。"②

枚皋云:"皋不通经术,诙笑类俳倡,为赋颂,好嫚戏,以故得媟黩贵幸,比东方朔、郭舍人等。"师古曰:"俳,杂戏也。倡,乐人也。""司马相如善为文而迟,故所作少而善于皋。皋赋辞中自言为赋不如相如。"又言"为赋乃俳,见视如倡,自悔类倡也。故其赋有诋娸东方朔,又自诋娸,其文骫骳,曲随其事,皆得其意,颇诙笑,不甚闲靡。凡可读者百二十篇,其尤嫚戏不可读者尚数十篇。"③

辞赋家为什么自比为俳优,我认为主要有以下几个方面的考虑。

第一,就俳优和辞赋家活动场所来说,两者都在内廷,这里面活动着一批宦官、谒者、太卜、太医、太乐、俳优等专职为皇帝服务的人员,《报任安书》云:"向者仆亦尝厕列下大夫之列,陪外廷末议。"经常在内朝活动的人员除了俳优外,就是辞赋家,钱穆云:"武帝外廷所立博士,虽独尊儒术,而内朝所用侍从,责尽贵辞赋。"④汉朝辞赋家多数都有做郎官

---

① 《报任安书》。
② 《汉书·扬雄传》。
③ 《汉书·枚皋传》。
④ 《秦汉史》,北京:三联书店2004年版,第98页

的经历,两《汉书》记载,汉代赋家自司马相如献赋后"天子以为郎",枚皋"拜为郎"、东方朔为"常侍郎"、吾丘寿王"召为郎"、刘歆"为黄门郎"、扬雄"除为郎"、班固"迁为郎"、傅毅"拜郎中"、马融"拜议郎"、张衡"征拜郎中"、黄香"除郎中"、张奂为"议郎"、蔡邕"时为郎"等,皆有"为郎"而侍从待诏作赋的经历。许倬云先生说:"西汉察举制度建立以后,凡是各地推举进来的,到中央都叫做'郎',最多的时候,一年有两千个郎,累计过去留下来的总是维持一千多人、两千多人。郎官担任在王宫里里外外的事情,年轻人做守卫,做跑差事的侍郎,做秘书,做所有的事。除了太监要做的事情外,皇帝四周的大大小小事情都是郎来做,在这时,高级官员慢慢找出郎里面哪些人特别能干、特别好,而皇帝也看出哪个郎好,哪个郎不好。"①可见郎官是亲近皇帝和在皇帝身边干活的人。

从历史传统上看,辞赋家的鼻祖宋玉也主要供职于宫廷,《襄阳耆旧传》说:"宋玉者,楚之鄢人也,故宜城有宋玉冢。始事屈原,原既放逐,求事楚友景差,景差惧其胜己,言之于王,王以为小臣,玉让其友,友谢之,复言于王。"关于宋玉因友见襄王事,当属史实,西汉的文献《韩诗外传》卷七、《新序》卷五均有相似的记载,只是未言"王以为小臣",然而从宋玉作品所记的宋玉事迹来看,宋玉初入仕时,襄王以为小臣,应当属实。《周礼》中所记小臣有二:一叫内小臣,是阉官,是服侍王后的;一叫小臣,非阉官,是服侍君王的。宋玉之为小臣当属后者。《周礼·夏官·司马第四》说:"大仆下大夫二人,小臣上士四人。"又说:"小臣掌王之小命,诏相王之小法仪。掌三公及孤卿之复逆,正王之燕服位。王之燕出入,则前驱。大祭奠、朝觐,沃王盥。小祭奠、宾客、飨食、宾射掌事,如大仆之法。掌士大夫吊劳。凡大事,佐大仆。"小臣的职责是佐助太仆服侍君王。然而值得注意的是,小臣官虽卑微,但却是君王的贴身随从。从宋玉的作品和有关文献看,宋玉能与楚王游兰台之宫,游云梦之台,又能出入后宫,又可直接接受楚王的询问,又曾一度对自己的职务不满,可证宋玉确做过楚王的小臣。不过,宋玉所做的小臣与《周礼》中所说的小臣还有所不同,他除应尽小臣之职外,还有一个职责,这就是为王作赋,为王取乐,有类于俳优,可谓是个非凡的小臣。宋玉未必是

---

① 《历史分光镜》,上海:上海文艺出版社1998年版,第220页。

俳优,也不是郎官,但他作为宫廷"小臣"和汉朝辞赋家的地位几多相似。

第二,就所擅长的技艺来说,《汉书·枚皋传》云:"(上)召入见待诏,皋因赋殿中。诏使赋平乐馆,善之。""从行至甘泉、雍、河东,东巡狩,封泰山,塞决河宣房,游观三辅离宫馆,临山泽,弋猎射驭狗马蹴鞠刻镂,上有所感,辄使赋之。为文疾,受诏辄成,故所赋者多。"他因为自悔类俳倡,根本原因是他"不根持论","尤嫚戏",证以《史记·滑稽列传》淳于髡、郭舍人之说辞几多相似,枚皋赋今已不存,从上述叙述大致可以判断当属于"小赋"系列。小赋一词首见于桓谭的《集灵宫赋》序,其中曰:"余少时为中郎,从孝成帝出祀甘泉、河东,见郊置华阴集灵宫。宫在华山下,武帝所造,欲以怀集仙者王乔、赤松子故名。窃有乐高妙之志,即书壁为小赋,以颂美。"桓谭一生反对神仙和谶纬之说,故而他于墙壁上作赋有些滑稽娱乐的味道。《文心雕龙·才略》:"而〈集灵〉诸赋,偏浅无才。"也是指的这个意思。再证以蔡邕讥刺鸿都诸生为辞赋,"其高者颇引经训讽喻之言,下责连偶俗语,有类俳优。"其《短人赋》又云:"瞻眛嗜酒,喜索罚举。醉则扬声,骂詈咨口。众人患忌,难与并侣。是以陈赋,引譬比偶。皆得形象。"或可与皋、朔参合。所以日本学者小南一郎根据《汉书·枚皋传》记载而认为:"(它)清楚地显示了赋这种文学样式,与倡优们的俳谐口头文艺极为相似。"①

而俳优滑稽者也具有相似的技能,《文心雕龙·谐讔》从文学方面总结道:"昔齐威酗乐,而淳于说甘酒;楚襄宴集,而宋玉赋好色。意在微讽,有足观者。及优旃之讽漆城,优孟之谏葬马,并谲辞饰说,抑止昏暴。是以子长编史,列传滑稽,以其辞虽倾回,意归义正也。但本体不雅,其流易弊。于是东方、枚皋,哺糟啜醨,无所匡正,而诋嫚媟弄,故其自称'为赋,乃亦俳也,见视如倡',亦有悔矣。"刘勰把辞赋客活动看作俳优活动的延续是有道理的。再如,《史记·孟子荀卿列传》中有庄周"猾稽乱俗"的说法。《庄子》之文,嬉笑怒骂皆成至文,那些充满神幻荒诞和怪异色彩的事迹和严重变形夸张的人物和俳优行为几像仿佛。宋玉也是俳优型的人物,如宋玉《登徒子好色赋》:"眉如翠羽,肌如白雪,腰如束素,齿如含贝。"《汉书·东方朔传》:"臣朔年二十二,长九尺三

---

① 《中国的神话传说与古小说》,北京:中华书局1993年版,第147页。

寸,目若悬珠,齿若编贝,勇若孟贲,捷若庆忌,廉若鲍叔,信若尾生。"由宋玉和东方朔近乎俳优的身份可以推断,这种描写是俳优说唱故事人物时的常用套语形式。《汉志》小说家类所著录作品中有《伊尹说》二十七篇,其书虽佚,但论者多以为《吕氏春秋·本味》乃剟自《伊尹说》中。从《本味》所记伊尹说天下至味一段文字来看,其内容就颇类《山海经》,而其文体则近于大赋,显然就是俳优所诵说的故事。所以无论是俳优或者是辞赋家,他们都要"寓谏于谐",朱晓海先生说:"讽谏本为赋的本色,谐、隐、优都是采用的手法,既可收闻之者足戒的目的,又能令言之者假辞戏弄,易免于罪咎。设若取径俳优,自须仿效声口……赋这种文体本是一群略具百家言学养的小臣基于官场规则、时君文化素养等考虑,采谐、隐、门嘴等方式,假途声、色、钓、猎等内容来婉谏主上节用、恤民、乐道……,可谓通俗版诸子学的记录。换言之,它乃是游戏(艺术)于法度(道德)的结合,俳优与圣贤的混血儿。"①

  第三,汉朝皇帝心中从来也没有把俳优和辞赋置于很高的地位。尽管司马迁赞扬滑稽人物"谈言微中,亦可以解纷",②对于司马相如等辞赋家也很称赏,但在皇帝眼中,他们是不入流的。有一次,汉武帝从全国举荐出一百多位"贤良"(优秀者可以做郎官)中,独善严助"对策",严助从这一百多人中脱颖而出。在这之后,有东方朔、司马相如、枚皋、吾丘寿王、朱买臣等一班名士来到武帝的身旁,成为近侍之臣。武帝每召司马相如、严助、东方朔等与大臣辩论,以便确定国策,司马相如往往称病不赴,东方朔则持论无要领、嬉皮笑脸,武帝只好把他像俳优(有点似滑稽小品演员)那样养着。在武帝的侍臣中,司马相如的辞赋做得最好,名气也最大,是当仁不让的文学魁首。但司马相如不敢与大臣一辩国策,怯于任事,实在是政治底气不足的缘故。另外汉宣帝对辞赋的评价也很有代表性,《汉书·王褒传》云:"议者多以为淫靡不急,上曰:'不有博弈者乎,为之犹贤乎已。'辞赋大者与古诗同义,小者辩丽可喜。辟如女工有绮縠,音乐有郑卫,今世俗犹皆以此虞说耳目,辞赋比之,尚有仁义风谕,鸟兽草木多闻之观,贤于倡优博弈远矣。"

  按照上述说法,则赋有两个特征:一是虞悦耳目;一是仁义讽喻。这

---

① 《汉赋史略新证》,西安:陕西人民出版社 2004 年版。
② 《史记·滑稽列传》。

里关键的问题是对"虞悦耳目"的理解,汉宣帝把赋和郑卫之音、绮縠之工相联系,又把赋和倡优、博弈相比照,这四者是否有共同点呢?它们的共同点在于"游戏"。从最直接意义上说,它们可以满足人们的感官享受,不过更深一步,它们也能满足人们的精神需求,特别是作为文字活动的汉赋和作为音乐活动的郑卫之音更有相似之处,汉宣帝不但这样说,而且这样做了,《汉书·王褒传》云:"上令(王)褒与张子侨等并等诏,数从褒等放猎,所幸宫馆,辄为歌颂,第其高下,以差赐帛。"看来这也是一种游戏的态度。不过,严格地说,仅仅因为"虞悦耳目",还不算于游戏有必然联系,尽管它们二者在强调精神自由这点上有共同之处,实际上,真正把赋和游戏连在一起的是赋和俳优的关系。

所有这一切表明,赋和游戏在人们的观念里没有本质的区别,因为这点,叙述者才能以游戏的心态从容进行修辞描绘,也因为这种心态,赋的修辞描绘具有审美效果。然而古代俳优不纯粹以游戏作为最终目的一样,赋作家的创作活动总是夹杂着对当权者的劝说,所谓"谈言微中,亦可以解纷"。

第三节 刘向《序录》的文学批评方法

成帝河平三年(前26年),刘向受诏领校中秘书,从此开始了长达十八年的校书工作,史称刘向每校一书,辄撮其条目,成《序录》,后把《序录》汇编在一起别为一集成《别录》。《别录》著录图书六百零三家,计一万三千二百一十九卷,分为六大部类、三十八种,每类之前有类序,每部之后有部序,叙述内容包括:书目篇名,校勘经过,著者生平思想,书名含义,著书原委,书的性质,评论思想,史实是非,剖析学术源流和书的价值。刘向死后,其子刘歆据此《序录》删繁而简,编成《七略》,《别录》唐代已佚,今天仅存的《序录》分别是《战国策书录》、《管子书录》、《荀卿序录》、《晏子叙录》、《列子序录》、《韩非子书录》、《邓析书录》,另外还有《子华子序录》、《关尹子书录》,是否为刘向所编存疑。我们研究刘向的文学批评方法以前七部为准。

章学诚《校雠通义·叙》说:"刘向父子,部次条别,将以辨章学术,考镜源流。"这说明刘向父子所作的是学术史工作,"辨章学术,考镜源流"的一个方法是通过"书序"来实现。书序是在书籍或文章前后的文字说明。序的起源很早,刘勰《文心雕龙·宗经》云:"故论说辞序,则易统其首。"《颜氏家训》云:"夫文章者,源出五经,序述论议,生于易者也。"这也许是指《周易》的《序卦》,《序卦》对《周易》六十四卦进行简要解说,以体现"生生之谓易"的思想宗旨。先秦两汉文献中,《庄子·天下篇》具有总序的作用,《淮南子·要略》也是篇提要文字,不过就名称而言,它们还不被叫做"序",《吕氏春秋·十二纪》后有一篇"序意"的文字,对它位置放置是否合理,今人多有争论。《吕氏春秋》的"序意"具有开创意义,以后一般书籍都有"序",《诗经》的《毛诗序》,它的位置不是置于卷首或卷尾,而是置于《关雎》之下,但《毛诗序》不是对《诗经·关雎》的解说,而是对整部《诗经》思想意义的引申和发挥。司马迁在《史记》中开创了"自序"体例即《太史公自序》,序中介绍自己的生平、籍贯、祖先功业、家世传统,更主要的是对《史记》目录篇次思想义理作了概括。另外,在《史记》中司马迁还对一些"表"、"传"作了小序,如《三代年表序》、《十二诸侯年表序》、《六国年表序》等。汉代学术著作的书序还包括大类之序、小类之序,如《艺文志》开头有"总序",在艺文每一类别之下还有"小序"。无论大序或者小序都有总述经籍功用、探讨学术源流、介绍书目情况等作用。另外,书名、卷数、作者、版本、附注等著录项目也透露了大量学术信息。现存的刘向《序录》也具备这样的特点。如《战国策序录》:"护左都水使者光禄大夫臣向言,所校中《战国策》书,中书余卷,错乱相糅莒。又有国别者八篇,少不足,臣向因国别者略以时次之,分别不以序者以相补,除复重,得三十三篇。本字多误脱为半字,以'赵'为'肖',以'齐'为'立',如此字者多。中书本号,或曰《国策》,或曰《国事》,或曰《短长》,或曰《事语》,或曰《长书》,或曰《修书》。臣向以为战国时游士辅所用之国为之策谋,宜为《战国策》。其事继《春秋》以后,讫楚汉之起,二百四十五年间之事,皆定,以杀青,书可缮写。"①

这里刘向指出了中秘书中有关战国史料的文字错乱、重复,或文字

---

① 严均可:《全上古三代秦汉三国六朝文》,北京:中华书局1958年版,第331页。

误脱等情况,一一加以整理,并重新定书名,以国别体编著,记事起止年亦交代清楚。刘向的其他几篇序录大体也是如此。

在仅存刘向序录过的几个著作中,它们的共同特点是历史人物的形象性和故事性。如《晏子春秋》全书围绕晏子的行事展开,塑造了春秋时代著名思想家、外交家晏子的形象,全书刘向定为八篇,《四库全书总目》称它为"传记之祖"。《管子春秋》是一部有关管子的思想和行事的资料汇编,全书八十六篇,书中记叙了管子的一生经历,重点讲述了管子的人格志向和事业成就,一个古代优秀政治家的形象呼之欲出。《荀卿子》全本三十三篇,由三个部分构成,第一部分是议论文,第二部分是有韵文,第三部分是故事集。《韩非子》一书说理细致周详,又透彻锋锐,借助故事说理是它一个显著特点,据统计,书中共有寓言故事三百多则,居于先秦各家著作之首。《列子》刘向著录为八篇,今传《列子》八篇,多数学者认为是魏晋时人采摘诸书汇集而成,魏晋去古未远,其作伪并非凭空杜撰,其思想应和刘向有些关系,刘向此本云"且多寓言,与庄周相类"。柳宗元《辨列子》说今本《列子》"文辞类庄子",《庄子》说中保存了大量寓言故事,所以向本《列子》据推测也应是故事集。《战国策》是刘向精心整理出的一部战国文献,今本《战国策》虽然经过宋代曾巩等人的再整理,但基本材料来源于刘向古本。《战国策》以人物游说活动为中心,由此统率记言、叙事,描绘了形形色色的人物群像。上至国君太后、公子王孙、嬖臣宠妃,下至平民百姓,涉及相当广泛,其中苏秦、张仪、陈轸、公孙衍这些"策士"形象最为突出。这说明经刘向整理的现存几部著作中,其思想表达以"人物"或者"故事"为载体,这几本书在《汉志》中多被置于儒家"春秋类"下。

书籍本身的"故事性"和"人物形象性"的突出,直接影响到刘向书录撰写的倾向。理论上说书序不同于人物传记,但在刘向现存的几篇序录中,除《战国策书录》外,他还是侧重于介绍人物行事的,如《韩非子书录》:

> 韩非者,韩之诸公子也。喜刑名法术之学,而归其本于黄老。其为人吃,口不能道说,善著书,与李斯俱事荀卿,李斯自以为不如。非见韩之削弱,数以书干韩王。韩王不能用,于是韩非病治国不务求人任贤,反举浮淫之蠹,而加之功实之上,以为"儒者用文乱

法,而侠者以武犯禁,宽则宠名誉之人,急则用介胄之士,所用非所养,所养非所用。廉直不容于邪枉臣,观往者得失之变",故作《孤愤》、《五蠹》、《内外储》、《说难》五十五篇,十余万言。人或传其书至秦,秦王见《孤愤》、《五蠹》之书,曰:"嗟乎,寡人得见此人与游,死不恨矣!"李斯曰:"此韩非之所著书。"秦因急攻韩,韩始不用,及急,乃遣韩非使秦,秦王悦之,未任用,李斯害之秦王曰:"非,韩之诸公子也,今欲并诸侯,非终为韩不为秦,此人情也。今王不用,久留而归之,此自遗患也,不如过法诛之。"秦王以为然,下吏治非。李斯使人遗药,令早自杀。韩非欲自陈,不见,秦王后悔,使人赦之,非已死矣。

可能是受到司马迁《史记》纪传的影响,刘向这个书录几乎照搬《史记》的《老子韩非列传》,但书录之作毕竟不同于人物传记,从这个角度理解,刘向的几篇书录是不成功的。

从文学批评的眼光看来,刘向的这些序录并非没有意义,借助于《孟子》"知人论世"的文学批评原则,刘向的书录写作正是一次有意义的实践。"知人论世"出自《孟子·万章下》:"颂其诗,读其书,不知其人,可乎?是以论其世也,是尚友也。"他把读书看做是交友,交友不但要交今天的朋友,还要交古代的朋友,古人已死,如何交呢?这就要看古人留下的书籍。它的意思是说学诗、读书,应该了解作者其人,还要能"论其世"。"世"指什么?朱熹说:"论其世,论其当世行事之迹也。言既观其言,则不可不知其为人之实,是以又考其行也。"① 朱熹把这个"世"解释为所论对象的身世和经历。对于"知人论世"的"世",还有另一种解释,就是"时势"或"时世",意指作者所处的时代和社会。将这种大眼界的"知人论世"方法用于文学评论,便会把某一作品与当时的时代特征、社会思潮和文学思潮结合起来考察。这种大眼界的"知人论世"之法,还被用于编纂、著述、治学等方面,刘向序录的文学批评意义主要就在这个方面,例如《战国策书录》,这是一篇杰出的史论。它的特点和成就,在于它精练而准确地评论了西周、春秋、战国上下近千年的历史发展大势,而且阶段分明,特点突出。刘向认为文王、武王至康王、昭王时,这

---

① 《孟子集注·万章章句下》。

一阶段可谓西周的繁盛时期,礼乐制度完善,道德教化清明,一派盛世的景象;自康王、昭王之后,这一阶段道德有所衰败,但礼乐制度仍在发挥作用,故而纲纪尚明。而春秋前期的特点是王室衰微、诸侯专政,然遵礼仍为各诸侯国所尚,故而"天子之命,犹有所行"。但是到了春秋后期,礼义终衰,各国谋于"威"与"势"。

既是《战国策》的"书录",无疑当以评论战国史事为其重点。因此,"书录"在评论千年史事时,也就以较多的笔墨论及战国时期的历史特点。刘向以"田氏取齐,六卿分晋,道德大废,上下失序"为战国之开端。至战国中期秦孝公时,则"捐礼让而贵战争,弃仁义而用诈谲,苟以取强而已矣",诸侯间"遂相吞灭,并大兼小,暴师经岁,流血满野",是一个战争频仍的年代。如果说这还是战国时代的序幕的话,那么再往后,便是战国时代高潮的到来,刘向写道:"晚世益甚,万乘之国七,千乘之国五,敌侔争权,盖为战国。"这就是说,"敌侔争权"代替了"并大兼小",于是出现了"上无天子,下无方伯;力功争强,胜者为右;兵革不休,诈伪并起"的历史局面。在这种历史局面下,思想领域出现了极大的反差:"孟子、孙卿儒术之士,弃捐于世,而游说权谋之徒,见贵于俗"。

刘向以简洁的语言鲜明地概括了战国初期、中期和晚期的特点,显示了他对战国历史的深刻理解和对时代特点的把握。如前所述,刘向是把秦国的兴亡看作战国时期历史的最后一幕的。刘向认为,秦国的强盛,一是"势便形利,权谋之士,咸先驰之",而尤以张仪的"连横"之策,发挥了重要作用,使诸侯"西向事秦";二是凭借优越的地理条件和自身历代经营的成果,"是故始皇因四塞之固,据崤、函之阻,跨陇、蜀之饶,听众人之策,乘六世之烈,以蚕食六国,兼诸侯,并有天下"。这里,刘向连用了因、据、跨、听、乘等五个动词,都是为了表明秦国在主客观方面的有利条件。这是秦国得以吞灭六国、"并有天下"的历史原因。刘向的这些认识和文字表述,不禁使人们想起了贾谊的名作《过秦论》,它们有很多相同或相似之处。

至于秦王朝的败亡,刘向作了全面的分析,他写道:"杖于谋诈之弊,终于信笃之诚,无道德之教,仁义之化,以缀天下之心。任刑罚以为治,信小术以为道。遂燔烧诗书,坑杀儒士,上小尧、舜,下邈三王。二世愈甚。惠不下施,情不上达;君臣相疑,骨肉相疏;化遭浅薄,纲纪坏败;民不见义,而悬于不宁。抚天下十四岁,天下大溃,诈伪之弊也。其比王德,岂不远哉! 孔子曰:'道之以政,齐之以刑,民免而无耻;道之以德,齐之以礼,有耻且格。'"

至此,刘向为战国历史画上了一个句号。显然刘向的评论中,"论其世"发挥得淋漓尽致。读者在领会纵横家那些虚情假意、争名逐利、翻云覆雨、极尽鼓吹之能事的同时真正理解造成这种局面的真实原因。陈寅恪在为冯友兰的《中国哲学史》写的审查报告中说:"古人著书立说,皆有所为而发,故其所处之环境,所受之背景,非完全明了,则其学说不易评论。"证以刘向《战国策序录》则完全合格。

如果说《战国策序录》主要是以时代背景为论题的话,那么《荀卿序录》主要是从"知其人"方面进行论述。章学诚在《文史通义·文德》中说:"不知古人之世,不可妄论古人之辞也。知其世矣,不知古人之身处,亦不可以遽论其文也。"荀子是战国时期儒家杰出思想家,司马迁把他和孟子并列,作《孟子荀卿列传》。刘向的《序录》则"踵事增华",如其中云:

  孙卿,赵人,名况。方齐宣王威王之时,聚天下贤士于稷下,尊宠之,若邹衍、田骈、淳于髡之属甚众,号曰列大夫,皆世所称,咸作书刺世。是时孙卿有秀才,年五十,始来游学,诸子之事,皆以为非先王之法也。孙卿善为《诗》、《礼》、《易》、《春秋》,至齐襄王时,孙卿最为老师,齐尚修列大夫之缺,而孙卿三为祭酒焉。齐人或谗孙卿,乃适楚,楚相春申君以为兰陵令。人或谓春申君曰:"汤以七十里,文王以百里,孙卿贤者也,今与之百里地,楚其危乎?"春申君谢之。孙卿去之赵,后客或谓春申君曰:"伊尹去夏入殷,殷王而夏亡,管仲去鲁入齐,鲁弱而齐强。故贤者所在,君尊国安。今孙卿天下贤人,所去之国,其不安乎?"春申君使人聘孙卿。孙卿遗春申君书。刺楚国,因为歌赋以遗春申君,春申君恨,复固谢孙卿,孙卿乃行,复为兰陵令。春申君死而孙卿废,因家兰陵。李斯尝为弟子,已而相秦,及韩非号韩子,又浮丘伯,皆受业为名儒。孙卿之应聘于诸侯,见秦昭王,昭王方喜战伐,而孙卿以三王之法说之,及秦相应侯皆不能用也。至赵,与孙膑议兵赵孝成王前,孙膑为变诈之兵,孙卿以王兵能之,不能对也,卒不能用。①

《史记·孟子荀卿列传》叙述简略,语气连贯,而刘向的《序录》增加了不少内容。如荀子和春申君往来书信事,孙卿之秦见秦昭王事,议兵于赵孝成王前事,这些事实的真实性曾为人怀疑,主要原因可能是荀子生平事迹不够清晰。《四库全书总目提要》云:"考刘向《序录》,卿以齐宣王时来游稷下。后仕楚,春申君死而卿废。然《史记·六国年表》载春申君之死,上距宣王之末凡八十七年。《史记》称卿年五十始游齐,则春申君死之年,卿年当一百三十七矣。于理不近。"今人经过不断考证,认为荀子的生卒年(前298~前238)在即战国后期。②

在"知其人"的同时,刘向还借古讽今,富有情感,如下文云:

孙卿道守礼义,行应绳墨,安贫贱。孟子者,亦大儒,以人之性善,孙卿后孟子百余年,以为人性恶,故作《性恶》一篇以非《孟子》。苏秦、张仪以邪道说诸侯,以大贵显,孙卿退而笑之曰:"夫不以其道进者,必不以其道亡。"至汉兴,江都相董仲舒亦大儒,作书美孙卿。孙卿卒不用于世,老于兰陵,疾浊世之政,亡国乱君相属,不遂大道,而营乎巫祝,信礼祥,鄙儒小拘如庄周等,又滑稽乱俗,于是推儒墨道德之行事兴坏,序列著数万言而卒,葬兰陵。而赵亦有公孙龙,为坚白异同之辩,处子之言。魏有李悝,尽地力之教。楚有尸子、长庐子、芋子,皆著书,然非先王之法也,皆不循孔氏之术,唯孟轲、孙卿为能尊仲尼,兰陵多善为学,盖以孙卿也。长老至今称之曰:"兰陵人喜字为卿。"盖以法孙卿也。(案,上文至"汉兴江都"以下十七字,当在此句下。)孟子、孙卿、董先生皆小五伯,以为仲尼之门,五尺童子,皆羞称五伯,如人君能用孙卿,庶几于王,然世终莫能用,而六国之君残灭。秦国大乱,卒以亡。

这里,刘向用"孙卿退而笑之曰","江都相董仲舒亦大儒,作书美孙

---

① 严均可:《全上古三代秦汉三国六朝文》,北京:中华书局1958年版,第332、333页。

② 韩兆琦:《先秦两汉散文专题》,北京:高等教育出版社2002年版,第64页。

卿"、"唯孟轲、孙卿为能尊仲尼"等赞扬荀子自战国到汉初在思想文化史上的崇高地位。在民间,"兰陵多善为学,盖以孙卿也"、"'兰陵人喜字为卿。'盖以法孙卿也",说明荀子在楚地的强大影响力。最后刘向说:"观孙卿之书,其陈王道甚易行,疾世莫能用,其言凄怆,甚可痛也。呜呼,使斯人卒终于闾巷,而功业不得见于世。哀哉,可为陨涕。"

所以,《荀子序录》是刘向依据众多材料铺叙而成的一篇感奋之作,刘向同情荀子的不幸遭遇,主要是荀子身上体现出来的精神人格鼓舞了刘向这篇《序录》的写作。《新序》载:"齐稷下先生喜议政事。"司马迁《史记·孟子荀卿列传》载游士们皆好"言治乱之事,以干世主"。但荀子干世主所用的知识不是苏秦、张仪纵横家知识,而是经过他反思后的新儒家知识,这就是务实、尚事功、少玄妙之思、关心人间政治秩序的思想倾向,荀子的社会角色,是从一名游士成长为一代儒学大师,他通过讲授"帝王之术"和儒家经典来建立政治社会秩序之"道",这一点正是刘向所推崇的。刘向心中认为臣子与君王除了君臣关系,还有一种师友关系,就像春申君与荀子一样。君王的"势"往往借学者之"道"来完成,而学者之道特别是儒家之道,在刘向看来,应能和君王的"势"相抗衡,荀子能够"以三王之法"说秦昭王,和孙膑议兵于赵孝成王前就是例子。刘向处在已经混乱的西汉成帝年代,心中必有很多可说而不能说的委屈,刘向借助《荀子序录》充分发泄自己的不平之音。所以这是一篇比较别致甚至怪离的文学批评文字。

汉儒利用孟子"知人论世"的思想批评原则进行政治文化批评,刘向的序录做得最为充分。在刘向之前,自先秦至西汉深入细致地论述某一部书的著作还不多见,仅有的如孔子评《诗经》曰"思无邪",论《关雎》曰"乐而不淫,哀而不伤",孟子评论《诗经·小弁》等的修辞方法。荀子、司马迁以及《礼记·经解》对儒家"六经"的评论都是星星点点,虽不时有真知灼见迸发,但终究不是长篇雄文。淮南王刘安曾作《离骚传》,从现存的引文来看,此文篇幅不短,但《离骚传》终究失传,我们今天难以目睹全貌,因此具体就某一部书籍而展开评论,刘向实属中国文学史上第一人。当然那个时代文学没有自觉,刘向未能就作品的艺术性展开论述,他最多是书写自己阅读书籍时的心理体验。刘向主要是结合作品的作者、时代评论书籍,尽管和后世文学独立后的文学批评有些距离,但毕竟已经开始。

第四节　目录学家文学批评意识的间接表达

中国有悠久的文化传统，自商代以来，官修私著，书籍繁多。秦焚书坑儒，天下书籍多付之一炬。汉兴，惠帝废"挟书令"，鼓励民间献书，武帝"建藏书之策，置写书之官"。西汉成帝时，刘向、刘歆父子奉诏领校中秘书，整理群籍。他们不仅遍校图书，而且还给图书分类编目，首创图书分类目录。在校理工作中，刘向汇集众书序录而成《别录》，刘歆将所校之书分类编排而成《七略》。《七略》共把图书分为六类，每一类为一略。即《六艺略》、《诸子略》、《诗赋略》、《兵书略》、《数术略》和《方技略》。另有《辑略》一篇，总论群书，合称《七略》。六略之下又分种，即大类之下分小类，其中《六艺略》分易、书、诗、礼、乐、春秋、论语、孝经、小学九种；《诸子略》分儒、道、阴阳、法、名、墨、纵横、杂、农、小说十种；《诗赋略》分屈原赋、陆贾赋、孙卿赋、杂赋、歌诗五种；《兵书略》分兵权谋、兵形势、阴阳、兵技巧四种；《数术略》分天文、历谱、五行、蓍龟、杂占、形法六种；《方技略》分医经、经方、房中、神仙四种。总计三十八种。每种之下再分列书名、篇数、作者等内容，并作概略的介绍说明。班固纂《汉书》自言，"今删其要，以备篇籍"。本志名曰"艺文"，所谓"艺"，以《诗》、《书》、《礼》、《乐》、《易》、《春秋》六者为六艺；所谓"文"，指文学百家之说而言。很明显，班固所谓的"文"是个大文化概念，不是文章，更非后世所谓的"文学"。这种情况表明：认为汉代文学从文史哲或文化范围内独立出来十分勉强，刘歆的《七略》也部分反映了汉代学者对"文学"的认识。

宋人郑樵《通志·校雠略》云："类例既分，学术自明。"《七略》分六大类，除《六艺略》、《诗赋略》外，尚有《诸子略》、《兵书略》、《术数略》、《方技略》。假如我们以清代经史子集的眼光看，六艺是经，诗赋是文，属于集，《诸子》、《兵书》、《术数》、《方技》四略皆似子书。这样后世所谓的"经史子集"中，《汉志》唯独缺一"史"部。不过，史在汉代有一个名称,叫"述"①,司马迁《史记·太史公自序》在回答壶遂时说:"余所谓述故事,整齐其世传,非所谓作也,而君比之于《春秋》,谬矣。"在这里司马迁提出三个概念,一是"述",二是"作",三是依照官方说法,春秋是"经"。壶遂把《太史公书》比作《春秋》应是当时一类人的看法,所以《七略》中,刘歆把包括《太史公书》、《左氏春秋》、《楚汉春秋》、《战国策》等一批书列入"春秋"类中,可见当时对于经和史存在一些混淆。不过这种情况到东汉王充那里就清晰起来,《论衡·对作》云:或曰:"圣人作,贤者述。以贤而作者,非也。《论衡》、《政务》,可谓作者。(非)曰:〔非〕作也,亦非述也,论也。论者,述之次也。《五经》之兴,可谓作矣。太史公《书》、刘子政《序》、班叔皮《传》,可谓述矣。桓君山《新论》、邹伯奇《检论》,可谓论矣。今观《论衡》、《政务》,桓、邹之二论也,非所谓作也。"王充叙述的作、述、论三种图书,分别对应着经、史、子。

秦汉以来的著书观念,总起来也不过经、史、子三类,在目录学家之外人的眼里,诗赋等文学作品是没有给予过多承认的,如曹植《与杨德祖书》言:"辞赋小道,固不足以抑扬大义"。但在目录学家眼里,诗赋是大量的,单就刘歆《七略》而言,《七略》专设"诗赋略",将文学作品与六经诸子分述并列,"诗赋略"内,著录的是狭义的"文章"中最纯粹的文学作品——诗与赋。并称"《诗》以言情,情者,信之符也;《书》以决断,断者义之证也"②,表明对文学言志抒情特征的认识。这种两级分类的文体分类方法,不仅为中国古代文体分类提供了基本的操作范型,而且在中国古代文体分类学中具有首创意义。

《汉书·艺文志》有《诗赋略》,由于这两类文章都讲究韵,和无韵之文如诸子、术数、方技有别。刘勰《文心雕龙·总术》云:"今之常言,有文有笔,以为无韵者文也,有韵者笔也。"文笔之辩是南朝重要的文学概念辨析论题之一,以有韵无韵辨析文笔显得对文学的认识十分粗浅,它的发源开始于刘歆。

虽然诗赋都讲究韵,但还是不同,武帝时代文化上的盛举有两个,一个是立乐府、采歌谣,另一个就是汇集天下辞人于朝廷造作辞赋,所以

---

① "史"在汉代或许叫"书",如《史记》原名《太史公书》,班固结集西汉一代史的著作叫做《汉书》。

② 《汉书·艺文志》。

取名《诗赋略》来涵盖这两类文学作品是比较准确的。一般而言,凡是可歌的作品,被列为诗,有《高祖歌诗》、《吴楚汝南歌诗》等二十八家;凡不歌而诵的作品,在《汉志》中被列为"赋",有屈原赋、陆贾赋、孙卿赋、杂赋等四类七十八家,这是中国韵文体内的第一次分野,即诗与赋的分野。在赋体内部又有"诗人之赋"和"辞人之赋"的分别。诗人之赋当指屈原赋,辞人之赋当指陆贾赋、孙卿赋、杂赋。

所以刘歆对"歌"的理解,用的是乐府歌诗的标准。凡乐府歌诗,均能入乐配丝竹而歌,凡非"歌"诗乐府者,均属"赋"类。但歌与赋之间到底有些斩不断的关系,班固《两都赋序》中引"或曰"说:"赋者,古诗之流也。"这个"或曰"也许就是刘歆的意见。这是汉代对赋的权威解释。它指出了赋这种文体形式的由来,即源于古诗,由古诗衍化而成赋,所谓"雅颂之流亚"。《艺文志》在讲到诗歌发展时说,春秋之后,"学诗之士,逸在布衣,而贤人失志之赋作矣"。布衣而能作诗,故有乐府民歌的兴盛;文人创作,从荀子、宋玉起,则以赋的形式抒情言志。荀子、宋玉之作与布衣之作虽在文体形式上有差别,却终属同源而分流。这也成为汉代诗赋"分"与"合"的原因。

《诗赋略》序云:"《传》曰:'不歌而诵谓之赋。登高能赋,可以为大夫。'"这是当时文化背景的简单勾列,指春秋时代贵族大夫出使专对,引诗以喻志。可是春秋以后,"聘问歌咏,不行于列国"。到了汉代,文人创作的辞赋,几乎全都不依赖音乐歌咏,而靠写在竹简、绢帛之上,或吟诵于唇吻之间。于是这种"不歌而诵"的流传形式,便成了赋这种文体的流传特征,人们遂称这种"不歌而诵"的文体为赋。这样,以"歌"与"诵"来区分诗与赋,可谓抓住了赋的特征。赋虽同诗一样讲究韵律,但它的韵律与乐曲无关,也就是说赋的韵律是为了诵读,而不是为了配乐演唱。当然,后来有许多诗也"不歌而诵"了,那是诗与音乐的逐渐分离变化的结果,不能由此而证明诗歌原始阶段具有歌唱的特征没有存在,也不能由此而否定汉代以"歌"与"诵"来划分诗、赋的时代意义。

刘歆《七略》下标明"诗赋略",可在行文中,实际变成"赋诗略",这是为什么呢?可能的原因是"赋诗"在春秋以来是个固定的词语,若用"赋诗略"容易发生混淆。再者就《诗赋略》所录诗与"赋"的篇数来说,前者二十八家三百一十四首,后者七十八家一千零四首,后者篇数远远大于前者,所以赋排在前面。因为赋是汉代特别发达的文体,也为武帝所爱好,汉代人也关注到辞与赋的差异。毕竟赋萌生于战国,兴盛于汉唐,建安以后乃至整个六朝时期,对赋的推崇是远远高于诗的。刘歆这种安排对后世文集编排发生较大影响,萧统编的《文选》也是按照赋在诗前的顺序,《文选》的赋前四类分别为"京都"、"郊祀"、"耕藉"、"田猎"。严可均《全上古三代秦汉三国六朝文·凡例》说:"唐以前旧集,见存于今世者,有阮籍、嵇康、陆云、陶潜、鲍照、江淹六家。"今从这六家别集看,除了《陶渊明集》以外,都是以赋列于篇首,这证明当时编集多以先赋后诗为体例的。赋排在前面可能由于在刘歆等人的心目中,作赋不容易,赋家都是文坛巨擘,司马相如论作赋时说:"合纂组以成文,列锦绣以为质,一经一纬,一宫一商,此赋之迹也。赋家之心,包括宇宙,总览人物,斯乃得之于内,不可得而传。"①扬雄说:"能读千赋则善赋"②。在六朝时代,"扬、班"或"班、张"等都是文人心目中豪杰。由于此,虽然名义上叫诗赋,实际上赋排列在前逐步为人们接受了。

另外,后世文体类别的划分,直接源于《七略》的《诗赋略》,"以类相从"是编者学识思想的集中体现,如:赋下分为屈原赋、陆贾赋、孙卿赋、杂赋四类(关于这个类别划分的根据参考本章附录《汉书·艺文志·诗赋略》之"赋"说)。属于屈原赋中,有"屈原赋二十五篇"、"宋玉赋十六篇"、"贾谊赋七篇"、"司马相如赋二十九篇"等,很明显,这是属于作者文集性质,近年来不少学者都认为司马相如和扬雄把自己作品编为文集。而《楚辞》的编撰经过众人之手。不过刘歆以人名区分类别有含糊不清的地方,以文体划分则更显优势。魏晋以后文学独立的一个标志就是文体意识的突出,像刘歆把骚与赋等同起来在南北朝时期已经行不通,任昉《文章缘起》、刘勰《文心雕龙》就以赋和《离骚》区别开来,阮孝绪《七录》也将楚辞单列为一类,萧统也以《离骚》和赋分别,钱穆先生对《文选》将赋中析出骚类很赞同,说:"宋玉与荀卿并举,列之在前,屈原独以骚体归之子,不与荀宋为伍,此一分辨,直探文心,有阐微导正之功。"③

总之,《七略》以艺文为对象,剖析条流,使各有其部,总百家之绪,

---

① 《西京杂记》卷二。
② 桓谭:《新论·赋道》。
③ 《中国学术思想史论丛》三,台北:台湾东大图书公司1981年版,第118页。

推本溯源，发明一些文艺先见，有的虽不够成熟，但对后世的文学批评以及文集编排产生重要影响。刘氏父子创造了大规模校雠范例，大规模缮写定本、编撰叙录的范例和制成系统目录的范例，这对于后来所谓"校雠学"、"目录学"有很大的影响，被称为它们的始祖。同时《七略》的形式在相当长的时期内也成为学术史的主要的表达形式。

第五节 扬雄的文学批评

扬雄是西汉后期著名人物，早年喜好辞赋，晚年失去了辞赋创作的热情，转而从事学术论究，著《太玄》和《法言》。扬雄的人生态度是儒道兼修，他的文学作品对儒家之外的思想积极加以肯定或引述，可他的文学观却持鲜明的儒家观念，扬雄的儒家文学观主要表现在以下三个方面。

(一)文质相副说

先秦时代学术与文学不分，文学观念的产生往往和人物品评、道德观察、哲学义理混淆在一起，儒家最早注意到文章形式与内容的相副，如孔子说："质胜文则野，文胜质则史，文质彬彬，堪称君子。"[1]虽然是评人，实际也是评文。史在古人眼里，本来就是一种充满夸饰、想象的东西。《礼记·表记》引孔子曰："情欲信，辞欲巧。"《左传·襄公二十五年》引孔子曰："志有之，言以足志，文以足言。"同时《论语·卫灵公》又曰："辞达而已。"文是形式，质是内容，这种重文又重质的文学观奠定了后世儒家文学观的基础。

扬雄对文质也有类似的看法，《法言·吾子》云："或问：君子尚辞乎！曰：'君子事之为尚。事胜辞则伉，辞胜事则赋；事辞称则经。足言足用，德之藻也。'"这可以说是孔子文质说的翻版。有人问他，"有人焉，自云姓孔而字仲尼，入其门，升其堂，伏其几，袭其裳，则可谓仲尼乎？曰：'其文是也，其质非也。'敢问质，曰：'羊质而虎皮，见草而说，见

---

[1] 《论语·雍也》。

豻而战,忘其皮之虎矣。'"①表面上说人的外表和内在两方面,实则也是论文的,要求内容和形式的统一。

扬雄有时以辞与事比喻文质。辞事相较,扬雄更重视事。"或问:圣人之言,炳若丹青,有诸?曰:'吁,是何言也。丹青初则炳,久则渝,渝乎哉!'"但这并不意味着扬雄不重视语言,他又说:"或曰:良玉不雕,美言不文,何谓也。曰:'玉不雕,玙璠不作器;言不文,典谟不作经。'"他最反对华丽的文辞损害内容,他说:"或曰:女有色,书亦有色乎?曰:'女恶华丹之乱窈窕也,书恶淫辞之淈法度也。'"②

怎样才能做到辞事统一,扬雄认为,文质统一要靠人格修养,辞事统一也与此有关。他说:"或问:'君子言则成文,动则成德,何以也?'曰:'以其弸中而彪外也。'"扬雄进而提出心声心画说,他说,"故言,心声也;书,心画也。声画形,君子小人见矣。声画者,君子小人之所以动情乎。"③对于文质关系,扬雄反对过度的文饰,他主张华实相符、事辞相称。而对于质文二者,扬雄更重质。文质应该是一致的,有文不等于有质,只有质才是最重要的。

(二)圣人、经典的文学垂范意义

先秦时期,荀子提出征圣、宗经的文学主张。西汉时期,这一思想得到继承和发展,主要体现在扬雄的文论里。扬雄讲征圣说:"或曰:'人各是其所是,而非其所非,将谁使正之。'曰:'万物纷错,则悬诸天,众言淆乱,则折诸圣。'""弃常珍而嗜乎异馔者,恶睹其识味也;委大圣而好乎诸子者,恶睹其识道也。"④实际上,扬雄所谓的圣人就是孔子。《法言·吾子》又说:"好书而不要诸仲尼,书肆也;好说而不要诸仲尼,说铃也……孔子之道,其较且易也。"虽然圣人已死,但圣人留下的篇籍还在,这就是宗经。"或问:五经有辩乎?曰:惟五经为辩。说天者莫辩乎《易》,说事者莫辩乎《书》,说体者莫辩乎《礼》,说志者莫辩乎《诗》,说理者莫辩乎《春秋》。舍斯辩亦小矣"⑤。

儒家圣人的经典就体现了"道",《吾子》曰:"舍舟航而济乎渎者末

① 《法言·吾子》。
② 《法言·寡见》。
③ 《法言·问神》。
④ 《法言·吾子》。
⑤ 《法言·寡见》。

矣,舍五经而济乎道者末矣。弃常珍而嗜乎异馔者,恶睹其识味也;委大圣而好乎诸子者,恶睹其识道也。""道"必待"文"而后成,五经均以道为"质"。无论是明道还是征圣,最后都要落实在宗经上,所以五经就成为文学著述的最高原则体现。开后来"文以载道"之说的先声。由于主张宗经,扬雄进而提出"文必艰深"的观点。他认为圣人之思玄远深奥,故其辞"不得已"而艰深。他自己的《太玄》和《法言》,也无不写得奇崛奥衍,宋代苏轼批评他是"以艰深之词,文浅易之说"①。由宗经观念出发,得出"文必艰深"的结论,就写作上说,实际上是表现了一种拟古的倾向。

扬雄的学术批评是以儒学为立场的,态度倾向于保守。他视诸子为支流,为"山之蹊"、"向墙之户",以为皆不可达于正道者。他批评《淮南子》不能坚持儒家立场,故不足取焉;太史公固有可取之处,然"爱奇"而"杂"。值得重视的是他对屈原的评论。扬雄说,屈原是具有"如玉如莹"品格的"智"者,其《离骚》有着强烈的感染力,其不幸的遭遇亦足以令人同情。他将屈原的作品归入"丽以则"的"诗人之赋"之列,以为屈原的才华为相如所不及,并以"君子得时则大行,不得时则龙蛇"的理由批评了屈原的自沉。② 对屈原的态度,其实在很大程度上也是扬雄在面对自己的人生处境时所产生的一种情绪反映。

(三) 主张诗人之赋

汉代文学主要是赋,扬雄早年的文学创作主要表现在辞赋上。扬雄基于自己的写赋经验,对屈原以来辞赋的创作进行认真考察。提出"诗人之赋"与"辞人之赋"的两分法。他说:"或问:景差、唐勒、宋玉、枚乘之赋也益乎? 曰:'必也淫。淫则奈何?'曰:'诗人之赋丽也则,辞人之赋丽也淫。如孔氏之门用赋也,则贾谊升堂,相如入室矣,如其不用何。'"③"丽"是赋的共同特点,这是汉代辞赋理论和写作技巧的重大突破。"则"指合乎儒家思想的规范,具体说是体现了《诗经》风雅的精神,符合这一精神的辞赋是屈原的作品。"淫"是烦滥放荡,也就是不能起到儒家教化作用,将这样的作品称之为"辞人之赋"。

---

① 《答谢民师书》。
② 《汉书·扬雄传》。
③ 《法言·吾子》。

《法言·吾子》又云："如孔氏之门用赋也，则贾谊升堂，相如入室矣，如其不用何。""升堂入室"的成语从这里发源，那么贾谊、司马相如的赋是诗人之赋，还是词人之赋？体会扬雄的意思，大概既不是诗人之赋，也不是辞人之赋，它们既没有屈原作品那样深沉的爱国拥君思想内涵，也不像宋玉、唐勒、景差辞赋那样放纵。这些作品语言华丽，也有一些讽喻意思，本意希望能有所用，事实上结果往往相反。据说，"往时武帝好神仙，相如上《大人赋》以讽，帝反飘渺有凌云之志"①。"孝成皇帝好广宫室，扬子云上《甘泉颂》，妙称神怪，若曰非人力所为，鬼神力乃可成。皇帝不觉，为之不止"②。这当然不是辞赋家们所期望的，所以扬雄说："或曰：'赋可以讽乎？'曰：'讽乎，讽则已，不已，则吾恐不免于劝也。'"③应该写一些可用之赋。扬雄的辞赋观受制于其征圣宗经思想，以功能化立场抹杀了辞赋"尚丽"的要求。

总之，扬雄的文学观是比较复古保守的，他以静止的观点看待文学演变规律，势必得出错误结论，不过他的文学观对后世影响很大，班固、曹丕、刘勰以及唐宋古文运动文学理论家都受到其影响。

附录：《汉书·艺文志·诗赋略》之"赋"说

一、《汉志》赋类划分的回顾和本文论点的提出

赋作为一种文学形态，固然源于文学或文辞的发展，但作为"一代文学"的最终完型，是由汉人奠定的。《汉书·艺文志》录赋目录千有余首，依次析为屈原赋、陆贾赋、孙卿赋和客主赋（即杂赋）四类。关于这四类赋的区分标准班固没有说明，遂使后世产生许多猜想，依笔者所见，最早是章学诚提出"脱简说"，如《校雠通义·汉志诗赋》曰："《汉志》分艺文为六略，每略又各别为数种，每种始叙列为诸家，论辨流别，义至

---

① 《汉书·扬雄传》。
② 《论衡·遣告》。
③ 《汉书·扬雄传》。

详也。惟诗赋一略,区为五种,而每种之后,更无叙论,不知刘、班之所遗耶?抑流传之脱简耶?今观《屈原赋》二十五篇以下,共二十家为一种,《陆贾赋》三篇以下,共二十一家为一种,《孙卿赋》十篇以下,共二十五家为一种;名类相同,而区种有别,当日必有其义例。今诸家之赋,十逸八九,而叙论之说,阒焉无闻,非著录之遗憾与?"章学诚之后,这个问题似乎被悬置起来。清末章太炎试图从渊源上说明分类的根据,他说:"《七略》次赋为四家:一曰屈原赋,二曰陆贾赋,三曰孙卿赋,四曰杂赋。屈原言情,孙卿效物,陆贾赋不可见,其属有朱建、严助、朱买臣诸家,盖纵横之变也(扬雄赋本拟相如,与屈原同次,班生以扬雄隶陆贾下,盖误也),然言赋者多本屈原。"①民国时期如刘师培发挥章氏余说,其《论文杂记》云:"《客主赋》以下十二家,皆汉代之总集类也,余则皆为分集。而分集之赋,复分三类:有写怀之赋,有聘词之赋,有阐理之赋。"②20世纪90年代程章灿先生转述程千帆《闲堂文薮·〈汉志〉杂赋义例臆说》认为:屈、荀二种表示两种渊源,陆贾赋以下一种代表赋在汉代新发展,而杂赋一类根据主题,以类相从。③ 此外还有抛开《汉志》分类依今存辞赋的文体形式而重起炉灶者,如游国恩等四先生编著的《中国文学史》采用三段式方法析分汉赋为骚体赋、散体大赋、抒情小赋④,此分类方法遂成为五十多年来中国高校文科教材的流行方法。其他如万光治先生的《汉赋通论》析赋为"四言赋、骚体赋、散体赋"。⑤ 马积高先生的《历代辞赋研究史料概述》析赋为"骚赋、诗体赋和文体赋"。⑥ 曲德来先生的《汉赋综论》析赋为"抒情"、"咏物"、"叙事"和"说理"四类。⑦ 等等,不一而足。笔者认为:上述诸家解释似皆有可能,但和班固的本意相去甚远。班固身处战国和暴秦之后的皇皇汉世,自认为汉朝能和礼乐文

---

① 章太炎:《国故论衡·辩诗》,上海:上海古籍出版社2003年版,第65页。
② 《刘师培辛亥前文选·论文杂记》,北京:三联书店1998年版,第325~327页。
③ 程章灿:《魏晋南北朝赋史》,南京:江苏古籍出版社1993年版,第11页。
④ 游国恩等《中国文学史》(一),北京:人民文学出版社1963年版,第60~71页。
⑤ 《汉赋通论》,成都:巴蜀书社1989年版,第60页。
⑥ 《历代辞赋研究史料概述》,北京:中华书局2001年版,第16页。
⑦ 《汉赋综论》,沈阳:辽宁人民出版社1993年,第163页。

化鼎盛的周代比肩,汉朝文化能和理想的"周政"衔接,故他认为:"赋者,古诗之流也。"他析赋为四类,同样是要追踪中国古代文化史上一个久远的传统,这个传统就是古代天子的"听诵"制度。《国语·周语上》云:"故天子听政,使公卿至于列士献诗,瞽献曲,史献书,师箴,瞍赋矇诵,百工谏,庶人传语,近臣尽规,亲戚补察,瞽史教诲,耆艾修之,而后王斟酌焉。"

我们认为"瞽献曲"、"史献书"、"瞍赋矇诵"、"百工谏"分别对应着屈原赋、陆贾赋、孙卿赋和杂赋,或者说它们之间分别构成渊源关系,这就是班固析赋为四类的理论根据。

二、瞽、瞍、矇、史、百工辨义

《诗经·周颂·有瞽》毛传曰:"瞽,乐官也。"郑笺:"瞽,矇也,以为乐官者,目无所见,于音声审也。"《楚辞·九章·怀沙》:"玄文处幽兮,矇瞍谓之不章。离娄微睇兮,瞽以为无明。"王逸注:"矇,盲者也。"屈原将矇瞍和瞽对言,意为都是盲人。《周礼·春官·叙官》郑玄注谓:"无目眹谓之瞽,有目眹而无见谓之矇,有目无眸子谓之瞍。"总之,上述瞽、矇、瞍都是盲人,他们的职守主要是唱诗和诵诗,他们的主宰是大师和小师,故《周礼·春官·叙官》郑玄注曰:"凡乐之歌,必使瞽矇为焉。命其贤知者以为大师、小师。"周朝乐人数量庞大,同样据《周礼·春官·叙官》云:"大师,下大夫二人;小师,上士四人;瞽矇,上瞽四十人,中瞽百人,下瞽百有六十人;眡瞭(视力特别好者)三百人。"这样周朝中央设盲乐官306人,另外还有300视力特别好的人配合工作。

盲乐官的主要职守是唱诗和诵诗,而古代的诗乐舞三者是合为一体的,根据"瞽献曲"和"瞍赋矇诵"的记载,我们认为,尽管瞽、矇、瞍的工作都和诗相关,但不排除瞽的工作分工主要是谱曲和歌唱,瞍和矇的工作分工主要是吟诵,或者说用雅言朗诵。因为《左传·襄公十四年》论及箴谏制度时亦云"史为书,瞽为诗",则明确肯定瞽的工作是"诗"。而"瞍赋矇诵"中颂和诵通假。古代韵文传播方式有两种,一是靠歌唱,如

《诗经》中的"比"和"兴";一是靠吟诵,即《诗经》中的"赋"。① 如《左传·隐公元年》:"公入而赋。"赋,吟诵(诗句)之义。"赋诗言志"之赋,同样作吟诵讲。

在汉代,辞赋颂广义上是不分家的,所以司马相如《大人赋》可以称为《大人颂》,王褒《洞箫颂》也可以称为《洞箫赋》,屈原作品号为楚辞,《艺文志》直接说"屈原赋"。但在狭义上理解,辞赋颂是有差别的,如刘向云:"不歌而诵谓之赋。"那么反义的理解则是"可歌而诵谓之辞",或者"歌而不诵谓之辞"。总之,辞是可以歌唱的,或者是和音乐关系更为密切的,如屈原的《九歌》是根据古"九歌"或者楚地流传的民间祭歌制作而成,屈原的作品即被视为楚辞,因此从渊源关系上,"瞽献曲"应该和"屈原赋"形成对应关系。

由于孙卿赋类的作品除了《荀子》那五篇辞赋尚存外,其他作品损佚殆尽,我们不得已只能从"赋"的演变以及"文章有韵无韵"的特点来考察"孙卿赋"和"瞍赋矇颂"的对应关系。"瞍赋矇颂"的"赋"作动词用,本身是吟诵的意思,是古代韵文的一种传播方式。久而久之,人们也就把那些用于吟诵的韵文称为赋,从而和用于演唱或保留乐章体式的辞区别开来。这种演变在宋玉作品中已出现苗头,至荀子《赋篇》的出现,标志着这种演变的完成。荀子是中国文学史上第一个以赋名篇的作家。西汉末"刘向校雠中书凡三百三十三篇,以相校除重复二百九十篇,定著三十二篇。名为《孙卿新书》"②。唐代杨倞更名为《荀子》二十卷,今考这二十卷之书,除第十九卷《大略》和第二十卷《宥坐》以下五篇为荀子弟子著作外,其他各篇均为荀子自著。在荀子自著的十八卷文二十六篇作品之中,前十七卷二十四篇为无韵之文,第十八卷《成相》和《赋篇》为有韵之文,很明显刘向刊定书籍次序是以有韵和无韵为划分标准的。《艺文志》是删减"七略"而成,七略中除"辑略"为总目外,其他"六略"也是以有韵之文和无韵之文构成。就编次而言,《艺文志·诗赋略》中赋排列在前,歌诗在后;《荀子》第十八卷中,类似于歌诗的《成相》

---

① 王昆吾:《中国早期艺术和宗教》,北京:东方出版社1998年版,第150~157页。

② 王先谦:《诸子集成·荀子集解》(考证上),北京:中华书局,1954年版,第2页。

排列在前,五篇赋在后,次序上的颠倒并不至于发生理解上的歧义,用图表示为:

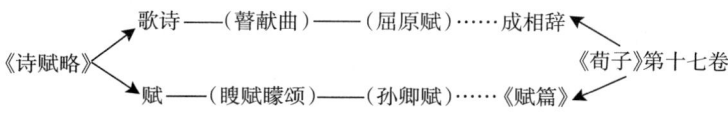

以上图表说明刘向(包括刘歆)和班固对文章观念的理解有一致处。刘向"不歌而诵谓之赋"之说也许是在整理《孙卿子书》时得到的启发,要不然,他怎样会在整理荀子著作的同时,编定屈原、宋玉以下众多作者的作品而命名为"楚辞"呢?当诗歌脱离了音乐变成纯粹诗时候,诗歌用韵就成为不可缺少的东西;当原来和音乐很接近的赋变成纯粹的吟诵文字时,韵就显得不像诗歌那么重要,这样屈原赋和孙卿赋分开不是顺理成章的吗?"瞽献曲"和"瞍赋矇颂"的分别不也是顺理成章的吗?

以下我们再辨析"史献书"和"陆贾赋"的对应关系问题。《周礼·春官》云:"大(太)史掌建邦之六典,以逆邦国之治。"郑玄注曰:"大史,日官也。"大史掌管祭祀典礼和时历天象工作。司马迁身为太史令,参与了武帝时代"太初历"的制定正是这种职掌的延续。扬雄称"史以天占人"(《法言·五百》),就是"观乎天文以察吉凶"之意,显然这是史官职守之一。"小史掌邦国之志,奠系世,辨昭穆"。郑玄注云:"志谓记也……系世,谓帝系、《世本》之属是也。小史主定之,瞽矇讽诵之。"可见小史负责帝王世系整理和讽诵工作。此外《周礼·春官》还有"外史"、"内史"的职官。史不离天子左右,故《艺文志》云:"君举必书。"《说文》总结为:"史,记事者也。"周代以上史、事、吏本为一字,后分化,这反映了那时官师合一的政治制度,《尚书·金滕》云:"二公及王,乃问诸史与百执事。"可见,周代史官主要是负责历史记诵并为天子提供借鉴的,所谓"史献书"的"书"字与《尚书》之"书"同义,乃"上古帝王之书"的意思。

在陆贾赋类中,仅就现存的作品而言,除了枚皋、严助、朱买臣长于纵横聘词外,还有司马迁赋八篇,扬雄赋十二篇,待诏冯商赋九篇。司马迁是杰出的史学家,司马迁著书至武帝年间,此后有褚少孙、扬雄、冯商等的续写工作,可见他们都是史家。① 就陆贾本人来看,《艺文志》除了说他有赋三篇代表一类外,还有《楚汉春秋》九篇。孔子修《春秋》后,取名《春秋》而勒成专门史书者不绝如线,如《左氏春秋》、《铎氏春秋》(即《铎氏微》)、《虞氏春秋》等,陆贾《楚汉春秋》应是这种续修史书工作的延续。此外,陆贾还长于聘辞纵横,两次出使南粤说服番王归顺汉朝。由此可见,陆贾赋类中实际有源于史家和源于纵横家的赋构成,这样陆贾赋和史献书构成对应关系。

最后我们看"百工谏"的问题。百工就是百官,《尚书·尧典》云:"允厘百工,庶绩咸熙。"孔《传》释为:"工,官也。"《周礼·考工记序》云:"国有六职,百工与居一焉……审曲面执,以饬五材,以辨民器,谓之百工。"郑玄注云:"百工,司空事官之属……司空掌营城郭,建都邑,立社稷宗庙,造宫室车服器械。"周代属于这一类的人员众多,品类屡杂,仅《周礼·考工记》所见则有玉人、雕人、矢人、陶人、梓人、庐人、匠人、车人、弓人等等,其他如筑氏、冶氏、段氏、钟氏、筐人等不一而足。百工原是百官,只是他们属下层官吏。到了春秋时代,百工才变化成各种工匠的名称,如《墨子·节用中》:"凡天下群百工,轮车鞼鲍,陶冶梓匠,使各从事其所能。"而《汉书·东方朔传》云:"异类之物,不可胜原,此百工所取给,万民所仰足也。"可见到了汉代百工还是指各种工匠,工匠制造器物范围很广,凡车舆、兵器、陶器、文木、房舍、玉雕等都是,在《艺文志》杂赋类中,似出于百官而描摹工匠其事的作品众多,如《杂鼓琴剑戏赋》十三篇,《杂器械草木赋》三十三篇,《杂禽兽六畜昆虫赋》十八篇,《大杂赋》三十四篇,《杂行出及颂德赋》二十四篇,《杂四夷及兵赋》二十篇等。另外,杂赋类中还有《成相杂辞》十一篇(此文估计是原始民间作品,非荀子《成相》篇),《隐书》十八篇,这是由于这类书的作者多出身下层,和民众接触广泛,民间有很多叟词隐语性质的东西,《汉志》把它们放在一起,显然取其杂而汇集之意,应该和"百工谏"相呼应。

---

① 据《汉书·艺文志》冯商续《太史公书》七篇。《论衡·须颂》:"司马子长记黄帝以至孝武,扬子云录宣帝以至哀、平。"《后汉书·班彪传》:"武帝时司马迁著《史记》,自太初以后阙而不录。后好事者颇或缀集时事,然多鄙俗,不足以踵继其书。"章怀太子注:"好事者谓扬雄、刘歆、阳城衡、褚少孙、史孝山之徒也。"

三、区分中的交叉性

首先我们看瞽与史的问题。根据《周礼·春官》,瞽与史的职能是交叉的。例如"奠系世"、"掌四方之志",不仅是瞽矇的职掌,而且是外史和小史的职掌;除瞽矇外,"诵四方之志"的官员还有诵训和训方氏。历史和四方风俗往往以口传韵语的方式记录下来。瞽和史同源于巫,他们最初所记诵的内容除了与法术思维相对应的咒祝词外,还有神话历史和帝王世系,这一类具有历时性展开的叙事纪年往往以韵语的形式出现,相当于《周礼》中所说的"讽诵诗,世奠系",前者是"诗",后者是"史",但二者具有共同的特点,就是宗教性的追本溯源,从英雄祖先的盛业中汲取力量。如《有瞽》反映了以乐和诗为主要手段的祭祀先祖大典,无疑在功能和形式上继承着部落社会的"诗史"传统。当这种追忆先祖性质的礼仪活动向着语言叙述方向发展,自然会使祭祖歌唱的诗向着记载历史的史的方面演化,这样就有了诗和史的分别,也就是"瞽献曲"、"史献书"的分别,而在本源上它们是一致的。再如,《商颂》中的《玄鸟》、《长发》,《鲁颂》中的《閟宫》从玄鸟生商的神话开始,一直叙述到武丁振兴商族的史事,《周颂》中的《生民》、《公刘》、《绵》、《皇矣》、《文王》、《大明》是周民族的英雄史诗,尽管上述诗篇言辞简质,但歌唱祖先的同时追忆前代史事也是不可分割的,这也决定着诗和史同源,所以闻一多先生早就指出,最早的诗是记事的,所谓"诗言志",其实就是"诗言事",这同样证明瞽和史在发生点上具有同源关系。

其次,我们再来分析"瞽献曲"和"瞍赋矇诵"的关系。前文已经说明所谓的"瞽"、"瞍"和"矇"含义基本相似,则决定着屈原赋和孙卿赋具有一致性。又《汉书·艺文志》曰:"春秋之后,周道寝坏,聘问歌咏不行于列国,学诗之士逸在布衣,而贤人失志之赋作矣。大儒孙卿及楚臣屈原离谗忧国,皆作赋以讽……"这里《汉书》把孙卿和屈原并列,把他们的作品一同视为"贤人失志之赋",这也说明屈原赋和孙卿赋具有共源关系。也许在班固眼中,陆贾之流人物中,包括陆贾、司马迁、扬雄、冯商等人都不能算是"贤人失志",这也决定着陆贾赋类具有和那两者不同的品格。但它同样被视为赋类,而且被置于两者之间,这也是要和《周语上》所述天子"听诵制度"的位置排列次序构成一致。

上述情况说明,《艺文志》之赋分类法并非一定如后代分类学视野中的标准划分,后人要用现代科学分类法则法绳核古人,难免有削足适履之憾,班固的目的是在追踪某种延续千年的文化传统。这个传统就是"赋者,古诗之流也"。

四、追踪千年传统,曰:赋者,古诗之流也

《两都赋序》云:"昔成康没而颂声寝,王泽竭而诗不作。大汉初定,日不暇给。至于武宣之世,乃崇礼官,考文章,内设金马石渠之署,外兴乐府协律之事,以兴废继绝,润色鸿业。……故言语侍从之臣,若司马相如、吾丘寿王、东方朔、枚皋、王褒、刘向之属,朝夕论思,日月献纳。"这是汉朝的"献赋"制度,汉朝"献赋"制度又追源于周朝"献诗"制度。故《国语·周语上》云:"天子听政,使公卿至于列士献诗"。窃以为这里的"献诗"不能和后面的"瞽献曲"、"史献书"、"师箴"、"瞍赋矇诵"等列,它是最基本的文字工作,先有了文字,然后再谱曲演唱,或者诵读。正像汉廷由司马相如、王褒、刘向之属制作辞赋,然后由其他专门人才在朝廷讽诵一样,这种对比使班固更加坚信:"赋者,古诗之流也。"也就意味着由周代之《诗》到汉代之赋实现了千年一次具有历史意义的回归。

周代颇重诗教,《周礼·春官·宗伯》曰:(大师)"教六诗,曰风,曰赋,曰比,曰兴,曰雅,曰颂。"(大司乐)"以乐语教国子:兴、道、讽、诵、言、语。"周代又有行人之职,行人有大行人和小行人之分,行人除派使者全国各地采诗外,还司掌宾客之礼。以上这些职官,皆诗乐习礼,诵颂讽谏,所以周初的政治和礼乐文化为后世景仰,如孔子云:"郁郁乎文哉,吾从周。"[1]但到了孔子时代,昔日的盛景不再,孔子汲汲以求,期望依靠诗乐文化教育弟子恢复周初政治,如他说:"不学诗,无以言。"[2]"人而不为《周南》、《召南》,其犹正墙面而立也与?"[3]在孔子的教学体系内,有专门"言语"一科,主旨是培养司礼仪的外交人才,《论语·子

---

[1] 《论语·八佾》。
[2] 《论语·季氏》。
[3] 《论语·阳货》。

路》云:"诵诗三百,授之以政,不达。使于四方,不能专对,虽多,亦奚何为?"此"专对"就是周初行人"赋诗"活动的延续。周代行人赋诗见志事例屡见于《左传》、《国语》。行人出使应对,不卑不亢,或婉而多讽,或断章取义,或言在此意在彼,以加强邦国联系。所以春秋时代的行人承接周初诗教传统,又大大扩大了诗的用途,使"六诗"向"六义"转化。

行人活动继续向前发展,则聘辞铺张,摇唇鼓舌皆有可能,所以到了战国时代就出现了纵横家,《汉志》云:"纵横家者,盖出于行人之官。"这样由周初行人采诗到春秋时代行人赋诗言志,再到战国纵横家流,其承接顺序一目了然。就文学创作而言,章学诚论汉大赋之源,最为明晰,《校雠通义·汉志诗赋》说:"古者赋家者流,原本《诗》、《骚》,出于战国诸子。假设问对,《庄》、《列》寓言之遗也;恢廓声势,苏张纵横之体也;排比谐隐,韩非《储说》之属也;征材聚事,《吕览》类辑之义也。"刘勰也说:"赋也者,受命于诗人,拓宇于楚辞也。"① 考屈原事迹,实似行人所为,其"博闻强识,明于治乱,娴于辞令。入则与王图议国事,以出号令;出则接遇宾客,应对诸侯"②。所以,周初之诗,经行人过渡,到汉赋创作,表现出千年一轮回的历史性变迁,班固断言:"赋者,古诗之流也。"

最后再从历史和政治角度说明班固作出这个判断的根据。

周初政治清明,礼乐兴盛,文质彬彬,诗教深广。以后天下大乱,礼崩乐坏,经战国纷争和暴秦统治,汉兴,刘邦统一天下,惠帝废挟书令,汉武"崇礼官"、"考文章"、"改正朔"、"易服色",成帝派使者采遗书于天下。这样经过朝廷上下百余年的努力,一个稍具儒家气象和规模的鼎盛王朝建立起来,诚如《汉书·礼乐志》云:"今海内更始,民人归本,户口岁息,平其刑辟,牧以贤良,至于家给,既庶且富,则须庠序、礼乐之教化矣。"又《两都赋序》云"大汉之文章,炳焉与三代同风"。班固为当时王朝气象所吸引,他撰《汉书》,是不满意司马迁把汉朝至于"秦项之列,百王之末"。《汉书·艺文志》的编纂目的自然是辨章学术,考镜源流,而在政治则为汉继周而立的合理性合法性作出论证,所以他要结撰一代之史记和周政比肩,那么周代之诗、汉朝之赋,其自然衔接不是顺理成章的吗?

---

① 范文澜:《文心雕龙注·诠赋》,北京:人民文学出版社1958年版,第134页。
② 《史记·屈原贾生列传》。

参考文献

1. 司马迁:《史记》,北京:中华书局标点本。
2. 班固:《汉书》,北京:中华书局标点本。
3. 《贾谊集》,上海:上海人民出版社1976年版。
4. 《乐府诗集》,北京:中华书局1979年版。
5. 《楚辞集注》,上海:上海古籍出版社2001年版。
6. 王夫之:《读通鉴论》,北京:中华书局1975年版。
7. 《四书五经》,上海:上海人民出版社1976年版。
8. 严可均:《全上古三代秦汉三国六朝文》,北京:中华书局1958年版。
9. 《春秋繁露义证》,新编诸子集成本,北京:中华书局1992年版。
10. 王利器:《盐铁论校注》,北京:中华书局1992年版。
11. 章太炎:《国故论衡》,上海:上海古籍出版社2003年版。
12. 《刘师培辛亥前文选论文杂记》,北京:三联书店1998年版。
13. 程章灿:《魏晋南北朝赋史》,南京:江苏古籍出版社1993年版。
14. 游国恩等著:《中国文学史》(一),北京:人民文学出版社1963年版。
15. 陆侃如:《中古文学系年》北京:人民文学出版社1985年版。
16. 万光治:《汉赋通论》,成都:巴蜀书社1989年版。
17. 钱穆:《国史大纲》,北京:商务印书馆1996年版。
18. 马积高:《历代辞赋研究史料概述》,北京:中华书局2001年版。

19. 王维堤、唐书文撰:《春秋公羊传译注》,上海:上海古籍出版社1997年版。

20. 张文学注,管曙光译:《春秋左传》,郑州:中州古籍出版社1993年版。

21. 范文澜:《文心雕龙注》,北京:人民文学出版社,1958年版。

22. 韩兆琦:《先秦两汉散文专题作品选》,北京:高等教育出版社2002年版。

23. 王昆吾:《中国早期艺术与宗教》,上海:东方出版中心1998年版。

24. 叶舒宪:《中国神话哲学》,北京:中国社会科学出版社1992年版。

25. 徐复观:《两汉思想史》,上海:华东师范大学出版社2001年版。

26.《中国哲学发展史》(秦汉卷),北京:人民出版社1985年版。

27. 金春峰:《汉代思想史》,北京:中国社会科学出版社1997年版。

28. 刘向撰,向宗鲁校证:《说苑校证》,北京:中华书局1987年版。

后　　记

几度寒暑,终于将此书脱稿付梓,但心情并不能得到平静。多年来我一直关注西汉的历史和文学,觉得人们对西汉后期的文学,除了对扬雄和刘向全面审视外,对其他问题论述不多,本书稿的框架几次变动,最后以题材类型划分。书中所论问题资料尚丰富,论点较为明晰,另外,限于时间关系和本人能力所及,书中不足之处也是大量存在的,敬请同仁批评指正。

本书在写作过程中得到南阳师范学院领导的大力关怀和支持。郑先兴老师和刘太祥老师给予许多教诲和鼓励,南阳师院汉文化研究中心的学者和同行们也给予无私的帮助。我父亲是位退休的中学教师,年事已高,身体多病,且视力不好,但他一直是我的书的最忠实读者;我的学生吴雨潇、连艳艳、高倩、贾岩帮助校对了全部书稿;河南大学出版社为本书的出版提供了支持,刘小敏女士对我细心教诲,使我受益良多,在此一并表示真诚的感谢。

作　者
2009 年 8 月于南阳卧龙岗